創元ライブラリ

戦地の図書館

海を越えた一億四千万冊

モリー・グプティル・マニング
松尾恭子◆訳

東京創元社

目　次

はじめに――21
第一章　蘇《よみがえ》る不死鳥――27
第二章　八十五ドルの服はあれど、パジャマはなし――47
第三章　雪崩《なだ》れ込む書籍――65
第四章　思想戦における新たな武器――99
第五章　一冊摑め、ジョー。そして前へ進め――119
第六章　根性、意気、大きな勇気――139
第七章　砂漠に降る雨――163
第八章　検閲とフランクリン・
　　　デラノ・ルーズヴェルトの四期目――187
第九章　ドイツの降伏と神に見捨てられた島々――209

第十章　平和の訪れ――231
第十一章　平均点を上げる忌々《いまいま》しい奴ら――245
おわりに――258
謝　辞――260
訳者あとがき――264
原注
付録A　禁書の著者／付録B　兵隊文庫リスト
人名索引

戦地の図書館

――海を越えた一億四千万冊

Books cannot be killed by fire.
People die, but books never die. No man and no force can put thought in a concentration camp forever. No man and no force can take from the world the books that embody man's eternal fight against tyranny. In this war, we know, books are weapons.
Franklin D. Roosevelt
BOOKS ARE WEAPONS IN THE WAR OF IDEAS

夫のクリストファー・マニングに

1933年5月、ベルリンをはじめとするドイツ全土の都市で、多くの書籍が燃やされた。ヨーロッパでは、第二次世界大戦が終わるまでの間に、一億冊以上の書籍がナチスによって葬り去られた。

アメリカの図書館員は、軍のために書籍を寄付するよう国民に求め、ドイツが行なう「書物大虐殺《ビブリオコースト》」に対抗した。書籍を寄付し、お気に入りの著名人を一目見ようと、大勢の人々がニューヨーク公共図書館の階段の前に集まっている

戦勝図書運動の初代責任者アルシア・ウォーレンは、故郷を恋しく思う兵士や疲弊した兵士のために多くの書籍を集めるべく、全国の図書館員を奮い立たせた。「本は、退屈で孤独な毎日から抜け出して心躍る旅に出るための切符である……図書館員は、そのことを知っている」

キャサリン・ヘプバーンは、戦勝図書運動への関心を喚起すべく、他の著名人とともに活動した。ニューヨーク公共図書館において、軍のために寄付する書籍にサインしている。

戦勝図書運動は、史上最大規模の図書運動だった。1942年、ニューヨーク公共図書館にはいつも、書籍が山のように積まれていた。

駅、百貨店、映画館、学校など様々な場所に、戦勝図書運動のポスターが掲示された。1943年には、さらに多くの書籍を寄付するよう求められた。

セントルイスでは、路面電車の切符に、図書運動について知らせる文言が入れられた。すべての図書館と学校が寄付受付所になった。

子供も戦勝図書運動に参加した。ミシガン州デトロイトのボーイスカウトの子供たちが、女性たちから寄付する書籍を受け取っている。

ダブルデイ・ドーラン&カンパニー社のマルコム・ジョンソンは、前線の兵士にはハードカバーは適さないということを知っていた。兵士にとって読みやすいペーパーバックを作るために協力し、その過程で、アメリカの出版業界に大きな影響を与えた。

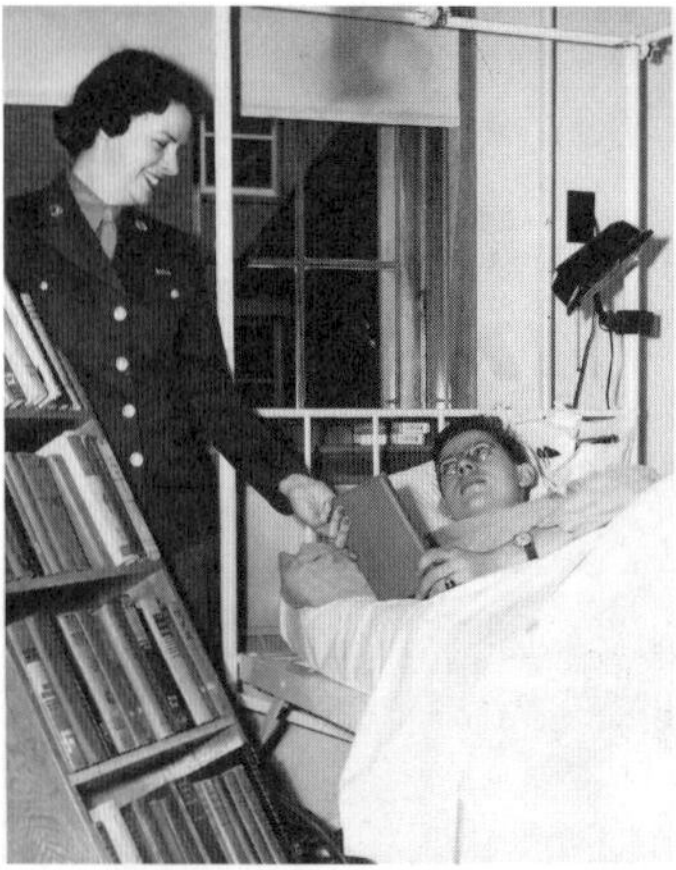

入院中の兵士は、本を読んで時間を過ごした。陸軍婦人部隊の隊員が、イタリアにおける戦闘で負傷したアメリカ軍兵士に書籍を渡している。台車に載せられた本棚の書籍の中から兵士が選んだものである。

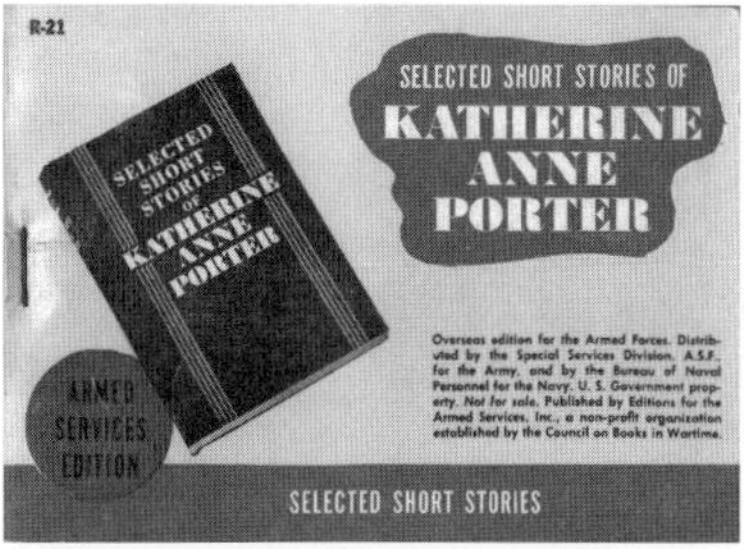

戦時中に出版された兵隊文庫は短辺側を綴《と》じる横長タイプで、二段組みだった。連合国が日本に勝利した後は、*The Chicago Cubs* のように縦長タイプになった。表紙には、ハードカバー版のカバー絵を縮小したものが載っており、裏側の表紙には作品の概要、裏見返しには同じ月に出版された作品の題名が記載されていた。

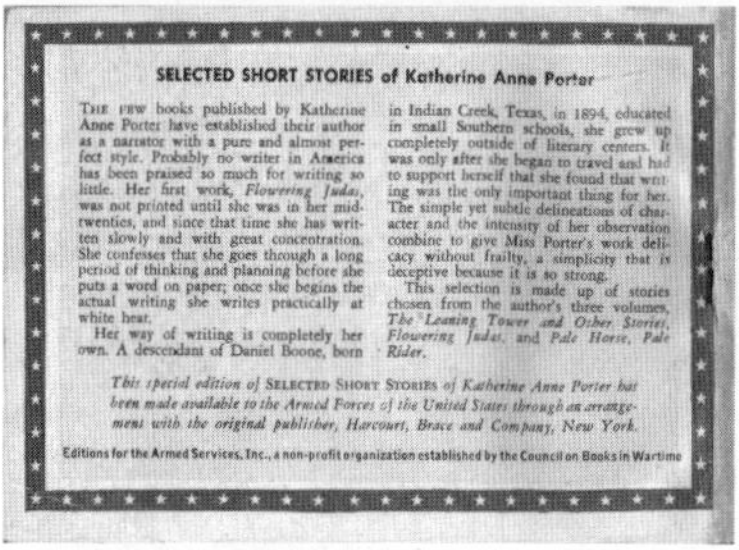

SELECTED SHORT STORIES of Katherine Anne Porter

THE FEW books published by Katherine Anne Porter have established their author as a narrator with a pure and almost perfect style. Probably no writer in America has been praised so much for writing so little. Her first work, *Flowering Judas*, was not printed until she was in her mid-twenties, and since that time she has written slowly and with great concentration. She confesses that she goes through a long period of thinking and planning before she puts a word on paper; once she begins the actual writing she writes practically at white heat.

Her way of writing is completely her own. A descendant of Daniel Boone, born in Indian Creek, Texas, in 1894, educated in small Southern schools, she grew up completely outside of literary centers. It was only after she began to travel and had to support herself that she found that writing was the only important thing for her. The simple yet subtle delineations of character and the intensity of her observation combine to give Miss Porter's work delicacy without frailty, a simplicity that is deceptive because it is so strong.

This selection is made up of stories chosen from the author's three volumes, *The Leaning Tower and Other Stories*, *Flowering Judas*, and *Pale Horse, Pale Rider*.

This special edition of SELECTED SHORT STORIES *of Katherine Anne Porter has been made available to the Armed Forces of the United States through an arrangement with the original publisher, Harcourt, Brace and Company, New York.*

Editions for the Armed Services, Inc., a non-profit organization established by the Council on Books in Wartime

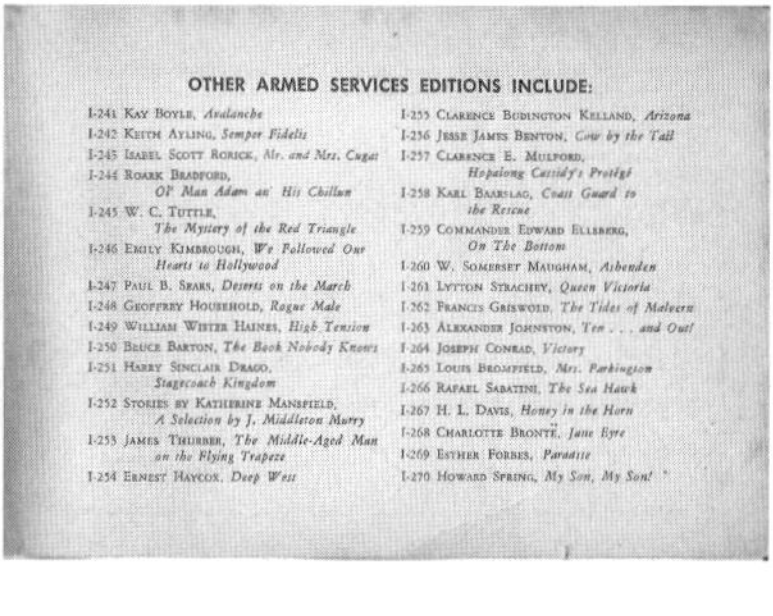

OTHER ARMED SERVICES EDITIONS INCLUDE:

I-241 KAY BOYLE, *Avalanche*
I-242 KEITH AYLING, *Semper Fidelis*
I-243 ISABEL SCOTT RORICK, *Mr. and Mrs. Cugat*
I-244 ROARK BRADFORD, *Ol' Man Adam an' His Chillun*
I-245 W. C. TUTTLE, *The Mystery of the Red Triangle*
I-246 EMILY KIMBROUGH, *We Followed Our Hearts to Hollywood*
I-247 PAUL B. SEARS, *Deserts on the March*
I-248 GEOFFREY HOUSEHOLD, *Rogue Male*
I-249 WILLIAM WISTER HAINES, *High Tension*
I-250 BRUCE BARTON, *The Book Nobody Knows*
I-251 HARRY SINCLAIR DRAGO, *Stagecoach Kingdom*
I-252 STORIES BY KATHERINE MANSFIELD, *A Selection by J. Middleton Murry*
I-253 JAMES THURBER, *The Middle-Aged Man on the Flying Trapeze*
I-254 ERNEST HAYCOX, *Deep West*
I-255 CLARENCE BUDINGTON KELLAND, *Arizona*
I-256 JESSE JAMES BENTON, *Cow by the Tail*
I-257 CLARENCE E. MULFORD, *Hopalong Cassidy's Protégé*
I-258 KARL BAARSLAG, *Coast Guard to the Rescue*
I-259 COMMANDER EDWARD ELLSBERG, *On The Bottom*
I-260 W. SOMERSET MAUGHAM, *Ashenden*
I-261 LYTTON STRACHEY, *Queen Victoria*
I-262 FRANCIS GRISWOLD, *The Tides of Malvern*
I-263 ALEXANDER JOHNSTON, *Ten . . . and Out!*
I-264 JOSEPH CONRAD, *Victory*
I-265 LOUIS BROMFIELD, *Mrs. Parkington*
I-266 RAFAEL SABATINI, *The Sea Hawk*
I-267 H. L. DAVIS, *Honey in the Horn*
I-268 CHARLOTTE BRONTË, *Jane Eyre*
I-269 ESTHER FORBES, *Paradise*
I-270 HOWARD SPRING, *My Son, My Son!*

セックス描写を含む *Strange Fruit* や『永遠のアンバー』を読みたいと願う兵士もいた。ボストンでは猥褻《わいせつ》な作品と見なされ、禁書に指定された。「ひどく手ずれのした本があります。それは、『永遠のアンバー』です」とある兵士は記している。

ベティー・スミスの『ブルックリン横町』と、ローズマリー・テイラーの *Chicken Every Sunday* には良きアメリカの生活が描かれていたため、兵士に愛された。これらの作品は、帰省したような気分を味わわせてくれた。また、故郷からのうれしい手紙のようなものだった。

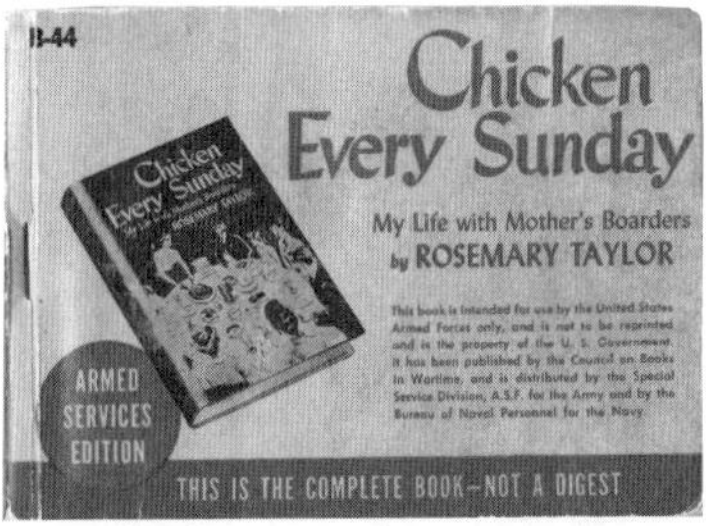

兵士は、ベティー・スミスに心の込もった手紙を送った。彼女の作品が、兵士の目的意識を高め、戦場で生きていくための助けになり、元気づけてくれたからだ。スミスはほとんどの手紙に返事を書き、兵士の要望を受けて、サイン入りの写真も送った。

ドワイト・D・アイゼンハワー将軍は、戦時中、心を休めるために西部小説を読んでいた。ノルマンディー上陸作戦前夜には、イギリス本土の集結地にいるアメリカ軍兵士が書籍を持っているかどうかを確認した。本を読めば気を紛《まぎ》らすことができたからだ。

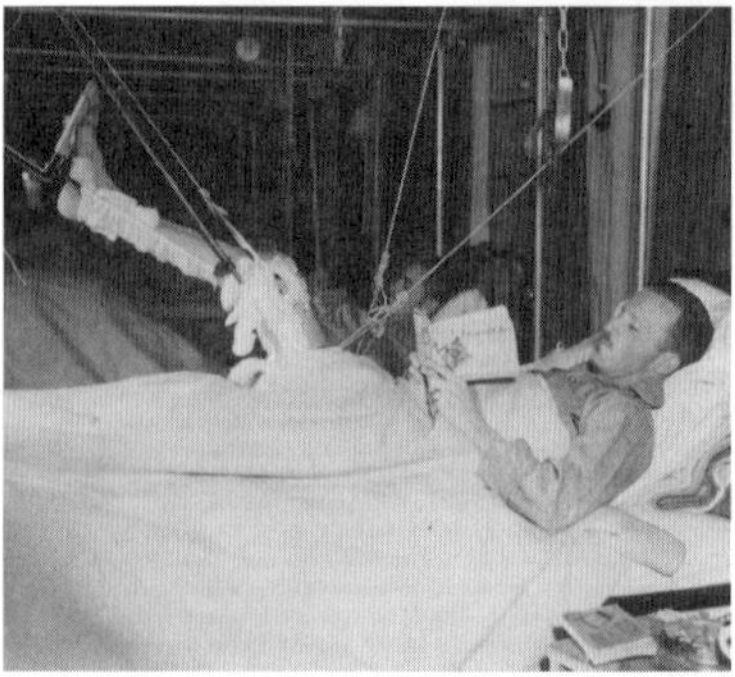

何日間もベッドの上で過ごす入院中の兵士にとって、書籍ほど退屈を紛らしてくれるものはなかった。仰向けの状態で何時間も手に持っていても疲れないペーパーバックは大人気だった。

ニューギニア島の野営地において兵隊文庫を読んでいるアメリカ軍兵士。洪水で野営地が水に浸かったため、支柱にかけ渡した担架の上に横になっている。木の箱が枕代わり。すっかりくつろいだ様子である。

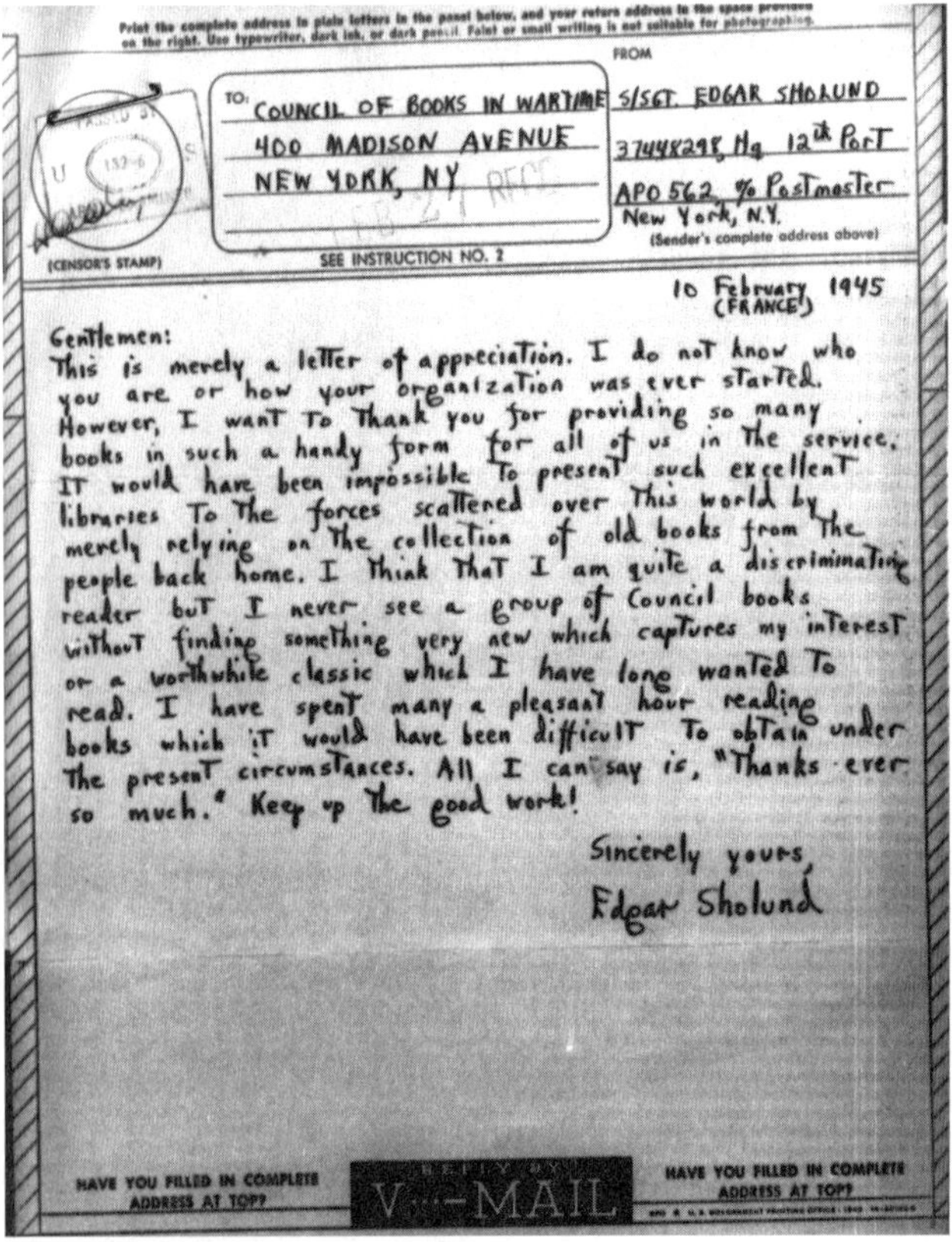

Print the complete address in plain letters in the panel below, and your return address in the space provided on the right. Use typewriter, dark ink, or dark pencil. Faint or small writing is not suitable for photographing.

TO: COUNCIL OF BOOKS IN WARTIME
400 MADISON AVENUE
NEW YORK, NY

FROM
S/SGT. EDGAR SHOLUND
37448298, Hq. 12th Port
APO 562, % Postmaster
New York, N.Y.
(Sender's complete address above)

(CENSOR'S STAMP)

SEE INSTRUCTION NO. 2

10 February 1945
(FRANCE)

Gentlemen:
This is merely a letter of appreciation. I do not know who you are or how your organization was ever started. However, I want to thank you for providing so many books in such a handy form for all of us in the service. It would have been impossible to present such excellent libraries to the forces scattered over this world by merely relying on the collection of old books from the people back home. I think that I am quite a discriminating reader but I never see a group of Council books without finding something very new which captures my interest or a worthwhile classic which I have long wanted to read. I have spent many a pleasant hour reading books which it would have been difficult to obtain under the present circumstances. All I can say is, "Thanks ever so much." Keep up the good work!

Sincerely yours,
Edgar Sholund

HAVE YOU FILLED IN COMPLETE ADDRESS AT TOP?

REPLY BY V-MAIL

HAVE YOU FILLED IN COMPLETE ADDRESS AT TOP?

出版社と作家は、何袋分もの兵士からの感謝の手紙を受け取った。兵隊文庫は、兵士にとって何よりの慰めであり、戦い抜くための力になった。

はじめに

「あなたは今まで、自分の気持ちを誰かに伝えたくてたまらなくなり、ペンを執《と》ったことがありますか？」[1] ある海兵隊員は、作家のベティー・スミスに宛てた手紙に、こう綴《つづ》っている。

「僕は今、あなたに気持ちを伝えたい」

「僕は二十歳です……でも、その倍も生きているような気がします。この二年、僕は異国の戦場で地獄を見てきました……まだ若いのに、少なからぬ苦しみを経験しました。そのことを、あなたに知ってほしいのです」

この手紙を書いた時、海兵隊員はマラリアに冒されており、入院先のベッド上での安静を余儀なくされていた。しかし、マラリアに罹《かか》ったことがきっかけとなって、人生が救われたと思っていた。入院すると、彼は一冊の兵隊文庫の本を渡された。スミスの『ブルックリン横町』である。「あなたの本をもう二回読みました。今は三回目で、中盤まで読み進んでいます。読めば読むほど、感動が深まります」

「ある日、僕は初めて、泥に埋まりながら戦場を進み……親友を担架に乗せて運びました。担架から彼の尊《とうと》い血が滴《したた》り落ち、彼の命が尽きようとしているのに、僕は何もしてやれませんでした。その日から、僕は世の中が嫌になり、冷笑的になりました。何も愛せず、誰も愛せなくなりました」戦場で、彼の「心は死に……動かなくなり」、彼は感情を失った。

ところが、『ブルックリン横町』を読んだら感情が湧いた。「それがどんな感情なのかを説明するのは難しいのですが、とにかく感情が湧きました。心が生き返ったのです。自信も湧き上がり、人生は努力次第でどうにでもなるんだと思えるようになりました。あなたの本は僕にとってかけがえのないものであり、あなたには、言葉では伝えきれないほどの感謝と親愛の気持ちでいっぱいです」彼はスミスの小説を読んで笑い、楽しんだ。涙を流すこともあった。「戦いで鍛えられた海兵隊員は、物語に涙するなんて女々《めめ》しいことはしないものです……でも、僕は泣いたことを恥じてはいません」涙は、彼が人間であることの証《あかし》だったからだ。

彼は最後に綴っている。「僕は今夜、心を生き返らせてくれた方に気持ちをすべて伝えるまでは、眠れそうにありません」

第二次世界大戦の時、アメリカ軍は主に、志願兵と徴集兵で構成されていた――パールハーバーが攻撃されるまでは、戦争に行くなど思ってもいなかった一般市民が兵士になった。彼らは心の準備もできず、右も左も分からないまま、急ごしらえの基地で大急ぎで訓練を受けさせられ、戦地へ向かう船に乗せられた。航海は数週間に及び、その間、倦怠感《けんたいかん》や不安に襲われた。

戦場では恐怖を味わい、想像を絶する暴力や破壊行為を受けた。訓練を積んだ兵士でも太刀打《たちう》ちできないこともあり、各地の多くの兵士が入院生活を送ることになった。自分にももうすぐ死が訪れるのではないか、という思いが脳裏を離れなかった。「一緒に朝食をとった仲間が夕食の時には埋葬されていた、などということも珍しくなかった(2)」とある兵士は語っている。

戦争は兵士の心身に深い傷を負わせた。歩兵は、延々と続くぬかるみの中を一歩一歩進み、狙撃兵からの攻撃を受け、雨水が溜まった蛸壺壕《たこつぼごう》の中で眠った――時には、遠くから聞こえる迫撃弾の甲高い音や群がる虫のブンブンいう音が子守唄になった。歩兵は常に濡れ、汚れ、泥にまみれ、不安で、疲労を抱えていた。行軍し、焼け付くような暑さと凍えるような寒さの中で戦い、マラリア、発疹チフスをはじめとする様々な感染症に罹り、最前線に立って敵の銃弾や爆弾を浴びた。歩兵は自らを〝呪われた歩兵(3)〟と称したが、それも当然である。

B-17フライングフォートレス、B-24リベレーター、B-25ミッチェル、B-26マローダーのパイロットや乗組員は、歩兵とは異なる危難に直面した。針路を保《たも》って飛行していると、対空砲の攻撃を受けて機体に穴が開いた。突如として空中戦が始まり、乗組員仲間が負傷し、あるいは戦死した。氷点下の寒さの中、長時間にわたって飛行するため、手足がひどくかじかんだ。飛行機には暖房装置がついていなかったのだ。任務から無事に戻ってほっとしたのもつかの間、他の飛行機が帰還を果たせなかったと知り、愕然とすることもしばしばだった。多くの飛行機が燃料切れで不時着し、あるいは墜落した。こうした理由から、B-24やB-26は〝空飛ぶ棺桶〟、〝未亡人製造機〟といったあだ名を授けられている。

水兵も特有の問題を抱えていた。航海に乗り出し、輝く艦艇から眼前に広がる海を眺めた時の高揚感は、陸地の見えない大海原を何週間も航行するうちに失せてしまう。そして〝孤独感〟と〝退屈〟が深まる。敵の潜水艦はいたる所で待ち伏せしている。敵機を発見した時、あるいは、くぐもった飛行音が聞こえ、敵機が接近しつつあることを知った時には、どんなに勇敢な水兵でも動揺した。外洋には、巡洋艦にも駆逐艦にも隠れる場所などなく、敵機は〝音楽〟を奏《かな》でるかのように攻撃を始める。その時艦艇は、ちょうど射的場のアヒルの的《まと》(4)のように敵機の標的になるのだ。

戦いには終わりが見えず、帰国はなかなか叶わず、兵士はストレスに押し潰されそうになった。彼らは、戦争の恐怖を忘れさせてくれるものを大切にしていた。例えば、故郷を思い出す品。愛する者からの手紙。待機時間中や消灯までの時間には、気晴らしにカードやパズルで遊び、音楽を楽しみ、時にはスポーツの試合をした。しかし手紙の配達はひどく不規則だった——四か月から五か月ほど配達されないこともあった。訓練漬けだった日や戦闘に従事した日は、スポーツをする余力はなかった。兵士には、簡単に手に入り、彼らの心を慰め、士気の維持に役立つものが必要だった。

兵隊文庫にはすばらしい物語がある。この書籍は携行に便利なペーパーバックで、各地に行き渡っていたため手に入れやすかった。若い海兵隊員は、兵隊文庫版の『ブルックリン横町』を読んで心を動かされ、ベティー・スミスに手紙を書いた。兵士は、列に並んで給食や散髪の順番を待っている時や蛸壺壕に避難している時、偵察飛行を行なっている時にも兵隊文庫を読んだ。兵隊文庫を持っていない兵士はほとんどいないほどで、ある水兵はそのことをこう語っている。「隊員の尻ポケットを見ると、十中八九、兵隊文庫が突き出ています！」⑸どの戦場においても手に入るため、兵士は兵隊文庫を頼りにしていた。現実から逃れ、不安を和らげ、退屈を紛《まぎ》らし、笑い、刺激を受け、希望を持つためにそれを開いて熱心に読み、違う世界へと誘《いざな》ってくれる言葉に浸《ひた》った。陸兵も水兵も、皆で兵隊文庫を交換した。ぼろぼろになっていても構わなかった。文字がかすれ、ページが破れたり抜け落ちたりしているものを回し読みした。ある水兵は次のように語っている。「僕たちは、おばあちゃんを打《ぶ》つことなどできません。それと同じように、兵隊文庫をごみ箱に捨てることなどできないのです⑹」

兵隊文庫は、娯楽や憂さ晴らしのためだけのものではなかった。アドルフ・ヒトラーが仕掛けた〝思想戦〟における極めて重要な武器でもあった。ナチス・ドイツは、人の体や土地だけでなく、人の心も支配しようとした。ドイツでは一九三三年から政府公認の焚書《ふんしょ》が行なわれ、ナチスに征服されたヨーロッパの国々では図書館から書籍が奪われ、〝非ドイツ的〟な書籍は消滅の危機に陥った。書籍に対する破壊行為は凄まじく、ヨーロッパ戦線で連合国が勝利する日までにドイツが葬り去ったヨーロッパの書籍の数は、一億冊に上ると言われている。

兵隊文庫について語られることは今までほとんどなかった。兵隊文庫は驚くべき努力によって生まれた書籍である。アメリカ政府は、アメリカ軍兵士が戦争を戦い抜く勇気と不屈の精神を持てるように、一億二千万冊以上の兵隊文庫を無料で供給した。

アメリカ軍兵士は、ポケットに入れた兵隊文庫とともにノルマンディーの浜に突進し、ライン川までの長い道のりを歩き、ヨーロッパを解放した。オーストラリアの海岸から日本を目指し、死闘が繰り広げられている太平洋の島から島へ渡った。ある兵士は、兵隊文庫を読みながら遠く離れた故郷に思いを馳せた。ある兵士は、地獄のような現実を忘れるためにそれを開いた。兵隊文庫は疲弊した魂を力づけ、心を高揚させた。海兵隊員がベティー・スミスに送った手紙からも窺《うかが》える通り、兵士の心の痛みを癒し、新たな未来への希望とひと時の安らぎを兵士に与えた。多くのアメリカ軍兵士にとって何よりも大切なものだった。

戦後、高い教養を持つ中産階級が新たに形成されるが、その理由のひとつは、大衆向けのペーパーバックが盛んに出版され、一般庶民が読書をするようになったことである。GI法（復員兵援護法）に基づき、多くの復員兵が大学に進学したことも理由として挙げられる。フィッツジェラルドの『グレート・ギャツビー』は、兵隊文庫として出版されたことによってアメリカ文学を代表する作品になり、何十人もの作家が多くの兵士と文通友達になった。そして兵隊文庫は、数知れぬ男女の兵士の心を動かした。

これは、剣と同じように強い力を持った本の記録である。

蘇《よみがえ》る不死鳥

第一章

光をもたらすものは、炎に耐えるだろう。

―― ヴィクトール・E・フランクル

一九三三年五月十日、ベルリンには霧雨が降っていた。(1) しかし、この日催された壮大なパレードは陽気な雰囲気に包まれていた。数千人の学生が、霧雨に霞《かす》む通りをベーベル広場へ向かって行進した。皆、大学の校章を誇らしげに身につけ、赤々と燃える松明《たいまつ》を掲げていた。フリードリヒ・ヴィルヘルム大学と歌劇場に接する、街の主要な広場であるベーベル広場には、やがて執《と》り行なわれる焚書《ふんしょ》を見物するために、およそ四万人が集まっていた。パレードが通る道沿いにも同じくらい多くの人々がつめかけた。ベーベル広場の中央には、薪《たきぎ》が高く積み重ねられていた。薪の山は幅十二フィート、高さ五フィートほど。最初に広場に到着した浮かれ気分の学生たちが、その異様な薪の山の上に松明を放り投げた。すると、青い炎が空に向かって噴き上がった。はっと息をのむような光景だった。積み上げられた薪は、たちまちのうちに巨大な赤い炎に包まれていった。

やがて、列をなした自動車が蛇行しながらベーベル広場に到着した。学生の一部が、ぱちぱち燃える薪の山と自動車の間に整然と並んだ。集まった人々が見守る中、ひとりの学生が先頭の自動車に手を伸ばし、中に積んである書籍を一冊摑んだ。その書籍は並んだ学生の手から手へと渡され、最後に、薪の山に一番近い学生によって炎の中へ投げ込まれた。観衆は一斉に拍手した。このようにして、書籍が一冊また一冊と火中に消えていった。幾人かの学生は、自動車の中の書籍を腕いっぱいに抱えて薪の山のそばまで歩いていき、激しく燃える炎の中に投げ入れた。そのたびに炎は一層燃え上がった。

焚書はしばし中断され、主催者である学生のひとりが焚書の目的を説明した。曰く、ドイツ文学の純粋性を守るために、〝非ドイツ的〟な書籍と文書をすべて燃やさなければならない。〝非ドイツ的〟な書籍はナチス・ドイツの国民運動を阻害するものだ。ユダヤ人作家の著作はすべて非ドイツ的である。なぜなら、「知力は高いが、血が劣っているユダヤ人は……ドイツの思想を理解せず、ドイツの威厳を損なわせ、ドイツの精神を傷つける(2)」からだ。ドイツがより強くなるためには、侮辱的な書籍を抹殺し、ドイツの発展を妨《さまた》げる思想を取り除かなければならない。

焚書が再開すると、別の学生が、焚書の対象となる書籍の著者の名前を読み上げ、それらの人物の思想がなぜドイツにとって有害なのかを説明した。ジークムント・フロイトは、「ドイツの歴史を歪曲《わいきょく》し、ドイツの偉人たちの評価を失墜させた」という理由で糾弾された。エミール・ルートヴィヒは、「文学において非道を働き、ドイツに反逆した(3)」エーリッヒ・マリア・レマルクは、「ドイツの言語を貶《おとし》め、国家の理想を踏みにじった」著者の名前は次々に読み上げられた。書籍はどんどん燃やされ、集まった人々は、まるでスポーツを観戦している時のように喝采した。焚書は、夜になるまで何時間にもわたって続けられた。

この焚書は熱狂的な学生団体が独断で計画したものだと噂されていたが、実はナチスの承認を受けて実行されたものだった。当日、国民啓蒙《けいもう》・宣伝大臣のパウル・ヨーゼフ・ゲッベルス博士が広場に赴き、演説している。ゲッベルスは、ドイツの文学、報道、ラジオ、演劇、音楽、芸術、映画を統制する機関である帝国文化院の長でもあり、その権力を用いてヒトラーの思想に添った社会を作り出そうとしていた[4]。そのため、進歩的な政治思想を持つ作家、あるいは平和主義、社会主義、改革主義、性的自由などを支持する作家の著書に目を光らせていた。進歩的な思想を匂わせる文章を含むだけで、書籍は燃やされる運命をたどった。

ゲッベルスは、鉤十字《スワスティカ》が飾られた演壇に登り、「ユダヤ人の主知主義（感情や意思よりも知性を重んじる立場）は死んだ[5]」と述べた。「国家社会主義が道を切り開くのだ」ゲッベルスは、目の前の光景を指し示しながら演説を続けた。

> ドイツ国民の魂は、再び語る力を得るだろう。この炎は古き時代の終焉を告げ、新しき時代を照らし出している。若者には古き時代の遺物を一掃する権利があるのだ。我々新世代の人間の行動を理解できない旧世代の人間に、その意義を教えてやろうではないか。
> 古きものは燃え尽き、新しきものが我々の心の炎から生まれるだろう。

ゲッベルスの演説が終わると、「国民よ、武器を取れ」と題された歌が夜空に響き渡り、再び学生たちが燃え立つ炎の中に書籍を投げ入れ始めた。

ベルリンで実行された焚書を広く伝えるために、その模様がラジオで生中継された。ドイツ各地の映画館は、ベルリンの焚書を撮影した映画をただちに上映し、〝ドイツの価値を貶める有害な書籍は抹殺すべし〟というナチスの主張を観客に伝えている。ナチスの主張が広がると、九十三か所で焚書が実行された。[6] いずれの焚書も大観衆を集め、報道機関がその様子を熱心に伝えた。キール大学の学生は、ドイツの精神に害をもたらすと見なした二千の文学作品を集めた。そして大きな篝火《かがりび》を焚き、招待した大勢の人々の前で、それらの〝有害〟な書籍を燃やしている。ミュンヘンでは、学生が壮麗な松明パレードを行ない、大学の図書館から集めた百作品を公然と燃やした。[7] ミュンヘンで実行された別の焚書では、五千人の子供が集まり、マルクス主義者の著作を燃やしている。その際、子供たちは次のように命じられている。「これらの非ドイツ的な本が燃える様をしっかりと見なさい。そして、父なる国への愛を新たにしなさい」[8] ヴロツワフでは、ナチスが異端視する書籍五千ポンド（約二・二七トン）分がわずか一日で灰と化した。

ドイツ全土で焚書が行なわれると、ナチスは次に個人を標的にした。反ナチス的で、ドイツにとって有害な思想を持つと見なされた者は家宅捜索を受けた。ナチスにとって好ましからざる物が発見されると処罰された。中には行方知れずになる者もいた。ヒステリックな空気が静かに広がり、多くの人々が、問題となりそうな文書や書籍を事前に処分した。ある記録によると、ある地方の女性は、自宅を〝浄化〟した方が良いと忠告され、所有する書籍や書類をただちに燃やしたという。[9] 女性は次の日に家宅捜索を受けたが、無事に事態を切り抜けることができたようだ。ナチスは燃やすべき書籍のリストを公表している。それらの書籍の著者には、カール・マルクス、アプトン・シンクレア、ジャック・ロンドン、ハインリヒ・マン、ヘレン・ケラー、アルバート・アインシュタイン、トーマス・マン、アルトゥル・シュニッツラーなどが含まれている[10]。

ヘレン・ケラーは自分の思いを切々と綴《つづ》った手紙をドイツの学生団体に送った。ケラーは、印刷機を発明した国が、その発明品の生み出した書籍の火葬場となったことに衝撃を受けた。「もしも思想を抹殺できると思っているなら、あなたたちは歴史から何も学んでいません。これまで、暴君たちが幾度となく思想を弾圧しましたが、思想は力を盛り返し、暴君らを破滅に追い込みました[11]」「あなたたちは私の本やヨーロッパの偉人たちの本を燃やしますが、その中に記されている思想は、これからもあまたの経路を通じて人々に浸透し、力を与え続けるのです」

他の人物も、ケラーと同様に、ドイツの若者に対して叱責の声を上げている。ノーベル文学賞受賞者のシンクレア・ルイスも焚書を非難し、燃やされた書籍は「過去二十年間でドイツが生んだ作品の中で、とりわけ崇高《すうこう》な作品である[12]」と述べている。「組織化された暴徒が図らずもそのことを示したのであり、著作が火の中に投げ入れられた作家は、その事実をただ喜ぶべきだ」ロンドンでは、H・G・ウェルズがケラーの意見に同調し、ドイツの不寛容さを非難する挑戦的な演説をぶった。「焚書によって破壊された書物はただの一冊もないと言って良い。ひとたび印刷されたものは、人間よりも生命力を持つのであり、焚書などものともせずに語り続けるのだ[13]」「ドイツでは今、無骨《ぶこつ》な愚か者によって、思想と良識と書物に対する革命が行なわれているようだ」ウェルズは、イギリスももはや安全ではないことが分かっていた。著作が危険だと見なされた作家は私刑を受けるか、強制収容所へ送られるおそれがあったからだが、ひとつの考えがウェルズの心の慰めとなっていた。「最後には書物が勝利し、愚か者は屈服するだろう。良識ある判断が、暴徒による騒々しく仰々しい行為のすべてに鉄槌を下すだろう」後にウェルズは、ドイツの焚書に対抗するために、危険にさらされている書籍を避難させる場所を作っている。一九三四年春、パリにおいて、他の作家らとともに《燃やされた本の図書館》を開設したのだ[14]。この図書館には、発禁処分や焚書処分になった作品がすべて収蔵された。ドイツ人亡命者などが所蔵していた、処分されるおそれのある文書や書籍も保管された。

　アメリカの新聞の論説委員たちも焚書を非難する声明を発表している。「長い間ドイツの大きな誇りだった大学[15]がドイツの恥のひとつになってしまうとは、なんとも皮肉なことだ」とある新聞は述べている。〈ニューヨーク・タイムズ〉は、ドイツの行為は「文学に対するホロコースト」だとしている。「焚書によって、愚かで恥ずべき新たな国民精神が示された。焚書は狂気から生まれた大衆運動である[16]」〈タイム〉は焚書を〝書物大虐殺《ビブリオコースト》[17]〟と呼び、胸が悪くなるような焚書の詳細を伝えた。中世から市《いち》が立っていたことで知られるフランクフルトのレーマー広場では、篝火の中に書籍が投げ込まれる間、楽団がショパンの「葬送行進曲」を演奏している。アメリカでは大勢の人々が抗議運動を展開しており、ニューヨークでは八万人、シカゴでは五万人、フィラデルフィアでは二万人が集まっている。

ドイツは、優れた哲学者や思想家を輩出したことで知られる教育水準の高い国だ。その国がなぜ、図書館から書籍を奪って燃やすという行為を許したのだろうか？　アドルフ・ヒトラーは、ドイツを自己の思想信条に合った形に変えるために入念に計画を立てた。焚書はその計画の一部に過ぎない。ヒトラーは権力の座に就くと、新しい体制を敷き、それに従わせるために様々な法律を制定している。例えば、一九三五年、『我が闘争』を国家公認図書[18]に指定した。そして結婚した国民に一冊ずつ贈った。また、ドイツのすべての学校に対し、教科書として使用するよう義務付けている。

総統ヒトラーは、自己の思想を広めるために、図書館をはじめとするドイツの文化施設を作り変えた[19]。さらに、純血のドイツ人だけが、文化的にも芸術的にも美術館に展示するに値する傑作を生んだ、という印象を人々に与えようとした。〈ドイツ芸術の日〉という祝日を設《もう》け、この日催された行事では、責任者として展示する美術作品を選び、自己の思想を的確に反映した作品に最優秀賞を授与した。また、各作品を美術館のどの場所に展示するかを指示し、作品に値段をつけた。ヒトラーが理想とするドイツの姿を表現した作品は目立つ場所に展示され、高い値段がつけられている。ヒトラーとゲッベルスは、純血のドイツ人よりも劣っていると見なすユダヤ人などの作品の展示を禁じ、すべての美術館を同様に〝浄化〟した。アーリア人である純血のドイツ人の作品だけを展示することで、純血のドイツ人のみがドイツに栄光をもたらすことを示そうとしたのである。

学校では、ヒトラーの思想に基づく教育が施《ほどこ》されるようになった。ベルリンで焚書が実行されたその日、内務大臣のヴィルヘルム・フリック博士は、ドイツの各学校の理事に、教育制度の改革について指示している。「父なる国であるドイツの歴史、特に、過去二十年間の歴史を余すことなく生徒に教授すること。民族、遺伝、家系といったことについても学ばせる必要がある」[20] 後者に関して、フリックは次のように述べている。「異なる民族の血がドイツ民族の血に混じるようなことがあってはならない。特に、ユダヤ人と黒人の血の混入は断固阻止しなければならない。そのことを生徒に繰り返し叩き込んでほしい。民族の生態について教え、知性や精神性の水準が民族によって異なることや、血の混入によって民族が劣化することを理解させるべきである」フリックの指導により、生徒たちは、〝ドイツ民族は優秀民族である〟と教え込まれた。それと並行して、ユダヤ人の教員と左派の教員が解雇され、一部の学校では欠員率が三三パーセントに上った。[21]

ヒトラーは自己の思想を津々浦々まで伝えるために、ラジオや映画も利用している。[22] ラジオは総統の命令を伝える媒体として有効だった。ゲッベルスは、全国の家庭でヒトラーの言葉を聞けるように、庶民にも手が届くような廉価《れんか》なラジオの開発に力を入れた。また、娯楽映画にプロパガンダを織り込むよう映画会社に圧力をかけた。理想的なドイツの姿が大きなスクリーンにきちんと映し出されることを企図して、ヒトラーとともに直接制作に携わることもあった。ゲッベルスは、〝非ドイツ的〟な映画が制作されないよう脚本に目を通し、完成した映画の上映の可否も決めるなど、絶大な力を振るっている。[23] ドイツの映画館で上映される退屈なプロパガンダ映画を観客が批判すると、評論家が批判を増幅させたと言って映画評論家を指弾した。一九三六年には映画評論家の批評活動を禁じている。

一九三八年、ナチスは、十八のジャンルの書籍と四千百七十五作品、そしてユダヤ人作家を中心とする五百六十五人の作家のすべての著作を発禁処分とした(24)。この時期はまだ、図書館などの施設の書架にユダヤ人作家の著作が残っていた。ナチスはそのことに激しい苛立《いらだ》ちを覚えた。ドイツの新聞は、ユダヤ人作家が影響力を及ぼし続けることになるという理由で、彼らの著作を置いている施設を痛烈に糾弾している。ドイツの図書館員は、蔵書を徹底的に調べ、ヒトラーの思想に反する内容の書籍を残らず取り除くよう強いられた。

同じ年、ナチスは書籍を処分するだけでは飽き足らず、人々に迫害を加え始めた(25)。一九三八年十月十八日、ヒトラーは、一万二千人以上のポーランド系ユダヤ人をドイツからポーランドへ追放しようとした。しかし、ポーランドへの入国を許されたユダヤ人は四千人ほどにとどまり、残りのユダヤ人は、ドイツとポーランドの国境付近に取り残された。フランスで暮らしていたユダヤ人青年ヘルシェル・グリュンシュパンは、国境近くにおいて、食べる物も雨露《あめつゆ》をしのぐ家もない悲惨な状況に陥ったユダヤ人の中に自分の家族がいることを知った。そして怒りのあまり、パリのドイツ大使館に駆け入り、ドイツの外交官エルンスト・フォム・ラートを銃殺した。一九三八年十一月七日のことである。

この事件が引き金となり、ドイツ各地で反ユダヤ暴動が発生した。十一月九日には、外交官が暗殺されたという報が知れ渡り、ベルリンで激しい反ユダヤデモが展開された(26)。若者の集団が、金属製の警棒や武器でユダヤ人の経営する商店の窓ガラスを割った。商品は通りに投げ出され、店の中は空っぽになり、投げ出された品々に人々が禿鷹《はげたか》のように群がった。〈ニューヨーク・タイムズ〉は、役人やナチス党員と思われる若者たちがユダヤ系商店を破壊した、と報じている。〔冗談を飛ばしたり、笑ったりしながらその様子を見物する者もいた。翌日までに、少なくとも九十一人のユダヤ人が殺害され、ベルリンの大部分のユダヤ系商店が破壊された。(27)さらに、十一のシナゴーグが放火され、シナゴーグに収蔵されていた書籍やトーラー（モーセ五書）の巻物も多数葬り去られている。何千人ものユダヤ人が監獄や強制収容所へ送られ、自殺へ追い込まれる者もいた。この一九三八年十一月九日の暴動は、後に、水晶《クリスタルナハト》の夜として知られるようになる。

外国人記者団がゲッベルスに事件の説明を求めると、彼は進み出て事実を明らかにした。〈ニューヨーク・タイムズ〉によると、彼は「破壊や放火を伴う暴動を容認し、暴動はドイツ全土に波及した(28)」また、こう明言している。「ユダヤ人問題の包括的な解決に向けて、新しい反ユダヤ法が制定されるだろう。世間一般の反ユダヤ感情を斟酌《しんしゃく》しながら、ドイツにおけるユダヤ人の地位を決めなければならない」「パリで起こった卑劣な殺人に対し、ドイツ国民は健全な反応を示した」とも述べ、暴徒に共感を覚えると心境を明かしている。さらに、国外のあらゆる批判を封じるとし、ドイツのユダヤ人が国外で大嘘を喧伝《けんでん》しているが、彼らはいずれ嘘の代償を払うことになるだろうと脅《おど》しをかけた。暴動でユダヤ人が殺害されたことについてはこう述べている。「もしも私がユダヤ人なら……その件について沈黙するだろう。ユダヤ人がなすべきことはただひとつ――口を閉じることである。ドイツについても、これ以上何かを言うべきではない」

ドイツ国内には、水晶の夜に対して憤慨する者はほとんどいなかった。ドイツでは、一九二〇年代後半からヒトラーの思想が次第に広まり、あからさまな迫害を国民が容認するようになっていた。ナチスは、ドイツの社会や文化に貢献していたユダヤ人を何年にもわたって貶めた。それに伴ってユダヤ人への暴力を黙認する風潮が醸成された。

一方、アメリカ人は、ドイツの恥知らずな反ユダヤ主義に衝撃を受けた。新聞社には、懸念や驚愕の念を綴った投書が殺到した。(29) ミネソタ州セントポールの男性はこう述べている。「これほどひどい暴動が起こるとは思いもよらなかった。下級役人が殺害されたからといって、このような大規模な報復行為を正当化してはならない。ひとりの激昂した若者が罪を犯したという理由で集団全体に意趣返しをするなど、野蛮人の所業ではないか」あるサンフランシスコ市民は、〈サンフランシスコ・クロニクル〉への投書の中で驚きを露《あらわ》にしている。「ひとりの狂った男が、知的で思慮深く、心根の優しい国民を狂気へと駆り立てることができるのだ」ボストンの〈ヘラルド・トリビューン〉には、次のような内容がしたためられた市民からの投書が届いた。「現代文明には人の命を尊《とうと》ぶという崇高な特質があるが、ドイツは、当分は人命を尊重しないつもりなのだろう。ドイツの国内問題に干渉すべきではないのかもしれないが……人類に厭悪《えんお》の情を催させ、文明の発達を妨げ、人類の精神を堕落させる物事に対して声を上げないのは、その物事を認めるに等しい」

一九三九年九月一日、ドイツがポーランドに宣戦布告した。イギリスとフランスは、ポーランドとの条約により、ドイツに宣戦布告することを余儀なくされた。戦争初期、ヒトラーは、ポーランドに対して戦車や爆弾を使って攻撃したが、フランスとイギリスに対してはそうした攻撃をせず、まずは心理戦を仕掛けた。この心理戦が道を開き、ドイツ軍が勝利を重ねることになった。

フランスとイギリスはどちらも、ポーランドの次は自分たちが攻撃される番だと考えていたが、ドイツにとっては、長い国境を接するフランスの方が攻撃しやすかった。ヒトラーは攻撃開始に先立ち、フランスに向けてラジオ番組を放送している。それは娯楽番組や音楽番組を装っており、ドイツが雇った生粋《きっすい》のフランス人がアナウンサーを務めていたため、フランス国民の中には、ドイツが流している番組だと気づかずにラジオのダイヤルを合わせる者もいた[30]。番組にプロパガンダが織り込まれていることを知らない聴取者も少なくなかった。アナウンサーは、ドイツ軍の方が強くて優勢だと不安げに話し、フランスはドイツ軍の攻撃に耐えられないだろうと予測した。このようなラジオ番組を聴いたフランス国民は、たちまちフランスの勝利を疑うようになった。この時期、特派員としてフランスに駐在していた〈シカゴ・トリビューン〉の記者エドモンド・テイラーは、ヒトラーが巧妙に仕組んだプロパガンダ作戦によって、フランス国民が戦意を失っていく様を目《ま》の当たりにしている。ヒトラーのプロパガンダ作戦を〈恐怖の作戦〉と呼ぶテイラーの報告によると、ドイツはプロパガンダに多額の予算をつぎ込み、フランスの新聞社を買収し、ドイツ軍が優勢だとフランス国民が信じるような内容の記事を掲載させた。ドイツが仕掛けた心理戦は、「フランス国民に恐怖心を植え付けた。不条理な恐怖が恐るべき癌のように広がり、他のあらゆる感情を飲み込んでしまった……人々は恐怖心を制御できなかった」フランス国民はすっかり自信を失い、例えば、空襲警報のサイレンのテストが実施されただけでもパニックに陥るという有様だった。ドイツが侵攻をほのめかすと、もはやこれまでと諦める者が増えていった。フランス政府はしばらくしてから、対抗策として、自由を守ろうと国民に呼びかけているが、襲来するハリケーンに一本の傘を開いて対抗しようとしたようなものだった。

ドイツ軍が侵攻すると、フランスは六週間で降伏した。ヒトラーは初めに敵の戦意をくじいてから侵撃するという手を使い、フランスをはじめポーランド、フィンランド、デンマーク、ノルウェー、ベルギー、オランダ、ルクセンブルクを一年のうちに打ち負かしている。(31) その結果、自由な生活を送っていた二億三千万人以上のヨーロッパ人が、ナチスの支配下に入ることになるのである。

命運尽きたフランスがドイツに降伏すると、ヒトラーはそれを世界に知らしめようとした。第一次世界大戦でドイツ軍が受けた屈辱を晴らす、という自己の役割を粛々《しゆくしゆく》と果たしたことを示すためだ。他国への侵攻を目論《もくろ》んでいたヒトラーにとって、フランスの敗北は、他国にドイツ軍の力を見せつけ、脅威を抱かせる絶好の機会でもあった。

一九四〇年六月二十二日、ヒトラーは休戦協定に調印するために、フランス政府の代表と会見した[32]。彼は調印式が印象深いものになるよう劇的な演出を施している。かつて第一次世界大戦で敗北したドイツは、フランスのコンピエーニュの森に停められていたフェルディナン・フォッシュ元帥専用の鉄道車両の中で、フランスをはじめとする連合国と休戦協定を結んだ。ヒトラーは、フランスの博物館に保管されていたフォッシュ元帥の鉄道車両を、第一次世界大戦時の調印式の日である一九一八年十一月十一日に停めてあった場所に移動させ、その中で調印式を行なった。フランスにとって屈辱であったことは言うまでもない。総統ヒトラーはフランス政府の代表に向かい、自ら降伏条件を読み上げた。調印式が終わると、フォッシュ元帥の鉄道車両と、第一次世界大戦のフランスの勝利を祝して建てられた記念碑をベルリンに運ばせた[33]。ライン川を挟んで対峙してきた長年の宿敵にドイツが勝利した証《あかし》として、博物館に展示するためである。

ヒトラーはひとつの国をドイツの支配下に置くと、権力をより強固なものにするために、細心の注意を払いながら、その国の文化、歴史、芸術、報道、娯楽を改変した[34]。多くの場合、文化の柱である図書館に最初に手をつけている。彼は、支配地域で価値のある書籍や美術品を集める目的で全国指導者ローゼンベルク特捜隊（ＥＲＲ）を設立した。この部隊が集めた品々は、戦後に設立するナチスの大学に置く予定だった。一方で、有害と考える書籍などを処分した。驚くことに、この部隊は、東ヨーロッパの三百七十五の公文書館、四百二の博物館、五百三十一の施設、九百五十七の図書館を焼き尽くしている。チェコスロバキアとポーランドではそれぞれの国が有する書籍の半分を、ロシアでは五千五百万の書籍を処分したと言われている。支配された地域の図書館は、閉鎖を免れても、ナチスの計画の実現に役立つように改変された。[35]ポーランドの図書館は国家社会主義路線に添って改変されている。ナチスは文書を〝ドイツ化〟し、彼らが認めた文学作品を補充し、有害と見なしたものをことごとく取り除いた。占領したオランダの図書館には、ドイツの様々な功績を伝えるドイツの最新の書籍を並べた。フランスが敗れた時、ドイツがまず行なったことのひとつは、〈ベルンハルトのリスト〉の発行である。このリストには、発禁処分とする百四十の作品の題名が記されていた。さらに一九四〇年九月には、千四百近い作品名が記された、より広範なリストを発行している。ナチスは、パリの多くの図書館をそのまま閉鎖したが、H・G・ウェルズが設立した《燃やされた本の図書館》は、皮肉の意を込めて、そのまま残した。[36]この図書館の事務局長アルフレート・カントロヴィチ博士によると、「ドイツ人が図書館に鍵をかけたため、図書館の本を読むのは実質的に不可能だった」が、ドイツ人は参考図書として利用していた。ヒトラーの図書館に対する関心の高さを知った西ヨーロッパ諸国の図書館員や学芸員は、価値のある書籍や美術品を洞窟や城に隠して守ろうとした。

アメリカでは、ヒトラーによる文化に対する攻撃について新聞が報じると、第二次世界大戦はふたつの側面を持つ戦争である、という見方がなされるようになった。あるジャーナリストは次のように述べている。「ふたつの戦いが同時に進行している。ひとつは縦の戦い。これは軍と軍の戦いである。もうひとつは横の戦い。これはイデオロギー、政治、社会、経済の戦いである」[37]この戦争には肉体的な戦いと精神的な戦いが含まれているとか、戦場と図書館において戦いが繰り広げられているなどと述べた者もいる。人によって表現の仕方は違うが、「この戦いは戦場だけで行なわれているのではない。国家が信奉する思想も攻撃にさらされている」という認識を皆が抱いていた。ヒトラーは軍隊だけではなく、民主主義や自由思想を叩き潰そうとしていた。この戦争も、第一次世界大戦と同じく〝総力戦〟だったのだ。

アメリカも、ドイツ軍が遠く離れた場所にいるからといって安心してはいられなかった。ヒトラーの思想はアメリカにも簡単に入り込み得る、ということが明らかになってきたからだ。ヒトラーはフランスに軍隊を送る前、ラジオを用いてフランス国民の心を攻略した。それと同様に、アメリカが参戦を考えるようになるずっと以前から、ラジオを利用してアメリカ国民の心を攻略しようとしていた。一九三〇年代から一九四〇年代にかけて製造されたラジオ受信機は一般に、国際放送に利用される短波を受信できた。ドイツは日本の協力の下、毎日十八時間、北アメリカに向けてラジオ番組を放送していた(38)。アメリカに対する心理戦を秘かに始めていたのである。もしもアメリカ国民が、フランス国民と同じように意気阻喪すれば、赤子の手をひねるようにアメリカを打ち負かせるからだ。

より効果的なプロパガンダを展開すべく、ドイツの役人がドイツ在住のアメリカ人を探し出し、アナウンサーとして雇い入れた(39)。彼らはアメリカ英語のアクセントで話すため、ドイツへの忠誠心を感じさせなかった。アナウンサーになると、ドイツ国民にのみ支給される配給切符の支給を受けられたし、日々不穏さを増すドイツで保護してもらえるという利点もあったので、数人のアメリカ人が帝国放送のアナウンサーになっている。初期のアメリカ人アナウンサーは、アイオワ州出身のフレデリック・ウィリアム・カルテンバッハ、イリノイ州出身のエドワード・レオ・ディレイニーなどである。帝国放送は後に、アクシス《枢軸》・サリーという名で知られる悪名高きミルドレッド・ギラースを使って大々的にプロパガンダ攻勢を仕掛けている。

しかし、アメリカに対するプロパガンダ作戦は効果を発揮しなかった。アメリカの報道機関がドイツのラジオ番組の実態を易々《やすやす》と暴いたからだ。〈ニューヨーク・タイムズ〉によると、ドイツのラジオ番組は、アメリカの典型的なラジオ番組の構成をそっくり真似ていた[40]。まず、アナウンサーがニュースを読み、それから音楽とドラマを流す。〈ニューヨーク・タイムズ〉は次のように伝えている。「アメリカのラジオ局は、番組の途中で石鹸や朝食用シリアルの宣伝をするが、ドイツは自分たちの思想を宣伝している」

アメリカでは、ドイツによるプロパガンダ作戦を報じるだけでなく、それに対抗する動きも現れた。フランスがあえなく敗れたのは、ドイツのプロパガンダ作戦が効を奏したからだ。そこで、プロパガンダに立ち向かおうと幾つかの組織が立ち上がった。その組織のひとつが、アメリカ図書館協会（ＡＬＡ）である。図書館員にはアメリカに仕掛けられた思想戦においてヒトラーの勝利を阻止する責務がある、とアメリカ図書館協会は考えた。彼らは、図書館の書架から書籍を取り除きたくなかった。書籍が燃やされる光景を見たくもなかった。アメリカが参戦していないからといって、行動を起こさず、ただ手をこまねいているつもりもなかった。一九四一年一月のアメリカ図書館協会の刊行物にこう記されている。「ヒトラーの目的は、思想を弾圧することである……ドイツと直接砲火を交えていない国々においても、それを行なおうとしている[41]」

一九四〇年の終わりから一九四一年初めにかけて、アメリカの図書館員は、ドイツによる目に見えない攻撃からアメリカの思想を守る方法について話し合った。ヨーロッパにおける〝書物大虐殺〟は、彼らの神経を逆撫でするものだった。そして議論の末、〝思想戦における最強の武器と防具は本である〟という結論に達した。アメリカ国民が本を読めば、ドイツによるプロパガンダ放送の影響は薄まるだろう。焚書は読書の対極にあるという認識も深まるだろう。ヒトラーが、ファシズム体制を強化すべく記された言葉を抹殺するつもりなら、図書館員は読書を促すのだ。ある図書館員は語っている。「ヒトラーの『我が闘争』が幾百万もの人々を奮い立たせ、不寛容と圧制と憎しみを求める戦いへと向かわせ得るなら、幾百万の人々を、それに対抗する戦いへと向かわせ得る本も存在するのではないでしょうか？[42]」

一九三三年五月十日の夜、ゲッベルスはベルリンにおいて、眼前で燻《くすぶ》る書籍の灰から「新しい精神が不死鳥の如《ごと》く生まれるだろう[43]」と演説した。ゲッベルスはこの時、灰から生まれるのはドイツの民族主義、ファシズム、ナチズムだと考えていた。

しかし、ゲッベルスの演説から十年も経たないうちに、書籍の灰から民主主義と自由を希求する精神が蘇《よみがえ》った。めらめらと燃える炎に黒く焦がされた書籍が伝える思想をはじめとする、様々な思想を広めようという精神が生まれた。そして、アメリカの図書館員の尽力により、図書館、百貨店、学校、映画館に書籍が山のように積み上げられた。燃やすためではなく、アメリカ軍兵士に送るためである。さらに、アメリカ軍兵士のために、ライバル同士の出版社が資金や知恵を出し合い、協力して膨大な数の書籍を作った。それらはあらゆる題材を扱い、あらゆる思想を伝えていた。

灰から、書籍が力強く蘇ったのである。

八十五ドルの服はあれど、パジャマはなし

第二章

指揮、訓練、作戦のあらゆる段階において、兵士に常に情報を与えるべく、あらゆる努力を尽くすこと。アメリカ軍兵士が最も苛立《いらだ》ちを覚えるのは、物事の理由を教えてもらえない時である。

—— 陸軍基本野戦教範(1)

一九三九年から一九四〇年にかけてヨーロッパで戦火が拡大したが、この頃、アメリカ国民の大半は参戦に反対だった。ギャラップ世論調査という新方式の世論調査が実施され、一九四〇年六月、ドイツにただちに宣戦布告すべきだと考える国民がわずか七パーセントしかいないことが明らかになった。[2] ただし、多くの国民が参戦もやむなしと考えていた。同じ月、〈ニューヨーク・タイムズ〉をはじめとする複数の主要紙は、一刻も早く軍事訓練を義務化すべきだという少数派の意見を支持すると表明している。〈ニューヨーク・タイムズ〉は次のように述べている。

機械化された史上最強の軍隊が、目下、パリを攻撃している。その軍隊が勝利した後に起こることについて、私たちは現実的に考えるべきである。警戒を怠らなければ、起こり得る最悪の事態にも正面から立ち向かえるだろう。最悪の事態とはフランスが敗退することである。フランドル地方に展開するイギリス軍が補給を断たれ、一九四〇年が終わらないうちに自身をも守れなくなることである。ヒトラーがイギリス海軍の艦隊を手中に収め、あるいは、我が国が有する造船所の数をはるかにしのぐ数の、ドイツ、ノルウェー、ベルギー、イギリス、オランダの造船所を手中に収め、ヨーロッパの支配者となることである。(3)

ヒトラーは自らを民主国家の敵であるとし、アメリカはとりわけ大きく、豊かで、柔《やわ》な民主国家だと明言していた。また、すでに広く知られていたことだが、〝敵の戦う準備が整わないうちに敵を攻撃するというのがヒトラーの常套《じょうとう》作戦〟だった。

ヒトラーは公然とアメリカを敵視し、アメリカと一戦交える腹積もりだった。一九四〇年十二月にベルリンの対空砲製造工場で演説した際、彼は、アメリカ、イギリス、フランスを「持てる国々」と呼び、ドイツを虐《しいた》げられた「持たざる国」と呼んでいる。ヒトラーは、第一次世界大戦でドイツが受けた敗北の屈辱を晴らすためだけに戦争をしていたわけではない。「異なる人生哲学を持つふたつの世界が対立している。その世界の一方は打ち砕かれるべきである」(4)とも考えていた。アメリカ軍の総兵数はわずか十七万四千人であり(一九三九年当時)(5)、じつに脆弱だった。そのため、国民が賛成でも不賛成でも、徴兵制を敷く必要があった。一九四〇年の夏、法律の制定に向けて議会が準備を進める一方、フランクリン・デラノ・ルーズヴェルト大統領は、徴兵制は、たとえ嫌悪すべきものだとしても、国土を防衛する上で必要不可欠である、ということを再三再四にわたって国民に説いている。(6)

一九四〇年九月、議会は選抜訓練徴兵法を可決した。この法律により、二十一歳から三十五歳までの男性およそ千六百五十万人が、兵役登録を行なうことになった(後に、対象年齢が十八歳から五十歳までに拡大されている)[7]。一九四〇年十月十六日、多くの人々の兄弟や夫、息子、恋人、おじ、友人、隣人が全国各地に設《もう》けられた登録所に赴いた。孤立主義団体や平和主義団体から妨害されるのではないかという懸念もあったが、その日は滞《とどこお》りなく過ぎていった。ニューヨークでは、九十九万一千人が兵役登録を行ない、逮捕者の出る事件が二件発生している[8]。一方は、どちらが先に登録するかで、ふたりの男性が揉めて喧嘩沙汰を起こすという事件である。もう一方の事件を起こした男性は、登録する覚悟ができるまで酒場で数時間過ごしていた。大統領選挙の日まで約三週間という時に徴兵へとかじを切ったルーズヴェルトの当選はおぼつかない、と考える者もいたが、その予想は外れた。ルーズヴェルトはアメリカの歴史において初めて、平時に徴兵制を実行した大統領である。そして、徴兵開始から三週間後、大統領選で異例の三選を果たしたのだ。

陸軍は、多くの徴集兵のために、四十六の新しい訓練基地を建設する計画を立てた。しかし、一九四〇年の秋まで連邦資金の拠出が認められず、必要物資の調達や訓練基地の建設は進まなかった。そのような状況の中で陸軍は市民を徴集し、訓練を実施した。基地の建設は気の遠くなるような大仕事だった。ある歴史家は次のように記している。「まず土地を更地にし、丘を削り、谷を埋め立て、樹木を根こそぎにし、道路を舗装し、排水設備を整え、その後ようやく、兵舎や洗濯所、将校用宿舎、ライフル射撃場の建設が始まった[9]」基地の建設には四十万人の労働者、九十万八千ガロンのペンキ、貨車三千五百台分の釘、一千万平方フィートの壁板が必要になると見込まれていた。

徴兵が先に進められ、基地の建設は二の次になり、そのことが士気に多大な悪影響を及ぼした。[10] 基地に到着した兵士は皆、唖然とした。軍の受け入れ態勢がまるで整っていなかったからだ。基地にはまだ空地が広がっていた。暖房器具が備えられた兵舎が突貫工事で建設されていたものの、兵舎の多くはお粗末で、一番寒い時期に兵役に就いた者はとりわけ惨《みじ》めな思いをしている。兵舎が完成するまでは、暖房器具付きの分隊用テントが用意され、ひとつのテントで六人以上の兵士が寝起きした。兵士は毎晩、他人に囲まれ、凍えるような寒さの中、吹きすさぶ風の音を聞きながら眠りについた。誰もが故郷のことを恋しく思った。

新しい基地だけでなく、第一次世界大戦の時に建設された基地の中にも設備が整っていないものがあった。アラバマ州のフォート・マクレラン（一九一七年当時は歩兵隊の訓練基地として使用されていた）に配属された男性の話によると、この基地は「地獄」[11] であり、「不潔で臭く、どこも泥だらけだった」基地にあるのは一時《いちじ》しのぎのものや未完成のものばかり。初めの頃は、六人から八人の兵士が十六フィート四方のテントで寝ていた。ひとつのストーブで暖を取ったが、ストーブの火の粉が飛び、テントが焼け焦げて穴が開くこともしばしばで、火がついたらそれが大きくならないうちに消し止めた。基地に続く道路の樹木は「一掃」されたという話だったが、実際には切り株があちこちに残っており、訓練中の兵士が切り株を取り除く作業を担った。その他にも色々な汚れ仕事を命じられた。マリオン・ハーグローヴ軍曹が軍隊生活について語った話は有名だ。「君たち兵士は、石炭と大量の灰を運ぶだろう。荷を解《ほど》いてライフル銃を取り出し、その銃を覆う、ねっとりしたグリースを拭い取るだろう。火を焚き、モップで床を拭き、窓をピカピカに磨くだろう。そして、僕はこんなことをするために市民生活から引っ張り出されたのだろうかと思う時や、新しい仕事に心底うんざりさせられる時があるだろう[12]」

建物や設備ばかりでなく必要物資も不足していた。訓練基地に到着した兵士には、新しい軍隊生活に必要な道具一式が与えられるはずだった。陸軍の需品係将校（ＱＭ）が歩兵に支給する予定だったのは、「野戦用の鉄製ヘルメット、シャツ、ズボン、ゲートル、靴、肌着、天気に応じて使い分けるレインコートと上着と外套《がいとう》……野戦用食器《メスキット》を入れる雑嚢《ざつのう》、カップ、水筒、救急箱、携帯用毛布、小型テント、テント用のポールとピン、洗面用具、ガスマスク、塹壕《ざんごう》掘り用シャベル、予備食料、武器、弾薬[13]」などである。ある雑誌は、兵士には「八十五ドルの服はあれど、パジャマはなし」と揶揄《やゆ》しているが、実際のところ、徴兵が開始されてからしばらくは、パジャマ以外にも支給されない物が色々あった。需品係将校はカーキ色の軍服も調達しておらず、兵士は、第一次世界大戦時に使用されていた襤褸《ぼろ》の毛織の軍服を着用させられた。

武器、弾薬、その他の訓練に必要な物資も多くの基地で不足していた。木挽《こび》き台にモップを立てかけ、それを対空砲に見立てて訓練する時、兵士は馬鹿馬鹿しさを覚えた[14]。フォート・マクレランでは、「ＴＡＮＫ《戦車》」と書かれたトラックが戦車として使用され、丸太が大砲の代わりとなった[15]。ドワイト・Ｄ・アイゼンハワー元帥は、回想録『ヨーロッパ十字軍』の中で次のように述べている。「兵士は、木で作った迫撃砲や機関銃を携行し、幾つかの新兵器については設計図を見て学ぶしかなかった[16]」模型の武器を使用した訓練では、「新人歩兵の士気は上がらなかった」

未完成の訓練基地に配属された兵士はやる気を失った。統制された軍隊生活になかなか順応できず、四苦八苦する者もいた。兵士は朝の六時にベッドからよろよろと抜け出し、まだ暗く、凍えるような寒さの中で何時間も行進の仕方や戦い方を学んだ。[17]弾薬や武器が使用できるようになると、戦場さながらの状況が作り出された。兵士は有刺鉄線の下を腹ばいになって進み、実弾は頭上二、三フィートのところを風を切って飛び交った。[18]ある時は、手榴弾やTNT爆弾の爆発音や銃の発射音が鳴り響き、模型の敵兵が木々から落ちてきた。教室では映画を観て、地図を読み、実物大模型を使って研究し、各種装備の機能と効果的な使い方を学んだ。頻繁に試験が実施され、評価が下され、落第した者は別の課程を履修しなければならなかった。兵士は、良い成績を収めなければならないという重圧を常に抱えていた。トップの成績を取った者は昇進し、俸給が増え、社会的地位が上昇した。落ちこぼれにはなりたくないから大多数の兵士が懸命に勉強した。こうしたことにより、肉体的にも精神的にも消耗していった。

一九四〇年代初めに兵士となった市民は、訓練基地での生活になかなか馴染めなかった。新聞や雑誌が伝える軍隊生活はロマンを感じさせたが、その実、多くの兵士が悲惨な状況に置かれ、寂しさ、孤独、憂鬱《ゆううつ》な気持ちと闘っていた。

夜になると、兵士はひとりになりたいと思った。基地から出たいと思う時もあったが、賜暇《しか》を与えられない限り、それは無理だった。完成していない訓練基地では、自由時間を過ごす場所は分隊用テントしかなかった。軍隊生活を束の間でも忘れられるような機会はなく、自由時間の間も常に他の兵士と一緒だった。少し前まで一般市民だった者にとっては、とても辛いことである。兵士は画一的な生活を強いられ、趣味を楽しむこともできず、途方に暮れた。何時に起き、何を着用し、何を（何時に）食べ、どのように行進し、何時に眠るかを指示された。プライバシーが保《たも》たれた生活や自分らしい生活を享受できなかった。海軍も事情は同じである。ジェームズ・J・フェーイーは回想録の中で、海軍生活についてこう述べている。「海軍の生活にはプライバシーがないということが分かった。一般市民に戻るまで、プライバシーが守られた生活を送ることなどできないのだ。食事の時、眠る時、シャワーを浴びる時、とにかくどんな時にも必ず周りに人がいて、ひとりになることはない[19]」

予算が乏《とぼ》しい基地の娯楽は、音楽（主に合唱）とスポーツだった。しかし、複数人で行なうこれらの娯楽は、娯楽が充実した基地では人気が低かった。ある調査結果を見ると、ひとりで行なう事――手紙を書く、雑誌や本を読む、映画を観る、ラジオを聴くといった事をして余暇を過ごしたいと思う兵士が大半を占めている[20]。スポーツをしたいと思う者はわずか一六パーセント、合唱を楽しみたいと思う者は五パーセントにとどまっている。そして兵士は総じて、逃避したいと思っていた――訓練基地から、寝食を共にする他人から、戦地へ送られる可能性から。

兵士の士気と基地生活の質が向上しなければ訓練の効果が上がらない。陸軍の指導者もそれを分かっていた。設備の整った基地の兵士が示す訓練に対する姿勢や意気込みを、新しい基地の兵士のそれと比較すると、その差は歴然としており、娯楽が差を生む要因のひとつだった。

ジョージア州のフォート・ベニングでは、軍隊生活に対する兵士の満足度がおおむね高い[21]。この基地にはビリヤード台、トランプ、ゲーム、楽器の他、書籍や雑誌を読める図書館、二千人を収容できる映画館などもあり、兵士は自由時間にこれらを利用した。フォート・ベニングの生活も他の基地と同様に統制されていたものの、兵士は軍隊生活をそれほど辛いと感じなかった。毎日、訓練の後に心からくつろぎ、現実をしばし忘れられたからである。陸軍省は娯楽が極めて重要だという結論に達した。

だが陸軍は、最低限必要な物資の調達もままならない状況に置かれていた。兵舎や銃すらないのに、映画館や運動施設など作れるわけがない。そのため陸軍は、小さく、兵士に人気があり、安価な物を求めた。書籍である。

陸軍と海軍の兵士に書籍が供給されたのは、第二次世界大戦の時だけではない。しかし、第二次世界大戦時のように極めて多くの書籍が供給された例は後にも先にもない。

アメリカにおいて、前線の兵士に書籍を送る活動が最初に展開されたのは南北戦争の時だ。有志から成る組織が古本を集めて送っており、幾つかの宗教組織は自ら本を作っている。*The Soldier's Pocket-Book* は、詩編、聖歌、祈禱文を収録した小型の本だ。長老派教会は、この本の方が「娯楽的で罪深い読み物[22]」よりもずっとためになると考えていた。当時の書籍の供給態勢はいい加減なものであり、供給される作品の種類も限られていた。兵士は戦場に届いた書籍を大切にした。南北戦争に従軍した軍人ホーマー・スプレイグは、「戦場の兵士は読み物に飢え、読み物を渇望していました」[23]と、戦後五十年以上にわたって語り続けている。当時、陸軍省による支援はほとんどなく、兵士が書籍を入手できるかどうかは運次第だった。

第一次世界大戦の時には供給態勢が格段に向上した。赤十字社、ＹＭＣＡ、ＹＷＣＡ、コロンブス騎士会（米国のカトリック教徒の友愛団体）、ユダヤ人福祉委員会、救世軍、アメリカ図書館協会といった民間組織が、寄付された書籍を訓練基地の兵士に送る役割を担っている。[24]集まった書籍は膨大な数に上った。これらの組織の活動は総じて高く評価され、特に、恩恵にあずかった兵士から称賛された。陸軍少佐トーマス・マーシャル・スポールディングは次のように語っている。「本は、私たちアメリカ軍兵士の人生と、私たちとともに戦った国々の兵士の人生を、生きるに値する人生に変えてくれました。そして、アメリカ軍兵士を驚くほど元気にしてくれました[25]」戦闘で疲れ果て、気力を失った兵士も本を読んで力を取り戻した。兵士は人を殺す訓練を受け、前線では、筆舌に尽くし難いほど残忍な行為を目の当《ま》たりにした。しかし、「私たちの軍の兵士は本を読むという行為をしているのだから、（まだ）人間なのだ、と思うことができました」

第一次世界大戦後、陸軍省はすべての訓練基地に書籍を置くことを決定した。一九二一年には陸軍図書館局が設置されている。[26]当時、アメリカには二百二十八の陸軍図書館が存在しており、陸軍図書館局はその管理にあたった。陸軍の士気作戦部の長を務めたエドワード・マンソン大佐によると、書籍は「楽しみをもたらすものであり、教育と訓練に不可欠な力でもある[27]」と見なされていた。「人格と品行を高める」ものでもあった。マンソンは、戦争とは「武力のぶつかり合いだが、それ以上に意志のぶつかり合いだ」とし、書籍が兵士の心を強くすると述べている。

陸軍図書館局の活動は崇高《すうこう》な目的の下に始められたが、すぐになおざりにされるようになった。戦時下ではなかったため、蔵書を維持するための予算は年々減らされ、新しい書籍を買えなくなった。[28] 陸軍の規模が小さくなると、州立図書館機構が、陸軍図書館の蔵書のうち人気のあるものをもらい受けた。一般市民に広く読んでもらうためである。そのため、第二次世界大戦中の一九四〇年に徴兵が始まった時、既存の陸軍図書館にはめぼしい作品がほとんど残っていなかった。教科書はどれも時代遅れで役に立たず、ベストセラー本は皆無だった。新設された訓練基地には書籍も図書館もなかった。陸軍は、兵士の士気低下という危機に直面していたが、訓練の意義を教えるための書籍もなく、昇進を目指す兵士が学ぶための新しい教科書も不足していた。陸軍にとって図書館の刷新が急務となった。

一九四〇年の後半、陸軍は、大量の書籍を購入し、すべての訓練基地に図書館と娯楽施設を建設するという計画を立てた。初めのうちは、購入できる書籍の数は限られており、建設した図書館は小さなものばかりだった（座席数はわずか二十四席ほど）。しかし、この計画は、明確な展望を持つひとりの人物のおかげで、実現に向けて大きく動き出すことになる。

その人物とはレイモンド・L・トラウトマン中佐である。図書館学の学位を持つトラウトマンは、三十四歳の時、アメリカ合衆国陸軍図書館局の長に選ばれた。[29] 当時の彼は予備役中尉だった。トラウトマンは一九四〇年にコロンビア大学で図書館学の学位を取得しているが、それ以前に複数の書店の経営に携わっており、書籍販売業についての知識も持っていた。また、五年間、市民保全部隊とともに働いている。市民保全部隊を統括していたのは陸軍と内務省である。トラウトマンは、軍人としての知識と書籍販売業についての知識を併せ持つ稀《まれ》な存在であり、陸軍図書館局の長としてうってつけの人物だった。何か問題が起こり、陸軍に供給する書籍の質や量が低下しそうになると、問題を解決するために奮闘し、兵士の希望に添えるようあらゆる方策を講じた。彼は確固たる信念の下、指揮を執《と》った。そのため、第二次世界大戦中、兵士に供給される書籍の数は爆発的に増加している。その数は、一九四〇年時点の士気作戦部の予想をはるかに超えていた。

陸軍省が設定した当面の目標は、兵士ひとりに一冊ずつ行き渡るだけの書籍を購入することだった。しかし、陸軍の基地や訓練基地における購買数は目標を下回った。一九四一年、五千人以上の兵士が所属する大規模な基地には、書籍を購入するための資金がたっぷり支給されたが、兵士の数が一千人以下の小さな基地には一セントも支給されなかった。これはトラウトマンにとって看過できない問題だった。初期の頃、豊富な蔵書を有する訓練基地の図書館において利用状況調査が実施され、貸出冊数が驚くほど多いことが明らかになった。紙面の文字がかすれて消えないのが不思議なくらい何度も読まれていたのである。(30) トラウトマンは自分が為すべきことを心得ていた。それは、各地の基地のために多くの書籍を購入することであるが、いかんせん、先立つものがなかった。

ところが、訓練基地の兵士の士気が低下していること、図書館の書架が空っぽだということを知ったトラウトマンの仲間の図書館員たちが、支援の手を差し伸べた。地元の訓練基地のために書籍を集める運動を始めたのだ。図書運動を行なうのは道義上、そして職業上果たすべき義務だ、と図書館員たちは思っていた。ニューヨーク図書館協会が一九四一年に実施した図書運動の広報責任者は、次のように語っている。「本を手にできる兵士はほんの一握りです。本を読む時間と本を読みたいという気持ちを持っている人には本が与えられて然《しか》るべきだ、とこの国の図書館員は思っています——だから皆が、本を手に入れるために動き出したのです」[31]草の根運動はアメリカ全土に瞬《また》く間に広がり、温かい反応が返ってきた。人々は図書館員の求めに応じて、フィクション、漫画本、ユーモア本、短編小説などの娯楽的な読み物、教科書、専門書を寄付した。地元の新聞は、図書運動のことと、訓練基地の兵士の士気を保つために書籍が必要だということを伝えた。そして、短期間のうちに何万冊もの書籍が集まった。

アメリカ図書館協会は、各地で成果を上げる図書運動に注目した。ひとりの図書館員が何千冊も集められるのだから、全国の図書館員が協力すれば何百万冊もの書籍が集まるのではないか? アメリカ図書館協会は、一九四一年の年次総会において、運動を全国展開できないか検討していることを明らかにした。[32]すると賛同の声が湧き上がった。第一次世界大戦中に図書運動に参加した図書館員や、図書運動を指揮している最中の図書館員から次々に助言が寄せられた。圧倒的な支持を得たアメリカ図書館協会は、事務局長カール・マイラムをワシントンに派遣した。[33]この時マイラムは、陸海軍の上官とチャールズ・P・タフト(かつて大統領を務めたウィリアム・ハワード・タフトの息子）に会っている。健康・福祉・関連防衛活動局の調整官補佐であるタフトは、全国的な図書運動の有力な支持者だったが、なかなか厄介な人物でもあった。連邦政府から承認を取り付けたのはトラウトマン中佐である。陸軍は十分な数の書籍を購入したいと思っているものの、兵士の数が五千人より少ない陸軍基地には資金がなく、兵士に書籍を供給するには図書運動を行なうしかない、とトラウトマンは政府に伝えた。そして協議した結果、アメリカ図書館協会は、全国図書運動の実施を連邦政府から認められた。

数か月後、図書運動の青写真ができ上がった[34]。一九四二年、アメリカ図書館協会は運動の名称を国家防衛図書運動（ＮＤＢＣ）とし、一九四二年末までに一千万冊集めるという目標を掲げた。アメリカ軍慰問協会（ＵＳＯ）とアメリカ赤十字社から、活動資金としてそれぞれ五万ドルの寄付を受け、エンパイア・ステート・ビルのオフィススペースに本部を置いた。この場所は、アメリカ軍慰問協会から提供を受けた。そして、「婦人図書館員の世界における第一人者[35]」と目されていたアルシア・Ｈ・ウォーレンを運動の推進役として起用した。任期は四か月である。ウォーレンはロサンゼルス公共図書館の館長を務めており、それ以上は休みを取れなかったのだ。ウォーレンはまさにこの仕事の適任者だった。彼女は多くの時間と精力を注ぎ込んで図書運動を発展させたため、親しい友人らは、「図書運動はウォーレンの子供のようなものだ」と言っていた。

ウォーレンは図書館員としての経験を活かしながら、高い倫理観を持って国家防衛図書運動を率いた。ウォーレンの性格は託された任務に向いていた。彼女は図書館学の学位を取得した後、シカゴにある百貨店シアーズ・ローバック社の図書館分館に職を得た。シアーズ・ローバック社の店舗に併設されたこの図書館は、従業員が学び、楽しむ場だった。図書館の仕事は予想以上に忙しく、いつもてんてこ舞いだった。彼女は次のように回想している。「店の開店前と昼食の時間、そして閉店後、私はいつも、本を借りに来た大勢の従業員に囲まれました。慣れてくると、各人の希望に添った本を切符販売員並みに手早く渡せるようになりました」[36]「*The Shuttle* のような本を貸して！」、「色を表現する言葉を探しているの。春のカタログで使うのよ」、「例の、ワイリー博士が執筆した政府発行の小冊子あるかな。研究所の主任化学者が読みたいそうなんだ」などと皆が叫ぶように声を張り上げ、じつに大変な騒ぎだった。ウォーレンは専門的な助言や意見を常に求められ、それにきちんと応じた。忘れられない出来事もあった。ある日、経理課の帳簿係の女性から短い依頼の手紙を受け取った。図書館と店舗の間に設置された気送管を使って送られてきたその手紙には、次のように綴《つづ》られていた。「今日は雨降りで、ここはひどく退屈です。婦人にはふさわしくないという理由で貸し出しを止めた小説が幾つかあると思いますが、そのひとつを送ってください」女性の要求に応えて、ある小説を送ると、驚いたことに翌日にはそれが戻ってきた。本は丁寧に包まれ、言葉が添えられていた。「貴女《あなた》に神の祝福あれ！　貴女は正しい。これは誰にも読ませてはならない小説です。どうかまた、同じような小説を送ってください」

ウォーレンはこの図書館で働いた後、カリフォルニアに移り、努力してロサンゼルス公共図書館の館長になった[37]。同僚は、ウォーレンのすばらしい仕事ぶりに感服させられた。また、気概があり、職業意識が高いウォーレンから刺激を受け、彼女の仕事ぶりや物腰の柔らかさを見習おうとしたようだ。

一九四一年十一月下旬、ウォーレンは大陸を横断し、ニューヨークで図書運動の責任者として活動を始めた。活動方針はすでに固まっていた。彼女は第一次世界大戦の時、サンディエゴ郊外にあるキャンプ・カーニーの兵士に書籍を送る活動に従事している。その時の経験から、書籍が兵士の心を癒し、兵士の役に立つことを知っていたから、増え続ける兵士のために、できるだけ多く集めようと心に決めていた。

ウォーレンに託された任務は、書籍を寄付してもらうために国民を鼓舞するという、単純だが努力のしがいのあるものだった。アメリカの参戦に対する賛否は別として（国民の大半は強く反対していた）、訓練基地の兵士には書籍が必要だということに異論を差し挟む者はいないとウォーレンは思っていた。書籍は兵士の士気を高め、彼らに楽しみを与えるからだ。ウォーレンは、〈ライブラリー・ジャーナル〉の論説の中で次のように述べている。「戦争に対する図書館員の考え方は様々だが……図書運動が自分にとっても大きな喜びになると、ほとんど誰もが信じている。本を集めて基地に送れば、それを兵士が読み、心から楽しんでくれるからだ。ある本は、痛みを取る膏薬《こうやく》であり、ある本は、退屈で孤独な毎日から抜け出して心躍る旅に出るための切符であり、ある本は、懸命に学んで昇進を果たした兵士に対する賞状ともなる。図書館員はそれを経験から知っている[38]」第一次世界大戦の時、兵士のために図書館が建設されたが、ウォーレンはそれについて、「我が国の発展史上、極めて立派な功績ではないだろうか」と述べ、図書館員に向けて、「今、私たちが為すべきことは、世界中の図書館の蔵書の数を超える数の本を集めることだ」と語った。そして最後に簡潔な言葉で締めくくった。「さあ、始めよう！」

第三章

雪崩《なだ》れ込む書籍

前線の兵士は、手に銃を携え、心に大義を抱かなければならない。

—— エミリー・ミラー・ダントン（図書館員）[1]

一九四一年の十一月から十二月にかけて、国家防衛図書運動員は計画を実行に移す準備に奔《ほん》走《そう》した。彼らは、アメリカの歴史上、比類のない規模の図書運動を行なおうとしていた。時間は飛ぶように過ぎていった。この一大計画に臨むにあたって、アルシア・ウォーレンは同僚にこう語っている。「たくさんの国民に本を寄付してもらうには、まるまる一か月、ラジオ番組や映画、それに新聞の記事や論説の中で宣伝しなければならないでしょうね。ポスターも五十万枚は用意すべきだわ(2)」広報責任者が必要だったため、一九四一年にニューヨーク図書館協会が実施した図書運動で広報係を務めたマリー・ロワゾーをただちに雇った。

ロワゾーは図書運動のポスターで国中を埋め尽くし、すべての村、町、都市に寄付受付所を設置するという目標を掲げた。そして、図書館、学校、百貨店、駅に協力してもらい、図書運動のことと寄付受付所の場所を人々に知らせた。さらに、大手企業や運輸業者、チェーンストアにも協力を要請し、周知徹底を図った。ロワゾーは各方面から多大な協力を得た。広告代理店のナショナル・トランジタッヅは、図書運動の宣伝ポスター二万枚を取引先の鉄道会社の列車内に掲示すると約束した(3)。バスの切符には、寄付を呼びかける文言が入った。スーパーマーケットのセーフウェイは、二千四百店舗に書籍を入れる箱を置き、図書運動のポスターを貼ることに同意した。大学が放送するものから全国ネットのものまで、何百ものラジオ番組が図書運動の宣伝を流すと請合った。新聞記者は、寄付受付所への行き方や求められている書籍の種類など、図書運動に関する情報を地元の住人に伝える役目を買って出た。

ロワゾーが展開する宣伝活動の効果が現れ、運動が正式に始まる前から、寄付受付所に書籍がどんどん集まった。とても協力的なある出版社は、十万冊のペーパーバックを送ってくれた。(4) 国民も寄付に積極的で、運動員は嬉しい悲鳴を上げた。運動を開始する前の段階でこれほど多くの書籍が集まるのだから、運動を正式に開始したら、書籍が雪崩《なだ》れ込んできて手に負えなくなるかもしれない。ウォーレンは大慌てで新聞に協力してもらい、各地の図書館での仕事を手伝ってもらう補助員を募った。

一九四一年十二月七日、日本がパールハーバーに奇襲攻撃を仕掛けた。ちょうど、図書運動の準備の目途が立った頃のことである。アメリカ議会はただちに日本に宣戦布告し、それに続いて、ドイツがアメリカに宣戦布告した。アメリカは太平洋での戦いと、ヨーロッパ、アフリカでの戦いにあっという間に突入することになった。ヒトラー率いるドイツ軍と戦うべくアメリカ軍兵士が海を渡り始めたが、パールハーバーを攻撃したのは日本なのに、なぜアメリカはドイツと戦うのだろう、と首を傾げる兵士もいた。(5) アメリカはただ憎しみや復讐心から戦争をするわけではない、と兵士が理解しなければ士気を保《たも》てないことが図書館員には分かっていたから、単に書籍を集めるだけでなく、戦う理由を兵士に伝えようと心に誓った。

アメリカが参戦すると、アメリカ図書館協会は、運動の名称を国家防衛図書運動から戦勝図書運動（ＶＢＣ）に改めた。そして一九四二年一月十二日、ルーズヴェルト大統領と夫人からの後押しを受けて、図書運動を正式に開始した。[6] 大統領と夫人はすでに兵士のために書籍を寄付していた。図書運動が始まると、大勢の人々が書籍を持って寄付受付所に現れた。〈ニューヨーク・タイムズ〉は次のように報じている。「自ら本を持っていく人もいれば、車の後部座席に本を高く積み、お抱え運転手に運ばせる人もいる。本が山のようにあるから運ぶのを手伝ってほしい、と寄付受付所や図書館に電話をかけてくる人もいる。昨日、ニューヨーク市民は、戦勝図書運動の仕分け台を本でいっぱいにするために行動を起こした[7]」数々の著名人も戦勝図書運動の重要性を説き、協力している。一九四二年一月後半には、愛国心溢れる催しが二週間にわたって大々的に行なわれた。開催場所は、マンハッタンの四十二丁目に建つ、有名なニューヨーク公共図書館の階段である。準備にあたったアメリカ婦人志願兵部隊は戦勝図書運動への関心を喚起し、より多くの書籍を集めるために、映画スター、人気の楽団、地元の名士、ブロードウェイの役者、軍の将校らに参加してもらった。[8] また、催しの一部の模様が録音され、ラジオで全国に向けて放送された。連日、何千人もの人が図書館に押し寄せた。お気に入りのハリウッドスターを一目見ようと、寄付する書籍を抱えて来る者もいた。図書運動を支援した著名人は、ベニー・グッドマン、ケイト・スミス、レイモンド・マッセイ、ウェンデル・ウィルキー、キャサリン・ヘプバーン、チコ・マルクス、キティー・カーライルなどである。

この月、ニューヨーク公共図書館において十数回パフォーマンスが行なわれ、俳優のモーリス・エヴァンスの朗読が特に人々の心の琴線に触れた。朗読されたのは、クリストファー・モーリーによる「グーテンベルク演説」である。モーリーは一九四〇年代に高い知名度を誇っていた人物だ。[9] 作家であり、〈サタデー・レヴュー・オブ・リテラチャー〉の編集顧問も務めていた。シャーロック・ホームズの熱狂的なファンで構成される団体、ベイカー・ストリート・イレギュラーズの創設者でもある。文学と詩を愛するモーリーは、一九一二年に作家として活動を始め、小説や短編、詩を数多く発表した。寒い日だったにもかかわらず、感動的な朗読を聴くために三千人以上のニューヨーク市民が集まり、その幾倍もの人々がラジオで聴いている。

モーリーの演説は、ひとりの青年の話から始まる。[10] 青年は雑嚢《ざつのう》に荷物を詰めているところである。兵役に就くため故郷を離れるのだ。荷物の中にいらない物があるのではないかという話になった時、青年は、七冊の書物は絶対に必要だと言う。それらは青年に喜びを与え、青年の心を強くし、元気にしてくれるからだ。青年の話の後、モーリーは、書物は友であり、故郷から離れた寂しさを癒してくれる存在であり、ヒトラーと戦う上で欠くべからざる防具であると断言する。ドイツは『我が闘争』を武器にし、焚書《ふんしょ》という恥ずべきことをした。しかしアメリカ人は、自分が読みたいと思う書物を読み、その中に記されている思想を広めるのだ。「精神面で勝利すれば、戦場で勝利できるだろう」

モーリーはこの演説において第二次世界大戦を南北戦争と重ね合わせている。南北戦争は、アメリカにおける戦争の中でとりわけ血なまぐさいものだ。また、モーリーの演説は、エイブラハム・リンカーンの有名な「ゲティスバーグの演説」に倣っている。リンカーンは、ゲティスバーグの戦いで命を散らした兵士を称え、南北戦争を終結させるために尽力し、民主主義と自由は試練に耐え得るということを証明した。モーリーはグーテンベルク演説の中で、印刷された言葉と思想の自由を称えている。

　五百年前、ドイツのひとりの職人がひとつの発明を生んだ。その発明は祈りの中で育まれた。そして、人は言葉を伝え、自由に思想を伝え、それらを守るべきであるという信念にその発明は捧げられた。今、私たちは世界的な南北戦争のさなかにあり、心と言葉の自由、あるいはその他の自由が存続できるかどうかが試されている。

　アメリカはパールハーバーで失態を演じたが、単に汚名を雪《そそ》ぐためではなく、自由という大義のために戦おうとしていた。図書館員、政治家、作家、教員、報道機関の努力により、国民はそれを理解するようになった。アメリカの自由は脅《おびや》かされており、ヒトラーの支配下に置かれたヨーロッパの人々と同じように、自由に本を読むことも考えを述べ合うこともできなくなるおそれがあった。アメリカ軍の規模は増大し、知り合いの若者が出征し、戦争はもはや対岸の火事でも他人事《ひとごと》でもなくなった。一九四二年の初め、十八歳から四十四歳までの男性の三人にひとりが国を守るべく故郷を離れた。[11]そのため、銃後の国民は戦勝図書運動が始まると奮い立った。戦勝図書運動員は、世界五大都市の図書館の蔵書数を超える書籍を集めるという目標を掲げていたが[12]、国民はそれよりもはるかに多い数の書籍を寄付したいと思った。モーリーが述べたように、まず精神面で勝利しなければならないなら、兵士に多くの書籍を与える必要があったからだ。

戦勝図書運動が始まってから二週間のうちに、四十二万三千六百五十五冊集まった[13]。運動員は一月末までに十万冊を分類して束ね、陸軍のトラックに積み、基地へ送った。運動員は皆、人々の反応に感銘を受けた。一九四二年一月に開かれた戦勝図書運動役員会議の議事録には、次のように記されている。「十分な準備期間を設《もう》けずに開始する日を決定したため、準備不足のまま始めることになった……しかし嬉しいことに、私たちはすでに、戦地へ向かう兵士に本を送りたいという願いに応えられる[14]」

蔵書不足に悩む基地の図書館員は、戦勝図書が届くと大喜びした。ある図書館担当官が運動に携わる有志者に送った手紙にこう綴《つづ》られている。「私たちの基地図書館に数々のすばらしい本を寄付していただき、ただただありがたく、感謝の言葉もありません。これでようやく図書館として出発できます」「基地の図書館は予算が乏《とぼ》しいため、書架が埋まらず、どうしたものかと頭を抱える日々[15]」だったが、戦勝図書運動によって状況は一変し、書架は書籍でいっぱいになった。「いずれも良書で、多くの兵士に感想を寄せてもらっています」別の図書館担当官は次のように綴っている。「あなた方が始めた運動が全国に広がってほしいと願っています。陸軍基地の図書館は皆、こうした新刊本を喉から手が出るほどほしがっています[16]」すべての基地の図書館がすぐに書籍を受け取ったわけではない。熱い感謝の気持ちがしたためられた手紙の他に、書架が空っぽで困り果てた図書館担当官からの、支援を求める手紙も届いた。

宣伝活動の第一段階が終わり、最初の一か月で百万冊集まったものの、目標とする冊数よりも九百万冊少なく、不満に思う者もいた。

「何かが、おかしい」[17] 当時、広く読まれていた〈サタデー・レヴュー・オブ・リテラチャー〉の一九四二年二月の論説は、このような書き出しで始まっている。「一億三千万人の人口を有し、ひとつの作品が百万部以上売れる例がしばしばあり、およそ七十五万人がブッククラブの会員となっている国が、なぜ、兵士のための図書運動にかくも無関心で、腰を上げようとしないのだろう……本来なら、最初の一週間で目標の一千万冊に到達すべきであるのに、一か月でその十分の一しか集まっていない」低調な滑り出しとなったのは、広報不足だからではない。運動に注目してもらうために、新聞、ラジオ番組、雑誌などが協力している。あらゆる場所にポスターを掲示している。図書館に掲示し、電柱に釘でとめ、駅や学校の壁に貼っている。では、いったい何が理由なのだろうか？　政府が供出を求めている他の物と比べると書籍は取るに足らない物だ、と国民は思っているのかもしれない。「あることの重要性が強調されると、他のことを——たとえそれも、戦争に勝つために為すべきことであっても——大事の前の小事である、と思うようになるのではないか？」

確かに政府は、じつに様々な物の供出を国民に求めていた。各種の回収運動を行ない、国民がそれぞれの本分を尽くして貢献することを期待した。一九四一年の夏、アメリカはアルミニウム不足に陥り、航空機の製造が滞《とどこお》るおそれが出てきた。慌てた生産管理局は、七月、全国で二週間にわたってアルミニウム屑《くず》回収運動を展開した。[18] アルミニウムを千五百万ポンド集めれば、航空機を二千機製造できる。だから国民は、家中をひっかき回して不必要なアルミニウム製品を探した。ある歴史家はこう述べている。「どの家庭も熱心で、政府の呼びかけに喜んで応じ、それはそれはたくさんのアルミニウム製品――マイクおじさんのコーヒーポット、マーガレットおばさんのフライパン、赤ちゃん用食器、スキレット、シチュー鍋、カクテルシェーカー、角氷用製氷皿、義足、葉巻ケース、時計ケース、ラジオ受信機の部品などを村の草地まで運んだ[19]」供出されたアルミニウムは航空機製造に利用できない、という耳を疑うような事実が後に報じられるが（政府は回収運動後、純粋なアルミニウムしか使えないことを知った）、この回収運動で国民が一致団結したことは国民の誇りとなった。

国民は、紙、ぼろ布、金属、ゴムの供出も求められ、どの家庭も、物をごみ入れに入れる前に、本当にこれを捨てて良いのかと考えるようになった。[20] 紙は、信管、対空砲の砲弾、その他の様々な物を包む紙として利用された。古いカーテンやシーツなどのぼろ布は雑巾になった。エンジン、発電装置、戦艦に搭載された大砲を円滑に作動させるために、兵士はそれらを雑巾できれいに拭いた。ゴムも必要不可欠だった。一九四二年の夏にゴムが払底した時、石油軍事委員会の委員長は、「余剰のゴムはなく、鉛筆用の消しゴムはもはや作れない」と述べている。[21] ルーズヴェルト大統領は、国家の危機を乗り切るために、あらゆるゴム製品を供出するよう国民に求めた。この時も銃後の国民は政府の期待を裏切らなかった。二週間のうちに、全国で二十二万八千トン以上のゴムが集まった[22]。最終的に男性、女性、子供が供出したゴムの量は、ひとりあたりに換算すると、およそ七ポンドである。

一九四二年一月の一般教書演説において、大統領は前向きに述べている。「アメリカの労働者は、毎日、より長く働き、より多く生産する用意ができている」より必要とされている軍需用品を供給するために、「一日のうちの二十四時間、一週間のうちの七日間、車輪を回し続け、火を燃やし続けるのだ[23]」何百万人もの国民が軍需工場で働き、相当な賃金を得ていたが、皮肉なことに、国民は消費を控えるよう求められた。消費が減れば、工場が軍需用品の製造に主力を注げるからである。〈ウォール・ストリート・ジャーナル〉はこう述べている。「労働者にとっては残念なことだが、戦争経済の下では、大不況のどん底にある時と同じような暮らしを送ることになるだろう[24]」

配給制も国民を苦しめる一因だった。調理用コンロ、角砂糖、ゴム、ガソリンといった様々な物の供給量が減った。自動車工場の製造ラインには、新しい自動車ではなく軍用車両が流れてくるようになった。ゼネラル・モーターズ社は航空機、対空砲、航空機用エンジン、潜水艦用ディーゼルエンジンを製造するようになった[25]。フォード社は爆撃機、ジープ、装甲車、兵員輸送機、滑空機を作り始めた。クライスラー社は戦車、軍用トラック、地雷処理車を手掛けた。家族みんなで、おんぼろ自動車に乗り込んでドライブに出かけていた日々は、過去のものとなった[26]。自動車、ガソリン、ゴムの供給が減ったからだ。人々は単純な娯楽を楽しむようになり、映画を観たり、自宅で盤上ゲームや読書をして過ごす時間が増えた。

供給が減っても不便を感じない物もあった。しかし、身近な日用品が配給制になると、ヒステリックな行動に走る者も現れた。二、三年のうちに、砂糖、コーヒー、バター、チーズ、缶詰、肉、紙、衣類も配給対象品目のリストに加わった。戦争末期には、果物と野菜（人々は自宅の裏庭を畑にして作物を育てていた。それらの家庭菜園はヴィクトリー・ガーデンと呼ばれた）を除くほとんどすべての食料が配給制となり、突然手に入らなくなることもあった。供給が制限されていた生活必需品が商店の棚に並ぶと、人々は狂喜した。ある男性は戦後何年経っても、隣に住む婦人が取った行動を忘れられなかった。㉗日頃物静かな婦人が、遂にスーパーでトイレットペーパーが手に入るわ、と声を限りに叫びながら通りを駆けていったという。民間防衛局の長官は、物資の供給を制限する理由を明朗な調子で国民に説明し続けたが（「コーヒーを一日に一杯以上飲もうと飲むまいと、それにスプーン一杯以上の砂糖を入れようと入れまいと、私たちにはさして影響はないが、戦争の勝敗には大きく影響するのだ㉘」）、配給制に耐えきれない者もいた。ある物が配給制になるらしいという噂が流れるや、それが店頭から消える前に買いだめをしておこうと人々が商店に殺到した。民需用のゴム製品の生産量を八〇パーセント削減すると物価管理局が発表すると、商店に男性が押し寄せ、ゴルフボールをごっそり買い占めた。㉙この時ほどスポーツ用品が売れた例は稀《まれ》である。女性はコルセット、ガードル、ブラジャー（下着についている紐の一部にゴムが使用されていた）を両手で摑めるだけ摑んだ。㉚人々はパニックに陥り、愛国心などそっちのけで買い占めに走り、やがて、こうした買い占め行為が問題視されるようになった。商店主さえも客に苦言を呈する有様だった。ある新聞に次のような冗談が掲載されている。「人が犬を嚙んだ、という出来事がニュースになるならば、商店主が客に商品を購入しないよう促した、という出来事も間違いなくニュースになるだろう」[31]

ルーズヴェルト大統領は、総力戦を戦い抜くには、配給制、回収運動、有志による活動、防衛活動が不可欠だということを折に触れて国民に説いた。一九四二年四月に発表した炉辺談話では、勝利を得るために払った代償は決して高価な代償ではないと主張している。「そのことを疑問に思うなら、現在ヒトラーの圧政下にある幾百万もの人に尋ねてほしい。鞭で打たれながら働くフランスやノルウェーやオランダの労働者に尋ねてほしい。ヒトラーの下で飢えている女性や子供に尋ねてほしい。アメリカではタイヤやガソリンや砂糖が配給制になっているが、それは〝高価な代償〟だろうかと」[32]そして大統領は、重々しい口調で締めくくった。「しかし、答えは聞くまでもないだろう。彼らの悶《もだ》え苦しむ姿を見れば、答えは明白である」

おそらく、国民が様々な形で貢献することを求められていたから、戦勝図書運動員が書籍を一千万冊集めようとしても一朝一夕にはいかなかったのだろう。ただし、寄付される書籍が途絶えることはなく、一歩一歩目標に近づいていった。

二月が終わって三月に入り、戦勝図書運動の責任者アルシア・ウォーレンの四か月の任期が終わりに近づいたが、集まった書籍の数は目標に掲げた一千万冊には遠く及ばなかった。[33]ウォーレンは、新刊本を寄付してもらえないかと各出版社に掛け合った。すると、何十万冊もの新刊本が送られてきた。また、読み終えた新刊本を寄付するよう読者に呼びかけてほしいと頼んだ。するとポケット・ブックス社が、ペーパーバックのまるまる一ページを割《さ》いて広告を掲載してくれた[34]。広告には、陸海軍の兵士のために書籍を寄付してほしいという旨と、寄付する書籍は地元の図書館に持っていくか、記載された住所（陸軍図書館と海軍図書館の住所）のどちらかに宛てて郵送してほしいという旨が記されていた。

一九四二年三月の初めまでに四百万冊が集まった[35]。ただし、そのうちの百五十万冊は訓練基地の兵士には不向きだったため、仕分け所で取り除かれている。当初は、兵役に就く若者が読むのにふさわしいものを寄付してほしい、ということをあまり伝えていなかった（自明のことと思われたからだ）。戦勝図書運動が古紙回収運動と混同される場合もあった。新聞は、取り除かれた作品の題名を書き立てた[36]。取り除かれた百五十万冊の中には、*How to Knit*（初めての編み物）、*An Undertaker's Review*（ある葬儀屋の回想）、*Theology in 1870*（一八七〇年の神学理論）などが含まれている。

戦勝図書運動員はこうした作品も活用している[37]。傷んだものは古紙回収運動に買い取ってもらい、それによって得たお金で、教科書や望んでもなかなか寄付してもらえない作品を購入した。また、児童救済連盟と協力し、五千六百七十九冊の児童書を恵まれない子供に贈っている。若者には不向きと思われる作品を、蔵書不足で苦労している軍需工場の図書館に送ることもあった（多くの小さな町に大規模な軍需工場が建設され、働き口を得ようと大勢の人がその町に移住した。急増する人口を支えるための住宅、食料、物資が不足する事態が相次いだ。図書館も要望に応じられなくなっていたため、戦勝図書運動員が送る書籍をとてもありがたがった）。初版本や希少本など価値のあるものは売却し、得たお金で基地が求める作品を購入することもあった。

戦勝図書運動員は書籍を一冊たりとも無駄にしまいと努力したが、全国の不要本を処理する役目を務め続けるわけにもいかなかった。新聞は、運動員を助けるために、兵士が好む書籍の種類を周知しようとした。「汚れた本、ぼろぼろの本、児童書は好ましくない[38]」、「兵士が好む本は、順番にフィクション、伝記、歴史、専門書である」とある新聞は教えている。赤十字社はこう助言している。「あなたのご子息が兵役に就いた時に、読みたいと思うような種類の本を寄付してください」

大勢の兵士が訓練基地から戦地へ向かった。一九四二年の初春、大西洋、北極海、地中海、インド洋、太平洋に軍艦が配置され、南アメリカ、グリーンランド、アイスランド、ブリテン諸島、中東、アフリカ、アジア、オーストラリア、太平洋諸島に陸軍部隊が派遣された[39]。アメリカ軍は世界中に展開した。

兵士を待っていたのは、苦しく、心身を疲弊させる、退屈で、恐ろしい日々だった。北アフリカで戦う歩兵は毎晩地べたで寝ていたため、生存本能が強く働くようになった。例えば、飛行機の飛行音が聞こえると反射的に土を掘った。「五年前だったら、たとえ一時間に五ドルもらえるとしても穴掘りなんてしなかったよ。それが今ではどうだ……自分の蛸壺壕《たこつぼごう》から十五フィート離れるたびに、新しい蛸壺壕を掘る始末さ(40)」とある歩兵は語っている。歩兵は、蛸壺壕を掘ることにも、何か月も体を洗わず、何週間も靴下や服を替えず、毎日、ブリキ缶や小袋に入ったまずい食べ物を食べることにも慣れっこになった。常に汚れ、疲れ、重圧にさらされていた。従軍記者のアーニー・パイルによると、夜を徹して行軍する時や一日中微動だにできない時もあり（動けば敵に気づかれるからだ）、「経験したことのない者の想像も及ばない日々を過ごしていた」「呪われた歩兵——歩兵は自らをしばしばこう称した——彼らは、快適な生活を送るための道具はおろか、生活必需品も持っていなかったが、それがなくても暮らせるようになった」

長い間、ひたすら待機することもあった。そんな時は、戦闘時と同じくらい惨《みじ》めだった。H・モルダウアー上等兵はこんな風に不平を鳴らしている。「単調、単調、何もかもが単調。熱に虫に作業。街と女と酒はなし……手紙の配達が遅れがちになり、今では遅れるのが当たり前。名前の前に必ずつけてある小さな——恐ろしく小さなpfc《上等兵》という三文字を目にすると無性に腹が立つ(41)」戦争に関する当時の記事の大半は、大小の戦闘について書かれたものだが、戦場では、戦闘に従事している時間よりも待機している時間の方がはるかに長かった。もしかしたら、待つということが何よりも心身の負担になっていたのかもしれない。従軍記者のウォルター・バーンスタイン軍曹はこう述べている。「戦場で行なうことの九割は、単調で退屈でひどく不愉快なことだ。単調さを破る何かが起こるとしても、腹を下すといった類いのことで、それもすぐに終わってしまう(42)」

ひとたび戦闘が始まると死の恐怖に支配された[43]。大砲や迫撃砲の砲火は脅威だった。耳を聾《ろう》する着弾音がするや、凄まじい破壊がもたらされる。人間の体が木《こ》っ端《ぱ》微塵《みじん》になり、ほとんど跡形もなく消えることすらある。一緒に話をしていた友人が一瞬で変わり果てた姿になる。砲弾は肉を引き裂き、手足を切断する。砲弾が爆発すると同時に、ばらばらになった人体が空中に舞い上がり、その後、地面を埋め尽くす。兵士は空からの脅威にさらされ、地中にはドイツ軍の地雷がいたる所に埋まっていた。一歩間違えれば人生が変わった。地中に潜む地雷のことが頭にこびりついて離れなかった。兵士は戦後何年経っても、草地があると立ち止まり、そこを通るべきかどうか考え、結局、アスファルトやコンクリートで舗装された道を選ぶのだった。

数多くの死に接するうちに、兵士は、戦争と戦争における自分の役割に対する見方を変えた。基地では、一個人として認識してもらっていると思っていた。しかし、戦地へ行くと、兵士は軍という組織の歯車のひとつに過ぎないという暗然たる事実を思い知らされた。陸軍は、まるで壊れた歯車を新しい歯車に取りかえるように、戦場で負傷した兵士や死亡した兵士の代わりに新しい兵士を投入した。軍は人間を使い捨ての駒と見なしている――命を落とした者や体が不自由になった者は見捨てられ、その代わりに投入された者もいずれ取りかえられる、という事実は不快の念を催させた。第一海兵師団に所属し、ペリリュー島と沖縄で戦ったE・B・スレッジにとって、それは「受け入れ難い事実」[44]だった。「僕たちは生命と個人を尊重する文明国の人間です。それなのに、戦場では虫けらのように扱われ、言いようのない悲しみを覚えます」

兵士は戦争がもたらす不快感にとらわれ、危険やストレスにさらされた。緊張を解くことができず、限界に達する者もいた。尉官のポール・ファッセルは、「軽視され、自我を傷つけられ、軍隊生活の中の不合理で退屈でくだらない物事に耐えなければならない兵士には、心を癒してくれるものが必要だ[45]」と語っている。戦闘が終わっても、兵士は現実を忘れられる時間が持てなかった。そんな彼らは故郷からの手紙と書籍を大切にした。どこにでも持っていき、前線でもそれを読み、しばし心を慰めていた。しかし、国際郵便は遅れることで有名だった。北アフリカ戦線の兵士は、数か月間手紙が届かなかったと報告している。手紙の郵送が遅れることで様々な誤解が生じ、多くの兵士が苛立《いらだ》ちを覚えた。従軍記者のアーニー・パイルが同行した部隊のある兵士には、三か月間、妻からの手紙が一通も届かなかった[46]。兵士は怠慢な妻に愛想を尽かし、離婚を決意し、手紙を書いて送った。ところがその後、五十通の手紙の束が兵士のもとに届いた。三か月分の妻からの手紙である。兵士はすぐさま、離婚の要求を撤回する旨の電報を打った。

手紙が届かず、スポーツをする道具もなく、映画を観ることもできず、読書だけが楽しみとなる場合が少なくなく、だからこそ書籍は大切にされた。ある従軍牧師はこう語っている。「本は心を傾ける価値のある何かを与えてくれます。本を読むと、戦争がもたらす破壊についてただ悶々《もんもん》と考えていた兵士が、建設的な何かに心を向けるようになります[47]」第一次世界大戦の時に実施された調査により、本を読むと気分転換ができるうえに、心身の健康を回復し、困難や悲劇に対処できるようになることも分かっていた[48]。陸軍に所属する精神科医は、読書は戦争による不安や緊張を和らげると口を揃えた。本を読むと兵士はやる気を起こし、環境に簡単に適応できるようになり、ノイローゼにならないとも言われた。ある記事には次のように述べられている。「フィクションや戯曲を読むと、自分に必要なこと、目標、身を守る方法、物事の価値が分かるようになる。また、自分に本当に必要なものを取り入れ、自我を脅《おびや》かすものを拒絶するようになる」[49] 兵士は読書をすることで、勇気、希望、決断力、自我を取り戻し、戦争によって心に空いた穴を埋めた。

戦場で負傷した多くの兵士が本を読んで癒され、希望を持ち、立ち直った。[50] アフリカ戦線において負傷したチャールズ・ボルトは、病院で片足を切断し、将来を悲観していた。ある日、ベッドに横になっていると、ひとりの友人（銃で撃たれて負傷し、治療を受けていた）が何やら得意げに、手に持った書籍を振りながらやって来た。それはアーネスト・ヘミングウェイの *The Fifth Column and the First Forty-Nine Stories*（第五列と最初の四十九の短編）で、友人はそれを病院の図書館で見つけたという。この作品の主人公は、泣き叫ぶと骨折した足の痛みが和らぐことを発見した。声を上げて泣いたことなど一度もなかったボルトは、毛布を頭からかぶり、試しに思い切り泣いてみた。「僕もこの方法に助けられました」ボルトは、数度にわたって手術を受けなければならなかったが、入院中に読んだ本のおかげで癒され、前へ進めた。「大きな傷を負った時、その回復を待つ間に起こる何かがきっかけで、ひねくれた人間にも優しい人間にもなり得るのです」ボルトの場合、後者になれた。「グラマー・スクールを卒業して以来初めて、読書の時間をたっぷりと持てました」入院中に読んだ数十冊の本が他の何よりも心身の回復に役立った、とボルトは語っている。多くの兵士がボルトと同じように、戦場で体に受けた傷に耐える力、心に受けた傷を治す力を書籍から得ている。

戦勝図書運動に携わる図書館員は、読書に心身の傷を癒す効果があることを知っていた。ウォーレンは責任者として任務に就く前、論説の中で、書籍は痛みを和らげ、倦怠感《けんたいかん》や孤独感を緩和し、自分がいる世界とは違う世界へ誘《いざな》ってくれると述べている。(51) そして戦勝図書運動員は、兵士の望み――しばし現実から逃れたい、故郷を思い出して元気になりたい、打ちひしがれた心を癒したい、勇気が欲しいという望み――を叶えてくれる書籍をすべての兵士が手にできるよう尽力した。

もっと多くの書籍が必要だった。海外の戦地へ向かう兵士に訓練基地の書籍を持っていくよう勧めていたため、訓練基地のものは減る一方だった。(52) 任務に向かう海軍の艦艇にも寄付されたものが何千冊も積み込まれた。埠頭では、書籍を入れた箱がずらりと並ぶ光景が良く見られるようになった。兵士は箱の中のものを一冊摑んで船に乗り込んだ。航海は数週間に及び、船上での生活は退屈でつまらないことで知られていた。読書は暇つぶしにうってつけだった。膨大な量の書籍が兵士とともに海を渡るため、膨大な量の書籍を集めて補充しなければならなかった。

一九四二年三月、ウォーレンは退任し、彼女の親しい友人で副責任者を務めていたジョン・コナーが後任に就いた。コナーは経営学と図書館学の学位を持っており、戦勝図書運動に参加する前は、コロンビア大学で司書助手として働いていた。戦時中の検閲に強硬に反対した人物で、公民権の擁護者でもある。強固な意見の持ち主だが（コナーの意見はすべてが多数派の意見だったわけではない）、人柄が良く、皆に慕われていた。同僚のひとりはこう語っている。「コナーは笑みを絶やさず、いつも私たちに握手を求め、優しい言葉をかけてくれました」(53)

一九四二年初春、コナーの号令の下、戦勝図書運動員は活動に邁進《まいしん》した。その結果、寄付される書籍の数が大幅に増えた。運動員は、兵士が望む書籍の種類について周知徹底を図り、兵士に特に人気のある作品の題名を公表し、寄付を呼びかけ続けた。努力の甲斐あって、寄付される書籍の量が増えて質も上がったという嬉しい報告が仕分け所から寄せられた。一九四二年四月、寄付された書籍は六百六十万冊に達した(54)。

この勢いでいけば、そう遠くないうちに目標に到達できる。戦勝図書運動員は、一九四二年四月十七日金曜日を戦勝図書の日にしてもらえないかと政府に要請した。ルーズヴェルト大統領は願いを聞き入れ、記者会見において、「運動を成功に導くために、市民と新聞社とラジオ局は一致協力してほしい(55)」と述べた。どのような種類の書籍を寄付したら良いかと記者から質問されると、「代数学の本以外なら何でも」と冗談を言ってから、自分が読んで面白いと思った作品を寄付すると良いだろうと答えた。陸海軍兵士は銃後の国民と同じアメリカ市民であり、本の好みは同じだからだ。

ルーズヴェルト大統領は、「私は生涯にわたり本の読者であり、購買者であり、図書館の借出人であり、収集家であり続ける」と述べ、戦勝図書運動と書籍関連団体を高く評価した。ルーズヴェルト大統領は、書籍は民主主義の象徴であり、思想戦における武器だと心から信じていた。四月十七日を戦勝図書の日として定めると宣言した後、ただちに声明を発表し、書籍は自由を求める戦いで要《かなめ》となる役割を果たすという考えを示した。

私たちは皆、本が燃えることを知っている――しかし、燃えても本の命は絶えないということも良く知っている。人間の命は絶えるが、本は永久に生き続ける。いかなる人間もいかなる力も、記憶を消せない。いかなる人間もいかなる力も、思想を強制収容所に閉じ込められない。いかなる人間もいかなる力も、あらゆる圧制に対する人間の果てしなき戦いとともにある本をこの世から抹殺できない。私たちは、この戦いにおける武器は本であることを知っている。(56)

大統領によって戦勝図書の日が定められると、戦勝図書運動員はコナーの指示の下、一千万冊集めるという目標を達成すべく猛烈な追い込みをかけた。人々からは感動的な反応が返ってきた。市民や企業がさらなる行動を起こしている、という話があちこちで聞かれるようになった。(57) ニューヨークのチャイナタウンに住む男性は、労を惜しむことなく人力車で一戸ずつ回り、書籍を集めた。牛乳配達人は、配達先の家の戸口の階段に置いてある書籍を回収した。図書館は寄付状況を示す表を目立つ場所に掲示した。子供も協力した。ボーイスカウトやガールスカウトの子供たちは、徒歩で一軒一軒訪ねて寄付を求めた。(58) ボーイスカウトのある班は、一日でなんと一万冊も集めている。全国の寄付箱は書籍でいっぱいになった。そして一九四二年四月の末までに九百万冊近くが集まった。(59)

あと百万冊である。五月には、ほとんどの単科大学と総合大学で卒業式が行なわれる。戦勝図書運動員は、全国の大学に、卒業式でドイツの焚書に抗議の意を示してもらおうと考えた。ドイツでは、まず大学の蔵書が燃やされている。運動員は、すべての単科大学と総合大学に手紙で考えを伝えた。彼らは、大学に書籍を集めてもらい、それを目立つ場所、例えば卒業式の会場の中央に置いてほしいと思っていた。燃やすために山ほどの書籍を集めたナチスに対し、アメリカの大学は兵士のために山ほどの書籍を集めたということを強烈に印象付けるためである。また、卒業式で書籍の力を伝えるために、ミルトンの『言論・出版の自由――アレオパジティカ』の一節を引用するよう勧めた。(60)「本は命なきものではなく、本を生み出した人間の生き生きした命と同様の力を秘めている。別の言い方をすれば、本という小瓶には、本を生み出した知の結晶が詰まっている」

戦勝図書運動員からの手紙が大学に届いたのは一九四二年五月の初めで、卒業式まであまり時間がなかったものの、多くの大学が書籍を集めた。(61) アーカンソー大学、トゥーガルー大学、デンバー大学、カンザス大学、スクラントン大学、ボウドイン大学などである。幾《いく》つかの大学は、ミルトンの作品の一節を朗読するなど、運動員の提案通りに図書セレモニーを執《と》り行なっている。

この年の五月、一九三三年の焚書について振り返って考えたのは、戦勝図書運動員だけではない。アメリカが参戦すると、様々な組織が九年前の焚書に再び光を当て、アメリカに破壊がもたらされるおそれがあると警鐘を鳴らした。九年の間に数々の都市が破壊され、夥《おびただ》しい命が失われ、ヨーロッパはまるで疫病に蝕《むしば》まれていくように荒廃していった。ある新聞は次のように述べている。「飢餓、強制労働、投獄、強制収容所送り、抗《あらが》う術《すべ》もなく逃げ惑う人々に対する空襲、理由なき殺戮《さつりく》――こうしたことが焚書の後に続いている」(62)

一九四二年には、焚書を記憶に残すための様々な取り組みが展開された。その中で、ピューリッツァー賞受賞者スティーヴン・ヴィンセント・ベネーのラジオ番組「彼らは本を燃やした」はとりわけ称賛された。ベネーは、叙事詩『ジョン・ブラウンの遺骸』や短編小説「悪魔とダニエル・ウェブスター」などの作品で知られる作家で、歴史に神話や伝説を織り交ぜた印象的な物語を生み出している。(63)「彼らは本を燃やした」はコロムビア放送で放送されて大評判となり、番組の原稿はただちに書籍化され、販売された。そして四年の間に幾度となく繰り返し放送された。(64)

「彼らは本を燃やした」は力強い助言から始まる。「敵を弁護せよ。敵に歩み寄れ。敵を許せ。容赦し、堪忍し、受け入れよ。残忍で、苦しみに満ち、品位を失ったドイツという国とその同盟国に理性的な態度で向き合え」(65)次に、鐘が九回鳴らされ、ナレーターがベルリンで起こった焚書について語る。その後、焚書の対象となった作品と著者を紹介し、ナチスがそれらの作品を炎の中に投げ入れた理由を説明する。ユダヤ人の詩人ハインリヒ・ハイネは番組で紹介されたひとりだ。フリードリヒ・ジルヒャーが曲をつけたハイネの詩「ローレライ」[66]は有名である。

なぜだか分からないけれど
悲しくてしかたない
遠い昔の言い伝えが
私の心から離れない

黄昏《たそがれ》時の空気は冷たく
ライン川は静かに流れ
夕日の残光に
山の頂《いただき》が輝いている

ドイツの人々は「ローレライ」を記憶していた。書籍が燃やされても、その記憶は消えなかった。そのためナチスは「全体主義者らしい丁重さで……ハイネの名前を抹消し、歌だけを残した」[67]ナレーターは、「一八二四年以来——著名作家。一九三三年以降——無名作家」と皮肉を込めてハイネを紹介する。「ナチスは人間である兵士から読み物を奪っている。すなわち、兵士から剣を奪っているということだ」

ハイネ、アルバート・アインシュタイン、ジークムント・フロイト、トーマス・マン、アーネスト・ヘミングウェイ、セオドア・ドライサーの作品をはじめとする、焚書の対象となった多くの作品について論じた後、ナレーターは、それらの作品は読んだ者の心の中で生き続けると語り、作品と知性の自由を守るべくアメリカ国民は戦わなければならないと主張する。「この戦争は国と国の戦いであり、征服を巡る戦いであり、勢力均衡を回復するための戦いであるが、それだけではない。人間の心を守るための戦いでもある」(68)ヒトラーによる総力戦は、焚書が行なわれた一九三三年からすでに始まっていたが、当時、アメリカはまだそれに気づいていなかった。しかし、「今は知っている」とナレーターは厳《おごそ》かな口調で言う。この戦いは、燃やされたすべての書籍、ナチスが封殺したすべての声、血を流したすべての無辜《むこ》の人のための戦いである。思想の自由を蹂躙《じゅうりん》した者は歴史上数多く存在するが、その最たる人物がアドルフ・ヒトラーである。「我々が待っているぞ、アドルフ・ヒトラー。本が待っているぞ、アドルフ・ヒトラー。炎が待っているぞ、アドルフ・ヒトラー。万軍の主が待っているぞ、アドルフ・ヒトラー」

一九四二年に起こったことは、一九三三年の陰鬱《いんうつ》な夜にゲッベルスが望んだことではない。人々はベルリンのベーベル広場の灰の山のことを忘れなかった。書籍の灰は、危機に瀕する自由と枢軸国の脅威の象徴となった。そして、書籍はその数を増し、作家は沈黙しなくなり、あまたの言葉、思想、意見、書籍が不死鳥のように蘇《よみがえ》ることになるのだ。

ベルリンで焚書が行なわれてから十年目となる月、戦勝図書運動員はさらに百万冊を集め、遂に目標を達成した。全国の図書館員は祝杯を上げげた。兵士は感謝の手紙の中で、ひと箱の書籍が彼らをいかに大きく変えたかを強調した。アフリカ戦線の兵士は次のように記している。「あなた方は、船で海を渡る兵士の士気を鼓舞しようと努力されています。その努力が決して無駄にはなっていないということを伝えたくて手紙を書きました。僕たちの船には、何千人もの兵士が乗っていました。船に本があると知った時の皆の喜びようといったらありませんでした。僕たちは時間を持て余していましたから」[69] 運動員は、僻地で任務に就く兵士のことも忘れなかった。アラスカに駐留する陸軍航空隊の中尉は、それに対する感謝の手紙を送っている。「僕は手紙を書いていますが、他の隊員は、戦勝図書運動員の皆さんに送っていただいた本を読んでいます。彼らも間違いなく、心から感謝しています」[70] ロードアイランド州の海軍基地の大佐は、兵士が本をむさぼるように読んでいると報告している。[71] 兵士は外出を禁じられていたため、読書室は貴重な場所だった。兵士は読書室でくつろぎ、読書に没頭した。

軍の規模が大きくなるにつれ、さらに書籍が求められるようになり、運動員の多くは、活動を止めるわけにはいかないと思った。しかし、活動を続けても要求に十分に応えられないと考えられた。その理由はふたつあり、ひとつは、寄付される書籍の数には限りがあったから。もうひとつは、戦地へ向かう兵士が増え、より多くの軽い書籍が求められるようになったからである。ハードカバーは、訓練基地や船上では問題にならないが、戦場では兵士の荷物になるのだ。

一九四三年に入ると、戦勝図書運動員は活動を発展させるための取り組みを進めた。しかし、海軍図書館部の長であるイザベル・デュボイスは戦勝図書運動を舌鋒《ぜっぽう》鋭く批判した。デュボイスは、千近くに上る海軍図書館と八つの病院を取り仕切った人物で、図書館に収蔵すべき良書のリストを苦心して作成している。戦勝図書運動員が時にデュボイスの仕事の領域に入り込むことがあり、彼女はそれを嫌っていた。一九四二年の戦勝図書運動に反対し、一九四三年の戦勝図書運動にも強く異を唱えた。一九四二年の夏、デュボイスは運動員から書籍を受け取った後、コナーに手紙を書いている。「本を受け取りました。あなた方は、このような作品を選んで兵士に送っているのですか。私はいまだかつて、これほど悪《あ》しき例にお目にかかったことがありません。一九一七年と一九一八年に私が取り除いた作品と同じものばかりで、二十五年経った今でも読む価値などありません。これらを選んで送るのに莫大な労力が費やされたのだと思うと、ただただぞっとするばかりです。私はこう問いたい。これらの作品に、労力を投じるだけの価値があるのか？　言わずもがなのことですが、私はその価値があると思ったことなどありませんし、確信はいよいよ強まるばかりです[72]」

政府内部にも強硬な反対者がいた。そのひとりチャールズ・タフトは、資金の給付を不承不承認めた。「どの主要拠点でも、たいした成果は得られないだろう。というのも、図書館員が責任者になっているからだ。私は最初の話し合いで、図書館員を責任者に据えて良いのかという深刻な疑問を提起している。この運動が短期間で終わるなら私も口を挟みはしないが、継続するとなれば話は別だ。やり手の実業家を主要拠点の責任者にするという方針に改めないならば、いずれ行き詰まるに決まっている」[73] 一八七〇年には、図書館員の八〇パーセントが男性だったが、一九〇〇年には八〇パーセントが女性になった。[74] しかし、管理職は男性が大半を占めており、女性はその下で働いていた。戦勝図書運動の初代責任者は、「婦人図書館員の世界における第一人者」[75]でしかなかった。タフトは、女性が取り仕切る組織を好まなかった。

資金問題で難局を乗り切ると、ジョン・コナーはアルシア・ウォーレンに手紙を書き、戦勝図書運動が直面した試練について報告した。「タフトは例によって、図書館員は無能だから実業家に任せた方が良いと言い出し、持論を振り回しました。しかし、他の面々が戦勝図書運動の図書館員の頑張りを褒めると、タフトは反論の言葉を失いました」[76] ウォーレンからは、コナーの予想通り、同情的な返事が返ってきた。「チャールズ・P・タフト殿にもう会わなくて済むのだと思うと清々《せいせい》するわ！　あなたも、顎に一発お見舞いしてやりたいと思ったのではありませんか？　彼は口を開けば批判ばかりで、助言をしてくれたためしがありません」[77]

一九四三年の戦勝図書運動によって集まった書籍の数は一九四二年のそれを下回り、また、兵士には不向きなものが多かった。コナーはそれらを、書籍を必要としている他の組織や地域に提供した。人種平等主義の唱道者だったコナーは、日系人収容所にも提供している。また、陸軍の許可を取って、アフリカ系アメリカ人部隊に送る書籍の量を増やした。

コナーはアメリカ人捕虜にも送っているが、それにはＹＭＣＡの戦争捕虜支援部を介する必要があった。捕虜収容所は細かい条件を設けており、ＹＭＣＡはそれに従って書籍を仕分けた。

一九三九年九月一日以降に出版されたもの、地理、政治、技術、戦争、軍、あるいは「問題だと思われる物事」[78]に関するものは認められなかった。新品か新品同様のものでなければならず、前の所有者を示す何かが記されている場合は、それを消す必要があった。ユダヤ人作家や「敵国か敵国が支配する国からの亡命者」が書いたもの、あるいはそれを含むものは、ドイツ支配地域の捕虜収容所では読むことが許されなかった。

戦勝図書運動員は出版社にも寄付を仰ぎ[79]、一九四三年三月だけで多くの書籍が集まった。ファンク&ワグナルズ社は千五百冊、ハーパー&ブラザーズ社は千五百冊以上、ダブルデイ・ドーラン社は四千冊、W・W・ノートン&カンパニー社は二千冊、G・P・パトナムズ・サンズ社は千冊、アルフレッド・A・クノッフ社は千六百冊寄付している。以上に挙げた例はほんの一部である。ポケット・ブックス社は人気のあるペーパーバックを継続的に寄付した。一九四三年三月に五千冊、その前の月には六千冊である。ペーパーバックは従来のハードカバーよりも小さくて軽いため、兵士に好まれ、基地や病院はもちろん、戦地にも送ることができた。

一般市民が寄付する書籍の数は減少の一途をたどった。それとともに、疑問の声が上がるようになった。なぜ軍は予算を書籍の購入に充《あ》てないのか？　一九四一年から一九四三年にかけて、陸海軍は雑誌を購入して兵士に供給しているが、この取り組みが戦勝図書運動の存否に影響を与えた。

陸海軍は試行錯誤の末に、人気雑誌を供給する態勢を確立し、前線の兵士の娯楽に一大変化をもたらした。[80] 当初の計画では、十数種類の雑誌を数千冊購入し、各誌を一冊ずつ組み合わせて束ね、世界各地へ送ることになっていた。陸軍は百五十人につき一セット供給する予定だった。しかし実際には、各誌を組み合わせる作業を行なわず、同じ雑誌二百冊を一組にして送った。一セットの重さは五十ポンドから七十ポンドである。雑誌セットは、国際郵便集配所に積まれたまま数か月間放置された。ひとつの部隊に同じ雑誌が何百冊も届くなどということは日常茶飯事。雑誌が届かない月もあった。供給態勢がいい加減だったため、兵士は大いに不満を募らせた。ピューリッツァー賞を受賞した漫画家ビル・モールディンはこう述べている。「雑誌はぼろぼろの状態で遅れて届く。届かない場合もある。雑誌の半分が続き物を掲載しているのだが、それを読み始めると困ったことになる。次の号が届かないから続きを読めないのだ」[81]

一九四二年、陸軍は、士気の維持に必要な業務を担当する特別業務部を改組し、でたらめな供給態勢の改革にあたらせている。[82] 特別業務部は、ニューヨークの積み出し港の近くに巨大な集荷倉庫を建設し、そこに膨大な数の雑誌を集め、各誌を組み合わせてセットを作った。初期に供給した雑誌は、〈アメリカン・マガジン〉、〈ベースボール・マガジン〉、〈コリアーズ〉、〈ディテクティヴ・ストーリー・マガジン〉、〈フライング〉、〈インファントリー・ジャーナル〉、〈ライフ〉、〈ルック〉、〈モダン・スクリーン〉、〈ニューズウィーク〉、〈オムニブック〉、〈ポピュラー・メカニクス〉、〈ポピュラー・フォトグラフィー〉、〈ラジオ・ニュース〉、〈リーダーズ・ダイジェスト〉、〈スーパーマン〉、〈タイム〉、〈ウェスタン・トレイルズ〉などである。ほとんどの雑誌が一セットに一冊ずつ入っており、毎週兵士のもとに届けられた。〈ライフ〉や

〈タイム〉は人気があったので、三冊入っていた（一九四五年、「ＷＡＣ雑誌セット」が特別に用意され、病院や海外任務に就く陸軍婦人部隊〔ＷＡＣ〕に届けられた。この雑誌セットには、〈ハーパーズ・バザー〉、〈グラマー〉、〈グッド・ハウスキーピング〉、〈レディース・ホーム・ジャーナル〉、〈マッコール〉、〈マドモアゼル〉、〈パーソナル・ロマンス〉、〈トゥルー・コンフェッション〉、〈トゥルー・ストーリー〉、〈ウーマンズ・ホーム・コンパニオン〉が入っていた）。

一九四三年五月、各誌が入った雑誌セットの郵送が始まり、その後、雑誌は定期的に兵士のもとに届けられ、どんどん人気が高まった。兵士に供給された雑誌セットの数は、一九四三年七月から一九四六年一月の間に、七倍に増えている。また、熱烈な要望に応えて、〈オーバーシーズ・コミックス〉、〈ザ・ニューヨーカー〉、〈ピック〉、〈ヒット・キット〉などがセットに加えられた。出版社は、陸海軍が雑誌の供給を続けられるように原価で販売した。一九四四年九月、百冊から成るセットが用意されたが（二十五冊を一組にして、毎週、計四回送った）、セットに入っている雑誌の価格の合計額は、平均でわずか三ドル八十六セントである。

一部の出版社は、製作にかかる費用を最小限に抑えるため、また、紙の供給が制限されているという事情により雑誌の小型版を作った。この軍用雑誌には広告を掲載しなかった。一般の雑誌には四十五ポンドから六十ポンドの紙を使用したが、それを二十ポンドから二十五ポンドに減らした。〈ニューズウィーク〉の小型版〈バトル・ベイビー〉、〈タイム〉の小型版《ポニー・エディション》、さらに、〈ニューヨーカー〉、〈サイエンス・ニュース・レター〉、〈マグロウヒル・オーバーシーズ・ダイジェスト〉の小型版も発行された。軍用雑誌はおよそ横六インチ（約十五・二センチ）、縦八インチ（約二十・三センチ）で、新聞用紙が使用されていた。小型化によって紙を節約できたものの、文字が小さいため目に負担がかかった。〈ニューズウィーク〉を縮小した〈バトル・ベイビー〉の文字のサイズは七ポイントほどである。読書好きの軍曹サンダーソン・ヴァンダービルトは、「〈タイム〉の小型版を読む時は、目を細めて読まなければならないから、数年後には間違いなく失明するよ[83]」と冗談を言っている。ある歴史家も同様の意見を述べている。「十分に明かりがあっても、長時間読み続けるのは無理だ[84]」

〈サタデー・イヴニング・ポスト〉の小型版〈ポスト・ヤーンズ〉も発行された。小型雑誌の中で最も小さく、横三インチ（約七・六センチ）、縦四・五インチ（約十一・四センチ）で、まさしくポケットサイズである。この雑誌には、記事、小説、漫画が掲載されていた。世界各地の兵士に一千万冊の〈ポスト・ヤーンズ〉が送られ、兵士はそれを回し読みした。〈サタデー・イヴニング・ポスト〉の編集者ベン・ヒッブスは次のように述べている。「私たちは、アメリカ軍兵士が読み物に飢えているということを、従軍記者からいつも聞いています」だから、〈ポスト・ヤーンズ〉を作った。「陸兵や水兵がテントを張る時、ハンモックをかける時、傍《かたわ》らには必ず読み物があるそうです。戦場で戦う兵士に楽しいひと時を過ごしてほしいという思いから〈ポスト・ヤーンズ〉は生まれました。弊社と国民の敬意と感謝の印として、無料で提供しています[85]」

〈バトル・ベイビー〉、〈タイム〉の小型版、〈ポスト・ヤーンズ〉は、戦時中に発行された他の雑誌とは一線を画する。雑誌の歴史を振り返ってみても、他に例のないものである。小さく、軽く、面白い、と三拍子揃った軍用雑誌はたいへん重宝された。

それなら、書籍も小さくすれば良いのではないか？　軽量の小型雑誌が登場すると、大きくて重いハードカバーと戦勝図書運動は時代遅れのもののように感じられた。もしも、雑誌と同じように書籍を小型化して供給できるなら、陸軍も海軍も、それに乗らない手はないのである。

第四章

思想戦における新たな武器

私たちの船は、数日間、あてどもなくさまよっているかのようだった。錨を下ろし、まったく動かない日もあった。ようやく——ロンドンを出航してから五日後——他の船と合流し、夕闇が迫る中、各船が蒸気を上げながらゆっくり移動し、作戦通りに陣形を整えた。漂うジグソーパズルのピースが組み合わさり、一枚の絵ができ上がった。船は夜になるまで揺れ続け、船に弱い者は吐き気に襲われた……。

やがて、海は凪《な》いだ……兵士は午前六時三十分にたたき起こされ、毎日午前十時に点呼を受け、一時間、救命艇の操作訓練に勤《いそ》しむ。後はこれといってすることもなく、甲板でただぼんやりと過ごすか、船室で本を読むのだった。

——アーニー・パイル、*CONVOY TO AFRICA*（1942）[1]

一九四三年五月、〈ニューヨーク・サン〉は、陸海軍はもはや戦勝図書運動の書籍を必要としないと報じた。陸海軍は、戦時図書審議会と称する組織が発行するペーパーバックを、毎月、大量に購入することにしたのである。〈ニューヨーク・サン〉は、「不要な本を処分する良い機会だとばかりに、誰も欲しがらないような本を寄付する人があまりに多い」[2]と述べている。その翌日、〈ニューヨーク・ヘラルド・トリビューン〉の紙面に、「民間運動は失敗、陸軍が図書購入へ」という見出しが躍った。「陸軍が本を購入するなら、アメリカ軍兵士は本を読めるようになるだろう」[3]

一九四四年にも戦勝図書運動が行なわれると信じていた運動員は、失敗と評されたことを知ると、一様に肩を落とした[4]。〈ニューヨーク・サン〉と〈ニューヨーク・ヘラルド・トリビューン〉が戦勝図書運動の記事を掲載してから数日後、アメリカ軍慰問協会から、一九四四年の活動には資金を出さないとの通告を受け、戦勝図書運動員は活動に幕を下ろさざるを得なくなった。アメリカ図書館協会の委員は、重苦しい雰囲気の中、長時間にわたって議論し、投票の結果、一九四三年十月一日をもって運動を終了することを決定した。戦勝図書運動本部は全国の図書館員に手紙を送った。その手紙には、陸軍省が書籍を購入することになったため活動を中止すると記されていた。戦勝図書運動はもはや必要とされなくなったのである。図書館員らは憤慨し、それぞれが自分の意見を表明した。ある図書館員は、活動を止める理由の説明を求める手紙を本部に送っている。本を求める声は依然として根強いのに「私たちの倉庫はほとんど空っぽです[5]」クリーブランドの図書館員は、「図書館員が、この戦争における特別な責任、あるいは機会を放棄すれば、国民にそっぽを向かれてしまいます[6]」と怒りを露《あらわ》にした。アメリカ海運図書館協会の図書館員の手紙にはこう記されている。「戦勝図書運動は、兵士の要求を満たすために生まれました。しかし、戦勝図書運動はその要求を満たしていません――ほとんど応えられていないのです[7]」

決定を覆《くつがえ》すのは困難だった。寄付される書籍の数には限界があり、役に立たないものも多かった。そのため、厳選した作品を兵士のために出版するという大々的な取り組みが始まっていた。重視されたのは作品の内容と書籍の形態である。漫画家ビル・モールディンは、フランス、イタリア、ビルマ（現在のミャンマー）における陸兵の生活を詳細に記録している。モールディンは、歩兵が日々直面する過酷な状況を銃後の国民に伝えるため、次のように述べている。

> あなたは、雨が降る中、自宅の裏庭に穴を掘る。次に、穴の中に入って座る。雨水が足首のあたりまで溜まる。あなたのシャツの襟元に冷たい泥が入ってくる。その後、ひとりの男が息を潜めてあなたの頭を棍棒で殴る機会、または、あなたの家に火をつける機会を

虎視眈々《こしたんたん》と窺《うかが》っていると想像しながら、四十八時間、まんじりともせず穴の中でじっとしていること。

穴から出たら、スーツケースに大きな石を詰め、それを一方の手に持ち、もう一方の手に散弾銃を携え、一番ぬかるんだ泥道を選び、その道を進む。巨大隕石に直撃されると想像し、数分おきにうつ伏せになる。

十マイルか十二マイル歩いたら（散弾銃とスーツケースを持っていることをお忘れなく）、今度は、湿った藪《やぶ》の中をそろそろ進む。あなたが通る道に誰かがガラガラ蛇を放ち、それを踏んづけると咬みつかれると想像する。幾人かの友人にライフル銃を渡し、時々、あなたのいる方に向かって撃ってもらう。

雄牛を見つけるまで歩き回る。見つけたら、できるだけ気づかれないように抜き足差し足で歩く。気づかれたら全速力で自宅の裏庭の穴まで戻り、スーツケースと散弾銃を置き、穴の中に入る。

以上の行動を、三日おきに数か月間実行してほしい。すると、歩兵が時々息も絶え絶えになる理由が分かるようになるはずだ。ただし、困難に陥った時の歩兵の気持ちは、まだあなたには分からないだろう。(8)

歩兵などの前線で戦う兵士は、体に負担がかからないように、できる限り荷物を減らした。「あなたは自分の荷物を眺め、他に取り除ける物はないだろうかと考える。マメができた足にかかる負担を少しでも軽くするためだ」とモールディンは述べている。兵士はガスマスクさえも取り除いた。それほど荷物の重量を軽くしたかったのだ。最後にはハードカバーの書籍も取りのけたようだが、それも当然の話である。ラルフ・トンプソン軍曹は皮肉めいた口調で語っている。「歩兵は、千ページの歴史小説を二、三冊買って荷物に加えたりはしません。歩兵が普段、どれほど重い荷物を持っているかを知れば、その理由が分かるでしょう[9]」

しかし、兵士は読み物を欲していた。だから、〈スターズ・アンド・ストライプス〉、〈ヤンク ザ・アーミー・ウィークリー〉といった陸軍の機関紙や機関誌はひっぱりだこだった。人気のある一般雑誌のセットが届くと、兵士は先を争って取り、じっくり読んでから、順番を待つ兵士に渡した。「携帯用戦闘糧食《Kレーション》の包みに貼られたラベルに内容物が記されていると、前線の兵士はそれを読む。とにかく何かを読みたいのだ[10]」とモールディンは述べている。書籍は求められていた――ただし、ハードカバーではないものが。陸海軍が必要としたのは、携行に便利な小さくて軽い書籍だった。

ペーパーバックの方が良いのは明らかだったが、戦前は、ペーパーバックを出版する出版社は少なかった。ところが、戦争が始まると(特に、紙の供給制限が始まると)新しい流れが生まれた。出版社が、ハードカバーではなく、それよりも小さいペーパーバックに力を入れ始めたのだ。出版に乗り出したのは、主に、新しく設立されたペーパーバック専門の出版社と、幾つかの出版社が立ち上げたインプリント(出版ブランド)である。変化は顕著に現れた。一九三九年にアメリカで販売されたペーパーバックの数は二十万冊にも満たなかったが[11]、一九四三年には四百万冊を超えている。一九四〇年代に入る前、出版業界も書店もペーパーバックを軽視していた。ほとんどの書店は、安っぽくて粗悪なペーパーバックの取り扱いを拒否し、上品で重厚なハードカバーだけを店に並べた。ハードカバーの価格はペーパーバックの価格のおよそ十倍で、得られる利幅が大きいため、出版社もペーパーバックには食指が動かなかった。ところが、供給制限によって出版社が使用できる紙の量が大幅に減り、ハードカバーの表紙に使う木綿布の使用も制限されると（政府はカモフラージュ用ネットを作るのに木綿布を必要とした）、出版社の考え方が変わり始めた。[12] 各出版社とも、以前よりずっと少ない紙と木綿布で書籍を作ることになったからである。従来通りの方法で質の良いハードカバーを数多く作ることなど、もはや不可能だった。

ポケット・ブックス社は、アメリカで初めてペーパーバックを大量生産した出版社である。昔ながらの書店ではなく、ドラッグストアやファイブ&ダイム・チェーンストア（ウールワース社などの安価な雑貨を売る店）でペーパーバックを販売し、ハードカバーでなくとも十分な収益が上がることを証明した。その名が示す通り、ポケット・ブックス社が作る書籍は小さいため、使用する紙の量が少なくて済む。戦時の供給制限に対応できるので、ハードカバーに頑《かたく》なにこだわっていた者もペーパーバックを認めるようになった。こうして、アメリカの書籍業界に革命が起こった。〈タイム〉は次のように述べている。「ペーパーバックの黎明期から販売部数が急増する一九四三年までの間は、アメリカ合衆国の百五十年にわたる出版の歴史において特筆すべき時期である」[13]

一九四二年二月のある日、戦時図書審議会の誕生のきっかけとなる出来事があった。[14] その日、G・P・パトナムズ・サンズ社の広報責任者クラレンス・バウテルは、〈ニューヨーク・タイムズ〉のジョージ・オークスと一緒に昼食をとった。〈ニューヨーク・タイムズ〉は所有するタイムズ・ホールの改修を終えたばかりで、オークスはそれをバウテルに話した。タイムズ・ホールは、公共的な団体が活動の場として利用できるよう劇場を改造した会議場で、マンハッタンの四十四丁目にある。バウテルは、出版社の人間をタイムズ・ホールに集め、戦争に勝つために、いかに書籍を活用すべきかを話し合おうと提案した。書籍は兵士の士気を高めるものであり、思想戦では肝心要《かなめ》の武器だとバウテルは信じていた。そして、「言論活動に携わる者は、勝利と恒久平和のために、銃製造者及びその使用者と責任を共有すべきだ」と断言した。ふたりは、そのような集まりに興味があるかどうか、同僚に尋ねることにした。

会社に戻ったバウテルは、G・P・パトナムズ・サンズ社の社長メルヴィル・ミントンに、自分のアイデアについて話した。社長は興味を示し、ダブルデイ・ドーラン&カンパニー社のマルコム・ジョンソンに会って相談してみようと言ってくれた。ジョンソンは、マサチューセッツ工科大学で化学工学の学位を取得し、スタンダード・オイル・カンパニー社が中国で進める事業に七年間携わった。その後、出版という仕事に出会い、[15] 自分の天職だと確信した。〈アトランティック・マンスリー〉の編集長を務め、ダブルデイ・ドーラン&カンパニー社に職を得てからは出版一筋。出版業界の重鎮である彼の意見には影響力があった。幸いにも、ジョンソンはバウテルの考えに賛同した。

幾つかの大手出版社の代表者と出版業界の大物が実行委員会を結成し、バウテルが委員長に選任された。委員に名を連ねたのは、ジョンソン、ランダムハウス社のドナルド・S・クロッパー、〈パブリッシャーズ・ウィークリー〉の編集者フレデリック・G・メルチャー、W・W・ノートン&カンパニー社の社長ウィリアム・ウォルダー・ノートン、アメリカ書店協会のロバート・M・コールス、〈ニューヨーク・タイムズ〉のジョージ・オークスとアイヴァン・ヴェイト、出版業界の主要な同業者組織である書籍出版社協会のスタンリー・P・ハネウェルだ。実行委員会は一九四二年三月の会議で投票を行ない、戦時図書審議会を設置することを決定した。これは、書籍をどう役立てるかを検討することを目的とした組織である。一週間後に再び会議が開かれ、その席上でノートンは、戦時図書審議会のスローガンを「本こそが思想戦の武器である」[16]にしようと提案した。ノートンの案は即座に採用された。出版業界の様々な組織の代表が戦時図書審議会に加わり、委員数はたちまち七十人を超えた。

戦時図書審議会は最初の数か月間、「プロジェクトを探し求める審議会」[17]だった。書籍は武器であると誰もが信じていた。しかし、その武器をどう活用したら良いのだろうか？　一九四二年の春、戦時図書審議会はこの問題について話し合うため、タイムズ・ホールに出版の専門家を集めて会議を開いた。議論が活性化するように、審議会の委員が執筆した「本と戦争」と題する小論を出席者に事前に渡した。小論では初めに、「総力戦は目下進行中であり、陸海空における戦いだけでなく、心の領域における戦いも繰り広げられている」と述べられている。[18]

「この戦争の現時点での最強の武器は、飛行機でも爆弾でも凄まじい破壊力を持つ戦車でもない──『我が闘争』である。この一冊の本が、高い教養を備えた国民を焚書《ふんしょ》へと向かわせ、人の心を自由にしてくれる偉大な本を灰にした。アメリカが勝利と世界平和を目指すなら、私たち一人一人が敵よりも多くのことを知り、敵よりも深く考えなければならない……この戦争には本が必要である……本は私たちの武器である」小論は期待通りの効果をもたらした。作家も出版社の人間も、自己が果たすべき役割について考え、意見を交わし合った。タイムズ・ホールでの会議は俄然《がぜん》注目されるようになり、参加希望者が殺到し、大勢の人々が参加を断られるという事態にまで至った。

一九四二年五月十二日、作家、ジャーナリスト、編集者、出版社の代表、政府の重要人物など、出版の自由に関わる者がタイムズ・ホールを埋め尽くした。彼らは二晩にわたって、小論の中で提示された問題について論じ合った。基調演説を行なったのは国務次官補アドルフ・A・バール・ジュニアである。バールはまず、「本とかかわりのある人は皆……本が真価を発揮できるよう心を砕くべきです[19]」と述べた。「ヒトラーは思想戦を仕掛けてきました。しかし、今もまだ作家が書き、出版社の人々が出版し、大学の人々が教え続けているとするならば、それはそのあまたの信念の人が、それを為す権利を守るために、己の命と己の子供の命、そして己の持てるすべてを賭す覚悟を胸に秘めているからに他なりません」次に演壇に立ったのは〈ニューヨーク・タイムズ〉のコラムニスト、アン・オヘア・マコーミックである。マコーミックは、アメリカ人には三つの種類の書籍の助けが必要だと述べた。戦争が内包する問題を明らかにしてくれる書籍、解決不能に思える物事を解決してくれる書籍、意志を強くし、直面する苦難に耐える力を与えてくれる書籍である。「アメリカの偉大な考え、偉大な夢、しっかりした揺るぎない目標。これらを示す本、または、これらを生む本の力によって百万の銃が火を噴き、一千の軍艦が出航するでしょう[20]」マコーミックは声高らかにそう述べ、満場の拍手に包まれた。

タイムズ・ホールでの会議の後、戦時図書審議会は幾つかのプロジェクトを計画した[21]。そのうち、ラジオ放送プロジェクトと必須図書プロジェクトに特に力を入れた。戦時図書審議会は、まずラジオ番組を制作した。銃後の国民に向けたもので、戦争によって危機にさらされている物事を明らかにする書籍や、何のために戦うのか、いかにして平和を実現するのか、といった議論を喚起するような書籍を紹介した。番組名は、「本は弾丸だ」、「戦う言葉」、「剣よりも強し」、「戦争における言葉」である。作家へのインタビューや著書についての討論を行ない、様々な作品をラジオドラマ化したものを放送した。ラジオドラマは多数制作され、「戦争における言葉」で放送された、セルデン・メネフィーの著書 *Assignment:USA* をもとにしたドラマは世間を騒がせた。メネフィーは、ひとつの目標の下で国民が一致団結していることを強調するのではなく、民主主義と自由のための戦いに潜む偽善をえぐり出した。アメリカ社会には多くの不平等が存在し、国民同士の争いが絶えなかった。ラジオドラマ *Assignment:USA* は、アメリカを列車で巡る旅へと聴取者を誘《いざな》う。ナレーターは、メネフィーが各地の都市で目の当《ま》たりにした問題について語り、労働争議、孤立主義、偏見、人種差別、反ユダヤ主義から目を背《そむ》けなかった。そのため、このラジオドラマはとりわけ物議を醸《かも》したのである。

第一回の放送は、一九四四年二月二十二日火曜日の午後十一時三十分から始まった(22)(番組制作者は、深夜放送なので誰も聴かないかもしれないと不平をこぼした)。俳優がメネフィーに扮《ふん》し、メネフィーが各地で体験したことや住民と交わした会話を伝えた。それをナレーターが冒頭で聴取者に説明した。メネフィーはまず、バーモント州のブラトルボロを訪れる。ブラトルボロでは、ひとりの男性が憤怒《ふんぬ》の形相で娘の結婚に反対している。結婚相手がアイルランド人だからだ。「ああいう下等な奴に、うちの娘をやるわけにはいかん」と男性は怒鳴っている。ここでナレーターの説明が入る。「ニューイングランドには厳然たる階級制度が存在します――カースト制度のようなもので、ニューイングランドの人々の関係は、南部地方の白人と黒人の関係に似ています」列車はボストンに到着する。メネフィーは、ずたずたに引き裂かれた愛国的なポスターを目にする。ポスターの「合衆国」という言葉が「ユダヤ連合」に書き換えられている。「ボストンには、この国の他のどの都市よりも、孤立主義、反ユダヤ主義、宥和《ゆうわ》策を支持する人がいます」とナレーターが抑揚をつけて語る。地下鉄の中で反ユダヤのチラシが配布され、ユダヤ人が暴力を受けている。メネフィーは、ナチス・ドイツではなくアメリカでこんな光景を目にするとは思いもよらなかったと語る。

列車は南下し、アラバマ州のモービルで停車する。造船所は活気に溢れ、通りで娘が男を誘い、チンピラが商店を略奪して酒を飲んでいる。住宅が不足し、多くの困窮した家族が職を求めている。ひとりの住人がメネフィーに話す。「戦争が終わったら、造船所にいる奴らを即刻町から追い出しますよ。あいつらには、えんどう豆の畑と沼地がお似合いなんだ！」列車はミシシッピ州からルイジアナ州へと進む。「この地域の住人の大半は、ヒトラーと東條《とうじょう》を隔離することよりも黒人を隔離することの方に熱心です」とナレーターは語る。「その結果生じる不和は、ゲッベルス博士を大いに喜ばせるでしょう」「人種問題」について尋ねられた地元の議員は、そのような問題は存在しないと主張する。「白人が優位なのは当然のことだよ。それはこの先も変わらない。反リンチ法だの、反人頭税法だの、戦時契約に反差別条項を入れるだの騒ぐワシントンの連中には我慢ならんよ」

列車はシュッシュッポッポッと音を立てながら中西部を進む。シカゴの闇市は活況を呈している。デトロイトの人種暴動は激しく、「南部でもこれほどの暴動は稀《まれ》です」とナレーターは語る。ミネアポリスには反ユダヤ主義の嵐が吹き荒れている。西海岸のカリフォルニア州、オレゴン州、ワシントン州では、食料と住宅の不足、労働争議における計画的欠勤、労働移動、ストライキに対する不満の声が聞かれる。軍需工場は労働者の士気の低下に頭を抱えている。経営者は労働者を、役立たずでだらしないと貶《けな》し、労働者は、勤務時間が長いうえに労働環境が劣悪だと経営者に文句をつける。住宅が不足し、保育環境が整っておらず、公共施設が少ないと言って、誰もが政府を非難する。

アメリカ各地のありさまを辛辣《しんらつ》に語った後、ナレーターは、アメリカの全体的な印象をメネフィーに尋ねる。メネフィーはやや楽観的に番組を締めくくる。「一部の人が間違いを犯していますが、人々は、この戦いにおける役目を立派に務めています」世論調査によると、国民は何のために戦うのかを理解していた。勝利と恒久平和のために断固として戦うのだ。国民の多くは、国が正しい方向に向かっていると信じながら、平和と自由を求めて進んで戦っていた。

Assignment:USA は喧々囂々《けんけんごうごう》の議論を巻き起こした。メネフィーが各地の特徴を描きつつ冷ややかな意見を述べたので、腹を立てる者もいた。一方、国が抱える問題を痛快なほど率直に論じていると評価する者もいた。雑誌や新聞は、論議を呼んでいるこのラジオドラマをこぞって取り上げた。〈ヴァラエティー〉は、「*Assignment:USA* が夕方早くに放送されていたら、NBCに電話が殺到し、電話回線がパンクしただろう」と述べている。[23] 番組の内容は「国民にとって耳の痛いもの」だが、アメリカにはこの手の番組も必要だった。〈ニューヨーク・タイムズ〉は、「今年一番の、おそれ知らずの、容赦のない、辛辣なラジオドラマ」だと評している。このラジオドラマは評判になり、より多くの者が聴けるように、もっと早い時間に再放送してほしいという要望が高まった。それに応えてNBCは再放送したが、ボストン、マサチューセッツ州スプリングフィールド、アラバマ州モービルをはじめとする幾つかの都市は放送することを拒んだ。[24]〈タイム〉によると、「再放送は、ボストン市民にとって面白くないことだった。ラジオドラマの初回が放送された時……ボストン市民は自分たちが聴きたい部分だけを聴いた」このラジオドラマは、戦争においてどのように役立ったのだろうか？　自由な報道の力と、アメリカでは反対や批判の声を上げられるということを示したのは確かである。戦時図書審議会は、ラジオドラマが一定の支持を得たので満足した。銃後の国民が抱える問題について議論を喚起できた、という達成感も得た。ラジオドラマは、戦時図書審議会の期待通りの役割

を果たしたのである。

戦時図書審議会のラジオ番組は大きな反響を呼んだが、番組で毎週推薦する作品が多すぎると、聴取者が閉口するのではないかと委員らは懸念した。そこで始めたのが必須図書プロジェクトだ。なぜアメリカは戦争をするのか、何が危機にさらされているのか、どのような条件の下で戦争を終わらせるべきか、といったことを教えてくれる作品を厳選して推薦するというプロジェクトである。戦時図書審議会はまず、戦時図書審査部会を設置した。この審査部会が候補を挙げ、その中から作品を選定した。そして、選んだ作品に戦時図書審議会の承認印を押し、出版した。審査部会の委員は、〈ニューヨーク・ヘラルド・トリビューン〉の編集者アイリータ・ヴァン・ドーレン、〈サタデー・レヴュー・オブ・リテラチャー〉の編集委員エイミー・ラヴマン、〈インファントリー・ジャーナル〉の編集者ジョセフ・L・グリーン中佐、ハリー・E・ヤーネル退役海軍大将、〈ニューヨーク・タイムズ・ブック・レヴュー〉の編集者J・ドナルド・アダムスなどである。審査部会は定期的に選書会議を開き、投票によって推薦する作品を決定した。選定した作品を「必須」(Imperative) 図書と呼び、必須図書であることを示す大文字のIを、表紙に目立つように載せた。戦時図書審議会の委員は、選定した作品を必読の書として宣伝した――出版社もライバル社の作品であろうと宣伝した。(25) 当然、商売敵《がたき》が儲けることになるが、ためらうことなく協力した。これはまったく異例のことである。戦時図書審議会は、必須図書プロジェクトと選定した作品について広く知ってもらうために、図書館や書店にポスターを貼った。

一九四二年十一月、W・L・ホワイトの *They Were Expendable* が最初の必須図書として選定された。フィリピンにおいて日本軍の攻撃を受けた魚雷艇の隊員の物語で、生き残った四人の隊員（乗員数は六十名）の視点から描かれている。(26) 題名が示すように、隊員は使い捨て（expendable）だった。この作品は、その事実から目を背けなかった。作中の隊員は、自分たちが使い捨ての駒であることを承知していた。「あなたは機関銃隊の軍曹で、あなたの部隊は退却を続け、敵の部隊は前進しているという場面を想像してください」こう言ってから、生き残った隊員のひとりが話を続ける。

隊長が、道に据えた機関銃の前にあなたを連れて行く。「おまえはここに残り、任務にあたれ」と隊長が言う。「いつまでですか」とあなたが尋ねる。「時間のことは考えなくていい。ただ、任務を遂行しろ」と隊長は答える。その時あなたは、自分が捨て駒として使われるのだと悟る。戦争では、あらゆるもの――金、ガソリン、道具、そして何よりも人が使い捨ての駒である……あなたは命じられるままにそこにとどまり、敵に捕らえられるまで、あるいは殺されるまで機関銃を撃ち続け、数分間、あるいは貴重な十五分間、敵の前進を遅らせるのだ。

They Were Expendable は、個人の戦争体験を綴《つづ》った作品の中で、特に重視すべき作品だ

と評された。「〝I〟という殊勲章を授与するに値する[27]」とある新聞は述べている。

およそ四か月後、戦時図書審議会は、次の必須図書はジョン・ハーシーの *Into the Valley* であると発表した。この作品には、ハーシーが従軍記者としてガダルカナル島へ渡った時に見聞きしたことが綴られている[28]。一九四二年十月、ハーシーが同行した海兵隊は、マタニカウ川周辺に展開する日本軍を制圧する任務に就いていた。ハーシーによると、海兵隊は鬱蒼《うっそう》としたジャングルを延々と行軍し、その後、日本軍の狙撃兵から攻撃を受けた。機関銃の発射音が鳴り響き、迫撃砲も撃ち込まれた――迫撃砲弾は鋭い唸りを上げ、恐ろしいことに、その音が聞こえたかと思うと次の瞬間には砲弾が炸裂した。機関銃を設置する余裕などなく、海兵隊は退却を余儀なくされた。怪我を負った隊員や虫の息の隊員を連れて陣地に戻った。*Into the Valley* は、海兵隊員の勇敢な行為を過度に美化することなく、戦争の現実を生々しく伝えている。

一九四三年五月、三番目の必須図書として、ウェンデル・ウィルキーの *One World* が選定された[29]。この作品には、ウィルキーが一九四二年の秋にアメリカ特使として連合国各国を歴訪した時のこと、各国の指導者や出会った人々から受けた印象が記録されている。アメリカは孤立主義志向を改め、他国と協力して平和を取り戻し、それを維持していかなければならないとウィルキーは説いている。一九四三年七月、四番目の必須図書はウォルター・リップマンの *U.S. Foreign Policy* であると発表された。リップマンは、一八九八年にフィリピンを併合したアメリカが、その後、外交政策の調整に失敗したと論じている[30]。第一次世界大戦で侵略を行ない、一九四一年、準備がまったく整わないうちにアメリカと戦争を始めたドイツには、和平を実現する方策がないとも述べている。リップマンは、アメリカの外交関係と戦争の歴史を簡潔に解説し、孤立主義に傾倒するアメリカに異を唱え、世界に対する責任を認識すべきだと主張した。*U.S. Foreign Policy* によって、外交政策が一般大衆にとって身近な存在になり、一部の知識人にとどまらず、大勢の人々が外交政策について論じ合うようになった。そのためこの作品は高く評価されたのである。

五番目の必須図書は、ジョン・ハーシーの『アダノの鐘』だ[31]。必須図書の中で唯一のフィクションで、アメリカの多様性はアメリカの弱点であるというヒトラーのプロパガンダに対抗すべく選ばれた（一九四一年九月、ゲッベルスはこう明言した。「今のアメリカは我々の脅威にはなり得ない。かの国において、血で血を洗うような革命を起こすことなど朝飯前だ。あれほど多くの民族対立と社会対立を抱える国は他にない。我々は、かの国で数々の動揺を引き起こせるだろう[32]」）。ハーシーの小説の主人公はイタリア系アメリカ人兵士である。兵士はシチリア島上陸作戦に参加し、その際、島民からの信頼を得た。なぜなら、島民と同じ文化的背景を持っていたからだ。アメリカは文化と民族が混じり合うるつぼであり、それゆえ、世界戦争ではアメリカ軍は有利であるとハーシーは述べている。

一九四四年九月、六番目の必須図書として、エドガー・スノーの *People on Our Side* が選定された[33]。そしてこれが最後の必須図書となった。〈サタデー・イヴニング・ポスト〉の従軍記者であるスノーは、一九四二年四月から一九四三年の夏にかけて十七か国を巡っている[34]。

彼はこの作品において、主にロシア、中国、インドで体験したこと、これらの国が抱える政治問題、経済問題、社会問題について述べている。

必須図書プロジェクトが終了した理由は定かではない。戦時図書審査部会は七番目の必須図書の選定作業に入ったものの、投票を行なったところ、ふたつの作品の得票数が同数になり、決定に至らなかったらしい[35]。一九四五年の春には、ラルフ・インガーソルの *The Battle Is the Payoff* を候補に挙げたが、この作品はベストセラーになっており、すでに大勢の人が読んでいるものを必須図書にする必要はないと判断したようだ。それにその頃はもう、戦争も終わりに近づいていた。

必須図書の数は多くなかったが、必須図書プロジェクトは成功裏に終わった。戦時中、アメリカでは本を読む者が増え、出版業界が発展した。ハリウッド映画が人気を博し、映画業界が発展したのと同じである。一九四三年に国民が購入した書籍の数は、一九四二年のそれよりも約二五パーセント多い[36]。危難に直面した国民は手軽な娯楽を求め、ペーパーバックを買うようになった。購買数が増えたのは購買者層が拡大したからだ。〈タイム〉が述べているように、一九四三年には「一部の知識人のみならず、非常に多くの読み書きのできるアメリカ国民が、本を購入して読むようになった」かつて書籍は富や社会的地位の高さを連想させるものだったが、一般大衆が娯楽として読み始めるに至り、民主主義を象徴するにふさわしいものとなるのである。

戦時図書審議会は、ラジオ放送プロジェクトと必須図書プロジェクトを実施したが、それは最大の功績ではない。一九四三年、戦時図書審議会はアメリカ軍兵士に目を向けた。陸兵も水兵も海兵隊員も読み物を欲しているが、戦勝図書運動員から送られてくる重いハードカバーを嫌っているということを知っていたからだ。戦時図書審議会は一度、兵士に書籍を送る活動に協力したいと申し出ているが、ふたつの組織が手を携えることはなかった。一九四二年十二月、戦時図書審議会のリチャード・サイモン（サイモン&シュスター社）とジョン・ファーラー（ファーラー&ラインハート社）が戦勝図書運動の代表と会った。話し合いの後、ファーラーは、「色々ありまして、これといった結論は出ていません」と意味深長な言い方をし、「話し合いについては口頭で詳しく報告しました」[37]と付け加えた。ふたつの組織は結局、有効な協力関係を築けなかった。

一九四三年の初めにはまだ、前線の兵士に適した大きさの書籍は存在せず、新しく作り出すしかなかった。出版社は、従来のペーパーバックを小さくした廉価《れんか》なものを作ろうと考え、数名の人物がひとつの青写真を描き、革命的な書籍を生み出した。そのひとりであるマルコム・ジョンソンは、トラウトマン中佐とグラフィックアーティストのH・スターリー・トンプソンに相談し、戦時図書審議会の会議において、まったく新しい形態の書籍を作ろうと提案した。[38]質問が相次ぎ、ジョンソンはすべてには答えられなかったものの、皆が彼の提案に賛成した。かくして、〝兵隊文庫〟が誕生するのである。

その後の数年間、戦時図書審議会は様々な難題にぶつかった。しかし、アメリカの主要な出版社、海軍省、陸軍省の協力の下、出版の歴史において極めて意義のあるプロジェクトに取り組んだ。プロジェクトを探し求めていた組織が、ついに大きな目標を見つけたのである。

第五章

一冊摑め、ジョー。そして前へ進め

拝啓

　兵隊文庫――このすばらしい本を陸軍に送っていただき、心から感謝しています。兵隊文庫が届くと、僕たちは、故郷から手紙が届いた時と同じように喜びます。兵隊文庫はピンナップガール並みに人気があります――特にここでは、本を手に入れるのが難しく、兵隊文庫だけが頼みの綱です。

――W・R・W二等兵とその仲間(1)

出版社は、物資の供給が制限された状況下で大量生産できるように、新しい形態の本を作るという困難な仕事と向き合った。一九四三年に出版社に割り当てられた紙の量は、一九三九年に出版社が使用した紙の量の三七・五パーセントしかなかった。[2] 思想戦の最中に紙の供給を減らすとは何事だ、と怒る者も少なくなかった。〈シカゴ・デイリー・ニュース〉のコラムニストはこう述べている。「アメリカは本を燃やさない。しかし、紙の供給を減らす。本を燃やす行為とはまったく異なる行為だが、似たような結果を招くだろう」[3] 政府は、兵士には書籍が必要だとは分かっていた。[4] 航空機を製造する工場に、アルミニウムとゴムが必要であるのと同じように。そのため政府は、三か月に一度、兵隊文庫（ＡＳＥｓ）用の紙九百トンを出版社に供給することに同意した。

供給される紙だけで、兵士に適した書籍をできる限り多く作るために、戦時図書審議会は書籍の体裁を変え、従来とは異なる方法で印刷した。もちろん、兵隊文庫はペーパーバックである。ペーパーバックは場所を取らず、軽い。曲げられるため、ポケットや荷物がいっぱい詰まったリュックにも入れやすい。さらに、兵隊文庫はサイズが小さい。一九四〇年代、小型のハードカバーの標準的なサイズは横五インチ（約十二・七センチ）、縦八インチ（約二十・三センチ）で、厚さが二インチ（約五・一センチ）になるものもあった。兵隊文庫のサイズはふたつである。大きい方は横六・五インチ（約十六・五センチ）、縦四・五インチ（約十一・四センチ）。ドラッグストアで販売されている大衆向けのペーパーバックとほぼ同じサイズだ。小さい方は横五・五インチ（約十四センチ）、縦三と八分の三インチ（約八・六センチ）。厚さは、一番厚いものでもわずか〇・七五インチ（約一・九センチ）、一番薄いものは〇・一二五インチ（約〇・三センチ）以下である。戦時図書審議会は、兵隊文庫のサイズを適当に決めたわけではない。標準的な軍服のポケットのサイズに合わせた。大きい方の兵隊文庫は、兵士のズボンのポケットにちょうど入るサイズで、小さい方は胸ポケットに入るサイズだ。最も長い兵隊文庫は五百十二ページに及んだが、それでも尻ポケットに入った。[5] 小さい方の兵隊文庫は財布ほどの大きさだから、手軽に出し入れできた。

　兵隊文庫は小さいため、書籍印刷機では印刷できなかった。[6] そこで、戦時図書審議会は雑誌印刷機を利用した。雑誌印刷機には色々な利点があったが、最大の利点は、通常ハードカバーに使用する紙よりも薄い紙に印刷できた点だろう。そのおかげで非常に軽くて薄い兵隊文庫を作れた。兵隊文庫は紙表紙でサイズが小さく、薄い紙を使用していたため、ハードカバーの五分の一以下の重さしかなかった。[7]

　雑誌印刷機はポケットサイズの書籍用に設計されたわけではないから、戦時図書審議会は〝二作品同時印刷〟[8] を行なった。各ページの上半分にひとつの作品を、下半分にもうひとつの作品を印刷するのだ。そして、印刷したものを水平に裁断した。小さい方の兵隊文庫の印刷には〈リーダーズ・ダイジェスト〉用の印刷機を使い、大きい方の印刷にはパルプマガジン用の印刷機を使用した。〝二作品同時印刷〟には欠点もあった。[9] 文章量が同程度の作品を組み合わせるために、ページ数、単語数、文字数を数えなければならなかった。時間のかかる、うんざりするような作業である。文章量が異なる作品を組み合わせると、文章量が少ない方に空白ページができてしまう――紙の供給が制限されている時代には許されざることだ。初めの頃は、空白ページができることがあった。その場合、陸軍は、著者の伝記やパズルなどで空白を埋めるよう要請した。戦時図書審議会は、空白ページに著者の伝記を載せた。[10] 単語数や文章量が合うように単語や文章を削ることもあったが、手を加えずに済むよう努力し、削った場合は、表紙にその旨の断り書きを入れた。

　戦場では、兵士はストレスにさらされており、加えて、十分な明かりの下で本を読めるとは限らないため、戦時図書審議会は読みやすさも重視した。[11] 一般的なハードカバーは横よりも縦が長く、一行の長さは四インチ（約十・二センチ）から五インチだった。一方、兵隊文庫は短辺側を綴《と》じる横長本で、二段組みになっており、一行の長さは二・五インチ（約六・四センチ）から三インチ（約七・六センチ）である。戦闘で疲れ果てた兵士にとっては一行の長さが短い方が読みやすいのではないか、と戦時図書審議会は考えていた。また、二段組みにすると、一ページあたりの単語数を一二パーセント増やせた。プロジェクトに関する覚書にこう記されている。見本本は「小さく、軽く、魅力的である……明かりが少ない場所でも、悪条件下に置かれていても読めるだろう[12]」

戦時図書審議会は、表紙の見栄えが良くなるよう工夫し、表紙を有効に利用した。兵隊文庫の表紙のデザインはハードカバー版のそれとは異なる。戦時図書審議会は、ハードカバー版のカバー絵を縮小したものを表紙に載せ、タイトルと著者名を目立つように配置した。表紙にはしっかりした厚紙を使用し、同じ月に兵隊文庫として出版する作品を兵士に知らせるために、全作品名を裏見返しに掲載した。そして、裏表紙に作品の概要を記した。

コマンデイ・ロス・カンパニー社が表紙の印刷を一手に手掛け、複数の印刷会社が本文の印刷を担当した(13)。印刷作業が終わると、綴じる作業を行ない、それからふたつに裁断した。ハードカバーには、糊付けして縫い合わせるという方法が一般的に用いられていたが、初期の兵隊文庫はホッチキスで綴じられていた（ある新聞によると、軍隊が駐留する地域には糊を食べる虫がいたようだ。また、ジャングルなど湿気の多いところでは糊が溶けてしまうため、ホッチキスで綴じる方法が好まれた）(14)。兵隊文庫が完成すると、陸海軍が指定する配送拠点に送った。

陸海軍の予算は限られていたため、手頃な大きさの軽い書籍にするだけでなく、製作費をできる限り抑える必要があった。戦時図書審議会と政府は、兵隊文庫を原価で販売することで合意した。ただし、これに一セントのロイヤルティが上乗せされ、著者と版元がロイヤルティを分け合った。戦時図書審議会によると、「兵隊文庫は、アメリカ合衆国で製作されるペーパーバックの中で製造原価がおそらく最も低いもの(15)」だった。初期の兵隊文庫の一冊あたりの平均製造原価は、七セントをわずかに超える程度である(16)。兵隊文庫は大評判となり、発行部数が年々大幅に増えたため、一冊あたりの平均製造原価は五・九セントに下がった(17)。

プロジェクトが始まった時、陸海軍は、毎月五十作品をそれぞれ五万部作ってほしいと要望した。[18]合計で二百五十万部である。そのうちの八〇パーセントを陸軍に、残りを海軍に配分する計画だった（総員に応じて配分割合を決めた）。しかし、戦時図書審議会は、一九四三年七月に軍と契約書を交わす際、月間発行点数を五十点から三十点に減らした。[19]編集作業も製作作業も気の遠くなるような大変な作業だったからだ。

選定作業は三段階に分けて行なわれた。[20]まず、各出版社が、過去に出版した作品の中から、兵士の興味を引くと思われる作品を選ぶ。次に、戦時図書審議会の委員のうち出版業界に属さない者が、候補作品について意見を交わし、候補作品を絞る。その後、陸軍の代表トラウトマン中佐と海軍図書館部長イザベル・デュボイスの承認を求める。陸海軍が作品を提案することもあった。兵士からの意見はいつも歓迎された。戦時図書審議会は選定にあたり、様々な種類の書籍を選ぶよう心がけた。[21]兵士一人一人の好みに応えられるように、毎月、幅広い分野の作品を出版するのがひとつの大きな目標だった。一番人気があったジャンルは現代小説である（兵隊文庫の二〇パーセント近くがこのジャンルに入る）。次に、歴史小説、ミステリ小説、ユーモア本、西部小説。冒険小説、伝記、漫画本、古典、時事問題を扱う本、ファンタジー小説、歴史、音楽、自然、詩、科学、海、海軍に関する本、自己啓発本、短編集、旅行記なども好まれた。

兵隊文庫プロジェクトには幾つかの注目すべき点があるが、そのひとつは、選定基準が緩やかだった点だ。[22] 戦時図書審議会は、検閲行為をしないよう努めた。内容を吟味せずに出版していたわけではなく、出版社と戦時図書審議会が兵隊文庫の候補作品を絞った後、戦時図書審議会の委員が候補作品を読み、アメリカの同盟国にとって不快だと思われる箇所、敵を助けたり慰めたりする箇所、アメリカの民主主義の精神に反する箇所、特定の宗教団体、民族団体、業界団体、職業団体に嫌悪感を与えるおそれのある箇所に印をつけた。こうした箇所が見逃されることも少なくなかったが、出版中止となる作品もあった。[23] ジョージ・サンタヤーナの自伝 *Persons and Places* はそのひとつである。陸海軍はこの作品の出版を認めたが、戦時図書審議会は、「民主主義に対して懐疑的な考えが示されている」ため候補から外した方が良いと判断した。ゼーン・グレイの『ユタの流れ者』(西部小説。銃使いのカウボーイらがヒロインと親しくなり、邪悪なモルモン教会から離れるよう促す)は、印刷する段階まで進んだが、委員のひとりが、「モルモン教徒を激しく攻撃している」と言って反対した。

このふたつの作品は出版されなかった。戦時図書審議会は、問題と思われる語句や文章を削除して出版するくらいなら、最初から出版しない方がましだと考えていた。検閲まがいの行為によって著者の意図や作品の内容を歪《ゆが》めることを良しとしなかったのである。政府は兵隊文庫プロジェクトに資金を提供したが、それは、このプロジェクトが兵士の士気を高めるためのものだったからだ。そうした理由もあり、戦時図書審議会は、特定の団体を侮辱、差別するような内容を含む作品を避けた。

兵隊文庫として出版された作品の種類は多岐にわたる。出版の専門家として第二次世界大戦中に活躍したジョン・ジェイミソンは、「教科書、技術書、児童向けの本、女性向けの本以外のあらゆる種類の本が兵隊文庫になった」[24]と述べている。古典(『デイヴィッド・コパフィールド』、シェイクスピアの詩)、モダン・クラシック(『ブルックリン横町』、『グレート・ギャツビー』)、西部小説(*Sunset Pass*、*Six Gun Showdown*)、ミステリ小説(『ハーバード大学殺人事件』、*The Murder That Had Everything*)、伝記(*The Story of George Gershwin*、*Benjamin Franklin*)、漫画本や芸術本(*Soldier Art*、*Cartoons for Fighters*、*The Sad Sack*)、スポーツ本(*The Brooklyn Dodgers*、*The Best Sports Stories of 1944*)などの他、数学本(*Mathematics and the Imagination*)、科学本(*Your Servant the Molecule*)、歴史本(『アメリカ共和国』)、時事問題を扱う本(*U.S. Foreign Policy*)。兵士を元気づける本(*Laugh It Off*、*Happy Stories Just to Laugh At*)、題名が問いかけ型で、読者に自問を促す本(*Is Sex Necessary?*、*Where Do People Take Their Troubles?*)などが含まれており、誰でも必ず好みのものが見つかった。兵隊文庫として出版された作品の数は、合計でおよそ千二百作品である。

兵隊文庫になった作品の著者は大勢の熱心な読者を獲得した。兵士の間でたちまち評判になる作品もあり、その評判は銃後の国民にまで届いた。F・スコット・フィッツジェラルドが一九二五年に発表した『グレート・ギャツビー』は、彼の存命中は失敗作と見なされていた[25]。しかし、一九四五年十月に兵隊文庫として出版され、多くの兵士の心を摑んだ。兵士が称賛するので本土の人々も読むようになった。こうして、忘れられつつあった『グレート・ギャツビー』は、アメリカ文学を代表する作品となったのである。

作家は、自分の著書が兵隊文庫として出版されると、それをとても誇りに思った。[26] エミリー・キンブロウは、コーネリア・オーティス・スキナーと共同執筆した *Our Hearts Were Young and Gay* が兵隊文庫になったことについて、こう語っている。「私もコーネリア・オーティス・スキナーも、月間推薦図書に選ばれるよりも誇らしいことだと思っています」デイヴィッド・ユーウェンは、著書 *The Story of George Gershwin* と *Men of Popular Music* が兵隊文庫として出版されたのは「とても意義深いこと」だと述べている。「僕は兵役に就いていましたから、遠い異国の地で疲れ果て、孤独感に苛《さいな》まれている兵士にとって、本が大きな心の慰めとなることを十分すぎるほど知っています」デイヴィッド・ラヴェンダーは、彼の最初の大人向け小説 *One Man's West* が兵隊文庫になることを知ると、深い感謝の念を抱いた。「発行部数が五万三千部！　信じられない数だ……この五万三千部が広く行き渡り、ハードカバー版が三刷を重ね、さらに、ペーパーバックで出版される、なんてことが起こるかもしれない」ラヴェンダーのこの作品は現在まで版を重ねている。

月毎に選定された作品はシリーズとして出版された。[27] 各シリーズにアルファベットが、そして各作品に数字が付された。最初の月に出版された作品はAシリーズである。各作品に、A－1、A－2という具合に1から30までの数字が付されている。Jシリーズからは、毎月三十二作品が出版された。Qシリーズからは四十作品に増えている。アルファベットと数字からなる番号が本に記載されたのはTシリーズまでである（戦時図書審議会の記録には、その後も同様の番号が用いられている。Zシリーズの後は、AAシリーズ、BBシリーズという風に呼ぶようになった）。六六五番以降の作品には数字のみが付されている。各シリーズの発行部数は次第に増加した。Qシリーズからは、各作品の発行部数が十二万五千部になった。Wシリーズから Zシリーズまでは十五万五千部である。

兵隊文庫の製作管理者を務めたのは、フィリップ・ヴァン・ドーレン・スターンである。[28] スターンはポケット・ブックス社の編集長だった。ペーパーバック産業に身を置いていたため、ペーパーバックの編集方法や製作方法を熟知していた。彼の前にはたいへん困難な仕事が待ち構えていた。兵隊文庫部門の管理者として、スターンは、陸海軍の五つの異なる事務所、製紙会社（バルクリー・ダントン社）とその工場、五つの印刷会社、十余りの組版所（植字所）、戦時図書審議会の委員（管理委員会の委員を務める出版業者）、選定に関する諮問委員会と緊密な関係を保《たも》つよう努めた。十名の手伝いを雇っていたが、兵士の心を動かすような作品を兵隊文庫にするという一大プロジェクトを進めるのは、決して容易ではなかった。毎月、作品を選び、印刷し、兵士に送り届けるためには、プロジェクトに参加する者すべてが持てる力を注ぎ込む必要があった。当然、頭を悩ます問題も生じた。

戦時図書審議会は、主要な印刷会社十数社と交渉し、低価格で印刷すると約束してくれた五社に印刷を依頼することにした。その五社は、クネオ・プレス社、ストリート&スミス社、W・S・ホール・カンパニー社、ラムフォード・プレス社、ウェスタン・プリンティング&リソグラフィング・カンパニー社である。ところが、一九四三年十一月、ウェスタン・プリンティング社が契約内容に問題があると不平を鳴らし、プロジェクトから抜けるとまで言い出した。そこで陸軍の代表者が、ウェスタン・プリンティング社の代表者と直接会い、兵隊文庫の印刷を続けるよう説得した。ある大佐は苛立《いらだ》ちを覚え、この手のごたごたを避けるために、兵隊文庫は必要不可欠なものだと政府に明言してもらったらどうだろう、と戦時図書審議会に提案している。(29) 結局、スターンは、仕事を続けてもらうために、ウェスタン・プリンティング社に支払う金額を一〇パーセント増やした。スターンは、プロジェクト期間中、兵隊文庫の製作に支障をきたしかねない問題に何度も直面した。しかしやがて、うまく問題を乗り越えられるようになった。

一九四三年九月、Aシリーズが陸海軍兵士のもとに届けられた。冊数は百五十万冊である。兵隊文庫は、アメリカで大量生産されたペーパーバックの中で最も小さいペーパーバックだ。戦時図書審議会は、アイデアを考え付き、それから七か月の間に「計画を立て、準備を整え、効果的に実行した(30)」契約書を作成し、署名し、契約を履行した。兵隊文庫を製作し、兵士に届けた。このプロジェクトは、すばらしい協力態勢の下で進められた、戦時の製作プロジェクトとして歴史に残るべきものである。

アメリカの報道機関は、一九四二年から一九四三年にかけて展開された戦勝図書運動に注目したが、戦時図書審議会の兵隊文庫プロジェクトにも興味津々だった。戦勝図書運動に協力した大勢の国民も、それに代わる活動を行なう組織のことを知りたがった。兵士の守り役の交代について最初に報じたのは、〈ニュー・リパブリック〉である。記事を執筆したのはマルコム・カウリーだ。彼はまず、戦勝図書運動員が兵士の要望に十分に応えられないため、戦時図書審議会が兵士用の特別なペーパーバックを作り始めたと説明した。次に、毎月二十五以上の作品が、兵隊文庫としてそれぞれ五万部発行され、年間発行部数は一千五百万部以上になると伝えた。そして、戦時図書審議会の優れた活動に手厳しい評価を下した。「兵隊文庫は安くて便利だが、耐久性に欠けるようだ」「ぺらぺらの新聞用紙(31)が使用されているから、ハードカバーよりも軽いが長持ちしないだろう、とカウリーは続けた。「私は、新刊見本のひとつをパラパラめくった時、二、三回読んだらこの本はぼろぼろになるなと思った」

戦時図書審議会は、数か月間奔走《ほんそう》し、他に例を見ない斬新な書籍を作り上げた。よって、当然、酷評されて肩を落とした。事務局長のアーチボルド・オグデンは、〈ニュー・リパブリック〉の編集者に手紙を書いている。オグデンは、記事が「少々公平性を欠いている(32)」とし、兵隊文庫に対する誤解を正そうとした。彼はまず、兵隊文庫に使用している紙は薄っぺらな新聞用紙ではないということを伝えた。「兵隊文庫用に選んだ紙は、新聞用紙よりもふたつ上の等級のものです。値段も高く、新聞用紙よりも丈夫です」二、三度読めばぼろぼろになるだろうという指摘に対しては、六度は読める（雑な扱いをしなければ、たぶんそれ以上読める）と反論した。「兵隊文庫は、市場に出回っている小型のペーパーバックの中で、おそらく一番丈夫です(33)」「使い捨ての安物」だという指摘に対しては、大量の兵隊文庫を作るためには製造費用を抑えなければならないと説明した。兵士に適した体裁の良書が大量に製作され、世界各地の兵士に届けられる。兵士は自分好みの作品を選び、どこで任務に就くとしても、それを携行できる。読み終わったら他の兵士に渡す。毎月、新しい兵隊文庫が届けられるため、状態の良いものはそのまま残し、状態の悪いものは新しいものと取りかえられる。

兵隊文庫にけちをつけたのは〈ニュー・リパブリック〉くらいで、他の報道機関は、兵隊文庫プロジェクトが目覚ましい成果を上げていると報じた。マルコム・カウリーが記事を書いてから数か月経った頃、〈ニューヨーク・タイムズ・ブック・レヴュー〉が兵隊文庫に関する記事を掲載した。「山のような良書――古典、最新のベストセラー、歴史本、伝記、科学本、詩集などが、海外で戦う私たちの国の兵士のもとに届けられている。アメリカの出版社、陸軍、海軍は、独創的な方法で本を出版している……アンツィオの海岸堡《かいがんほ》にも、飛行機で本の束が届けられた。タラワ環礁で戦っていた海兵隊のもとにも、彼らが残存日本兵を掃討してから数日経った頃に輸送された。太平洋の孤島にある前哨基地にもパラシュートで投下され、世界各地の野戦病院にも大量に届けられた。異国での任務に就くべく船に乗り込む兵士にも手渡された」[34]〈ニューヨーク・タイムズ〉の記事の内容を裏付けるかのように、兵隊文庫になった作品の著者のもとに、異国の地から多くの手紙が届いた。例えば、レオ・ロステンは、兵士から数えきれないほどの「感動的で心が締め付けられるような」手紙をもらっている[35]。レオ・ロステンの著書 *The Education of H*Y*M*A*N K*A*P*L*A*N*（レナード・Q・ロスという筆名で発表）は、一番目の兵隊文庫（A－1）である。ロステンは、著書が兵隊文庫として出版されてから四十年経っても、以下の手紙のことが忘れられなかった。

僕は、僕の深い感謝の気持ちを、そして何よりも、この地球の片隅にいるすべての兵士の深い感謝の気持ちをあなたに伝えたい。僕たちは昼間は日に焼かれ、夜は凍えています。ペルシャ湾に近いこの地で、僕らがどんな生活を送っているのか……誰にも分からないでしょう。娯楽といえば卓球だけ――ラケットはひとつきりしかありません。

先週、僕たちは、K*A*P*L*A*N氏が登場するあなたの本を受け取りました。それを読み、心の底から笑いました。ある晩のキャンプファイヤーの時、僕は試しに皆の前で読んでみました。すると、皆腹を抱えて笑いました。あんな笑い声を聞いたのは数か月ぶりでした。皆に懇願されて、今は毎晩、K*A*P*L*A*N氏の話を朗読しています。それが皆の楽しみの糧《かて》となっています。僕は、登場人物の訛《なま》りを真似しながら読んでいます。すてきなことだと思いませんか。

一九四三年九月、陸海軍は最初の兵隊文庫を受け取った。陸軍は、兵隊文庫を高く評価する声が高級将校から相次いだため、月間発行点数を増やすようただちに要請した。(36) しかし、プロジェクトは緒についたばかりで、三十作品を出版するだけでも精一杯だったから、戦時図書審議会はふたつ返事で請合うわけにはいかなかった。十月半ば、三十作品からなるBシリーズを輸送する準備が整った時、トラウトマン中佐は、各作品の発行部数を五万部から六万部に増やしてほしいと頼んだ。けれど、この時も色好い返事は得られなかった。一九四四年一月、トラウトマンは戦時図書審議会の会議に出席し、はるか遠い南太平洋に浮かぶガダルカナル島、ボラボラ島、その他の小さな島々にまで兵隊文庫が届いていると報告した。そして、プロジェクトは成功裏に進んでいると声高らかに述べた後、発行部数を増やすよう頼んだ。いや、この時は命じたと言うべきだろう。戦時図書審議会は、各作品の発行部数を五万部から七万七千部に増やすよう命じられたのである。その後、各作品の発行部数は、毎月三千部ずつ増えた。

戦時図書審議会は、兵隊文庫についての兵士の感想を知りたいと思った。作品の著者のもとに兵士からの手紙が届き始めていたが、戦時図書審議会にはほとんど送られてこなかった。兵隊文庫プロジェクトは大変なプロジェクトであり、大量の書籍を作るために大金を投じ、目標を達成すべくライバル会社同士が協力していた。自分たちの努力が無駄骨に終わるなんて嫌だと多くの委員が思っていた。それに、考えるべきことが山ほどあった。西部小説が多すぎるのではないか？　伝記や歴史本は必要なのだろうか？　もっと違うジャンルの作品を加えるべきだろうか？　戦場の過酷な環境下で兵士が何度も読めば、兵隊文庫はすぐに駄目になるのではないか？　戦時図書審議会は、小説、ユーモア本、伝記、詩集、ノンフィクション、短編集を兵隊文庫にするのに苦労したから、兵士には熱心に読んでほしいと願っていた。

兵士からの手紙を気長に待てない委員もいた。ファーラー&ラインハート社のスタンリー・ラインハートは、プロジェクトに関する情報を教えてほしいという旨の手紙を、〈サタデー・イヴニング・ポスト〉の従軍記者で友人のチャールズ・ローリングスに送っている。一九四四年六月――兵隊文庫が初めて陸海軍兵士のもとに届けられてからおよそ九か月経った頃、ローリングスは、オーストラリアの前哨基地から返事を書いた。彼は、戦時図書審議会が自分たちの努力の成果について何も知らないことに驚いていた。手紙はこんな言葉で始まっている。
「何ということだ、スタンリー。君たち出版社の人間は、このしなやかで薄く小さい本が、どれほど活躍しているかを何も聞かされていないのかい？　それならば聞かせてあげよう！　君たちには殊勲賞が与えられるべきだ[37]」

ページの隅が折ってある、かび臭くて湿気でぐにゃぐにゃになった本を持って、兵士は前線へ向かう。この南西太平洋の戦場の思いもよらない場所で、兵士は本を読んでいる。なぜなら、それが兵隊文庫だからだ。なぜなら、尻ポケットにも肩掛け袋にも忍ばせておけるからだ。兵士はいつも兵隊文庫を持っている……ホーランディアの海岸堡を確保してから三日後、若い兵士たちは腹をすかしていた……非常用の携帯食しか食べていなかったから。恐ろしく暗鬱《あんうつ》なホーランディアの沼地は泥深く、兵士は尻まで埋まった。でも、彼らには兵隊文庫があった。鹵獲《ろかく》した日本軍機を略奪されないように見張りながら、あるいは浜辺の基地のベッドの上で、あるいは食事の後でぶらぶら歩きながら、兵士は本を読んでいる。

ある日、ジープを走らせていると、酒保（ＰＸ）の前に人だかりができているのが見えた。

ローリングスは、いったい何の騒ぎだろうと興味が湧いた。「アイスクリームを売るカウンターの前には誰もいなかった」ローリングスは、皆が待ち望んでいたタバコ用ライターがもうすぐ届くという噂を聞いていた。「兵士があれほど欲しがる物といったらライターしかない」ローリングスもひとつ欲しかったので、ブレーキを踏んで車を止め、人だかりに加わった。しかし、兵士を引き付けていたのはライターではなかった――「それは兵隊文庫だった」「兵隊文庫が届いたのだ……茶色の包装紙に丁寧に包まれて、紐でしっかり縛ってあった。酒保係が紐を切って包みを開き、大きな箱に兵隊文庫をどさっと投げ入れた」すると兵士がすぐさま列を作り、互いに急《せ》かした。「あれこれ迷うな。一冊摑め、ジョー。そして前へ進め。後で交換すればいいんだから」と兵士は口々に叫んだ。「幸運にも『ブルックリン横町』を摑んだ兵士は、歓喜の声を上げた」人気のある作品を手にした者は、できるだけ早く読んで、順番を待つ兵士に渡さなければならない。「だから、兵士は徹夜で読んだ」兵隊文庫は陸上だけで読まれていたわけではない。ローリングスがオーストラリアへ渡る時に乗った船には、兵隊文庫の包みがふたつ積んであった。「二十五日間という忌々《いまいま》しいほど長い航海の間、僕たちはそれを読んだ」他にすることがなかったから、皆、兵隊文庫を重宝した。兵隊文庫には心配な点や問題点は何ら見当たらない、とローリングスは自信満々に断言した。そして、今の冊数では足りないから活動を続けてほしいと激励し、手紙を締めくくった。「あなた方のすばらしい活動について――僕と同じように――誰も何も言わなくても、どうか気分を害さないでほしい」とも綴《つづ》っている。

誰に頼まれるでもなく、戦時図書審議会のすばらしい活動や兵隊文庫の人気ぶりについて記事を書き、委員に手紙を送る従軍記者もいた。ルイス・ガネットは、兵隊文庫が戦場に届くと、手紙を書かずにはいられない気持ちになった。ガネットは、一九三〇年から一九五六年まで、〈ヘラルド・トリビューン〉でコラム「本とあれこれ」を執筆しており当時もジャーナリストとして大きな尊敬を集めていた[38]。根っからの本好きで、書評の対象として取り上げた作品は、およそ八千作品に上る。兵隊文庫プロジェクトについての彼の意見は重視された。

ガネットは、戦時図書審議会に称賛の意と敬意を示した。戦時図書審議会にとって、非常に嬉しいことだった。「イギリスの病院も、ノルマンディーの黒人部隊も……ブレストを包囲する部隊も兵隊文庫を持っています。あらゆるところ――前線、前線の後方、ジープやトーチカや飛行機の中、基地に兵隊文庫があります[39]」とガネットは報告している。兵士の間での人気は凄まじかった。兵士は、暇があると、どんな場所でも兵隊文庫を読んだ。「あるパイロットは、軽飛行機パイパーカブに乗り、いつものようにレンヌからシェルブールまで偵察飛行をしたのですが、途中で退屈し、座席の脇から兵隊文庫を引っ張り出し、操縦しながら読みました。ある師団の下士官と兵卒はいつも、将軍のテントの裏で兵隊文庫を読み、感想を交わし合いました――兵士は長時間任務に就き、任務を終えると何もすることがないから、面白い本を欲しがっていました。陸軍では大勢の若い兵士が、良い読み物に飢えています。皆、侘しさを抱え、時間を持て余しています」ガネットは、兵士が兵隊文庫を読む時の様子をこう伝えている。「兵士は、兵隊文庫をむさぼり読んでいます。その姿を見れば、あなた方は喜びを覚えずにはいられないでしょう。兵隊文庫は凄い本です」

グレッタ・パーマーもいち早く戦時図書審議会を評価したジャーナリストである。パーマーは、ジャーナリストとして活動を始めた頃、〈ニューヨーカー〉に寄稿していた。[40] 後に、〈サンデー・ワールド〉と〈ワールド・テレグラム〉にも寄稿している。彼女は物議を醸《かも》す諸問題に切り込み、反論されようが嫌われようが、自分の意見を曲げなかった。従軍記者として地中海の戦場で数か月間過ごし、その間、幾つもの辛辣《しんらつ》な記事を書き、様々な物事を一刀両断した。「私の記事は愉快な記事ではありません。私は、軍や民間の各種組織のおかしな点を指摘しています」戦時図書審議会は、パーマーからの手紙を受け取った時、おそらく厳しい評価が下されているだろうと思った。

ところが、意外なことに、戦時活動を行なう各組織について批判的に論評していたパーマーが、こんな風にしたためていた。「私はあなた方にランの花輪を贈りたい。耐え難い軍隊生活を良くするために色々な活動が進められていますが、あなた方の活動は際立っています」[41]「ある兵士は、カサブランカのホテルで兵隊文庫を受け取り、それを持って飛行機でマルセイユへ移動し、読み終えると、他の誰かが読めるようマルセイユの病院に置いていきました」パーマーはそのことに感心した。「兵隊文庫は、入院中の兵士にぴったりの本です。仰向けに寝たまま、疲れを感じることなく読める本は他にありません」パーマー自身も従軍中に二度入院しており、兵隊文庫のおかげで療養中に気晴らしできた。読んだ作品はどれも良質だった。「僭越《せんえつ》ながら兵士に代わり、お礼申し上げます。私も楽しい時間を与えていただきました。そのことに感謝いたします」

兵隊文庫は、疲弊し、嫌悪感や倦怠感《けんたいかん》に苛まれる兵士を助けるために供給されたが、その力が試される時が戦時中に幾度もあった——兵隊文庫を頼りにしていた兵士が失望させられることはほとんどなかった。一九四四年の夏が近づくと、戦時図書審議会は兵士の士気を鼓舞すべく、書籍を供給する活動により一層の努力を傾けるようになった。そして連合国は、入念に練り上げられた、待望の反攻作戦を開始する準備を整えていた。

第六章

根性、意気、大きな勇気

フランスへの上陸作戦の最初の十一日間で三千人のアメリカの若者が死んだと聞かされた。

死んだのは誰？　その問いに、私が答えよう。

それほど遠くない昔、小さな男の子がいた。男の子はベッドで眠っていた。夜が更け、雷鳴が轟《とどろ》いた。男の子は目を覚まし、怖がって大声で泣き始めた。母親がやって来て、男の子の毛布を丁寧に掛け直した。「泣かないで。何もあなたを傷つけたりしないから」

その男の子が死んだ……

ひとりの少年がいた。少年は新しい自転車に乗り、あなたの家の前まで来ると、両手をハンドルから離し、夕刊を折りたたみ、あなたの家の戸に向けて投げた。新聞が戸にあたる音を聞き、あなたはいつものように跳び上がった。「いつか、あの小僧をうんと叱ってやる」その少年が死んだ。

ふたりの少年がいた。片方の少年がもう片方の少年に言った。「僕が話をする。でも、おまえも一緒に来てくれ。心強いからな」ふたりはあなたの家へやって来た。話をすると約束した少年が言った。「おじさん、芝を刈りましょうか？」

ふたりは共に死んだ。お互いに励まし合いながら……

彼らは皆、死んでしまった。

今夜、私たちは、己が銃後の務めを果たしていると心から確信しない限り、穏やかに眠りに就くことなどできないだろう。

—— ベティー・スミス、“WHO DIED?”（1944年7月9日）(1)

一九四三年の末、連合国による西ヨーロッパ進攻作戦は、仮定の話ではなく、いつ、どこから進攻するかを決める段階に入っていた。ドイツは、三つの戦線で戦いながら、広大な支配地を守っていた。(2) ロシアを南北に走る東部戦線の長さは二千キロ。アフリカからヨーロッパに至る地中海戦線の長さは三千キロ近くに及ぶ。西ヨーロッパにおいて、ドイツ軍は、六千キロの戦線を維持しなければならなかった。大勢のアメリカ軍兵士が決死の作戦に向けて準備を進めた。その兵士の胸ポケットや尻ポケットには、兵隊文庫が入っていた。

一方、ヒトラーは攻撃に備えて、アメリカ軍兵士に対するプロパガンダを展開した。ドイツの強力な武器のひとつは、ヒトラーのプロパガンダ・マシンであるアメリカ人アナウンサーだった。そのひとりがミルドレッド・ギラースである。アメリカ軍兵士は、ギラースのことを親しみを込めて「アクシス・サリー」または「ベルリンのビッチ《悪女》」と呼んだ。ギラースはメイン州生まれだが、ベルリンで暮らしていた。戦争が始まると、帝国ラジオのアナウンサーになり、たちまちアメリカ軍兵士の人気者になった。兵士は、彼女のアメリカ訛《なま》りと魅惑的な口調、彼女が流すポピュラー音楽が好きだった。しかし、彼女の声と音楽の裏には、それを聴く者の勇気をくじこうという企《たくら》みが潜んでいた。「こんばんは、皆さん。ミッジです。今宵は世界各地のアメリカ派遣軍にお届けします(3)」アクシス・サリーは、人気の歌「苦しみは古い雑嚢《ざつのう》に詰めて」を使って兵士に対抗した。「ねえ、坊やたち、私はあなたたちに、〝苦しみは古い雑嚢に詰めて〟と言ってあげたいわ。でも、あなたたちの苦しみは多すぎて、その小さな古い雑嚢に全部詰めることなどできないわよね……ドイツ人は、決してくじけたりしないもの」アクシス・サリーの番組にはプロパガンダが織り込まれていたが、兵士はそれを知っていたため、彼女の話を笑い飛ばした。しかし、彼女は時々、諜報機関が収集した情報を明かし、それによって、普段は動じない兵士でも心の平静を失った。ある晩、彼女はこんな風に話している。「アルドボーンにいる第一〇一空挺師団第五〇六落下傘歩兵連隊E中隊の皆さん、こんばんは。先週末はロンドンへ出かけたそうだけど、楽しめたかしら。ああ、ところで、アルドボーンの教会の時計が三分遅れているから、町のお役人に伝えておいて(4)」アクシス・サリーの情報は正確だった。兵士は彼女の流す音楽を楽しみにしていたが、からかうのは止めてほしいと思っていた。

一九四四年の春、フランス上陸作戦計画がまとまった(5)。作戦は夜間に始まる。空と海から総攻撃を仕掛け、フランスの海岸にドイツ軍が設置した砲台を破壊する。砲弾によって浜に穴が空くが、この穴は、後に歩兵が身を隠す場所として使われる。アメリカ軍とイギリス軍の落下傘兵は、砲撃を受けている地域の後方に降下し、橋と拠点を確保する。未明に予定されている内陸への大規模な進攻を容易にするためである。海軍は、浜と防御施設に向けて艦砲射撃を行なう。それから五分以内に、戦車揚陸艇(LCT)隊が戦車、各種武器、歩兵を浜まで運ぶ。

そして、第一波歩兵部隊が工兵、軽砲とともに上陸。その後、数波に分かれて部隊が上陸し、必要物資が揚陸される。この作戦では、各攻撃を分刻みで行なう。複雑な作戦を遂行するためには、連合国各国の一致協力が不可欠だった。陸海空軍が連携し、各攻撃を時間通りに実行し、作戦を滞《とどこお》りなく進めるのである。

兵士は、この作戦が大きな危険を伴うものであることを知ると、生き残れないかもしれないと考えるようになった。ある兵卒の話によると、彼が所属する部隊は、作戦の説明を受けた際、第一波部隊の隊員の三〇パーセントが犠牲になるという話を聞かされた。[6]「僕たちの部隊が、その第一波部隊だったのです！」極めて危険な作戦であるため、もっと犠牲者が出るおそれもあった。ある歴史家は次のように述べている。「オマハ・ビーチに最初に上陸する兵士は、戦車揚陸艦（LST）に乗ったら、まずは、英仏海峡の機雷原を突破しなければならない。戦車揚陸艦が機雷に触れて大破することなく機雷原を抜けたら、船から浜へ降りる……陸からの砲撃をかいくぐると、今度は、機関銃とライフル銃による十字砲火を浴びながら、障害物が置かれた、幅百五十メートルほどの干潟《ひがた》を進む。周囲では大きな砲弾が唸りを上げ、迫撃砲弾が飛び交っている。さらに、三方向から攻撃される――側面からは機関銃と大砲による攻撃、正面からは小火器による攻撃。空からは迫撃砲弾が降り注ぐ[7]」上陸を果たして浜を進む兵士には、有刺鉄線と地雷（ドイツ軍は浜と崖に六百五十万個の地雷を設置した）も待ち受けていた。兵士には、強靭《きょうじん》な精神力と計り知れない勇気が必要だった。

一九四四年五月三十一日、アメリカ軍は進攻作戦を正式に開始した。指揮を執《と》ったのは、ドワイト・D・アイゼンハワー将軍である。この時点では、上陸日を六月五日に設定していた。揚陸艇への乗船を待つ間に、兵士は準備を整えた。荷物は弾薬、食料、予備の武器、その他の必需品などである。(8)荷物の重量は四十四ポンド以内が望ましかったが、三百ポンド以上ある荷物を持ち、よろめきながら歩く兵士もいた。

上陸作戦は晴天時にしか実行に移せないため、上陸日は変更される可能性があった。早いうちにイギリスに到着した兵士は、上陸日まで長時間待たなければならなかった。陸軍の特別業務部は、作戦開始を待つ兵士の士気を維持できるのかと懸念し始めた。最初の頃、兵士は士気を保《たも》っていた。マスタードガスによる攻撃に備え、嫌な臭いのする浸透油(impregnat-ing grease)を軍服に塗るよう指示されても、それを厭《いと》うことなく行なった。〈ニューヨーカー〉の従軍記者の話によると、靴に油を塗っていたひとりの水兵が、その様子を眺めていた従軍記者に気づき、大きな声で冗談を飛ばした。「靴を妊娠させる(impregnate)なんて、初めての経験ですよ(9)」

「おまえは、なんでもかんでも妊娠させているじゃないか」と別の水兵が、同じく靴に油を塗りながら軽口を叩いた。しかし、上陸日が近づくにつれ、兵士がふざけ合う光景は次第に見られなくなった。

アイゼンハワー将軍は部隊の士気に特に気を配っていた。回想録の中で、「戦場において、わけても重要なのは士気である(10)」と述べている。アイゼンハワー将軍は、ストレスを解消するために西部小説を読んでいたことで知られ、戦闘に従事する兵士にも書籍が必要だと考えていた[11]。作戦に必要な人員が揃うのを待つ間、兵士が倦怠感《けんたいかん》や不安を覚えるおそれがあった。そのため、アイゼンハワー将軍の幕僚は、集結地の兵士に一冊ずつ兵隊文庫を配ったらどうだろうという特別業務部の提案に賛成した。そして、CシリーズとDシリーズがおよそ八千セットずつ、上陸作戦に参加する兵士のために輸送された[12]。このふたつのシリーズに含まれていた作品は、*The Selected Short Stories of Stephen Vincent Benét*、チャールズ・コートニーの*Unlocking Adventure*、ロイド・C・ダグラスのベストセラー『聖衣』、エスター・フォーブスの*Paul Revere and the World He Lived In*、ジョン・P・マーカンドの*So Little Time*、ジョセフ・ミッチェルの*McSorley's Wonderful Saloon*、マージョリー・キーナン・ローリングスの*Cross Creek*、ベティー・スミスの『ブルックリン横町』、チャールズ・スポルディングとオティス・カーニーの共著*Love at First Flight*、ブース・ターキントンの*Penrod*、マーク・トウェインの『トム・ソーヤーの冒険』、『ハックルベリー・フィンの冒険』などである。これらの他に、数十の作品が、英仏海峡に面する海岸の集結地にいる兵士に届けられた。

軍が上陸作戦に関する情報を秘匿したため、戦時図書審議会は、集結地に兵隊文庫を送るという特別業務部の計画を知らなかった。一九四四年五月下旬、「兵隊文庫は倉庫に山積みになっており、陸軍と海軍への輸送が滞っている[13]」ため、戦時図書審議会の委員の中には、兵隊文庫がそれほど関心を持たれていないのではないかと心配する者もいた。しかし、近く実行に移されるノルマンディー上陸作戦に向けて集結地から船に乗る兵士のために、軍が大量の兵隊文庫を取っておいているということを後で知り、委員は安心した。軍は、兵隊文庫を極めて重視していたのだ。

特別業務部は、兵士が喜ぶ物資を、イギリス本土の集結地を覆い尽くすほど大量に用意した。兵士はタバコの箱を幾つもポケットに突っ込み、スナックバーをひと掴み取った。しかし、兵士が何よりも欲しがったのは兵隊文庫だった。特別業務部の士官が述べているように、集結地では緊張感が高まっており、「兵士には、気晴らしがどうしても必要だった」多くの兵士にとって、読書が唯一の気晴らしだった。乗船が始まると、兵士は必要性の低い物を埠頭に捨てた。荷物が重すぎたからだ。埠頭には、兵士が捨てていった様々な物が散乱していた。「後から回収班が埠頭を回ってそれらを集めたが、その中に兵隊文庫はほとんどなかった[14]」兵隊文庫の重さはわずか数オンス（一オンスは約二十八グラム）で、兵士が携行するものの中で一番軽い武器だった。

兵士の乗船が完了しても、船団はすぐには出発しなかった——アイゼンハワー将軍は、天候、月の明るさ、潮高、日の出の時刻などの条件が整った段階で出発を命じるつもりだった[15]。兵士は不安を募らせ、祈り、本を読んだ。船の中は静寂に支配され、多くの兵士がロザリオを握り締めていた。ある兵士はこう語っている。「従軍聖職者は大忙しだった。ユダヤ人も聖餐式に参加していたよ。皆、とても怖かったんだ[16]」アクシス・サリーのラジオ番組を聴いていても、何の助けにもならなかった。「私たちは、あなたたちを待っているわ」と彼女は言った。兵士は、この状況から脱したいと思っていた。

六月四日の朝、先発船団が英仏海峡を渡り始めた。ところが、天候がにわかに悪化し、霧雨は激しく冷たい雨に変わった。歩兵揚陸艇（ＬＣＩ）と戦車揚陸艇には屋根がなく、軍服はぐしょ濡れになった[17]。兵士は右へ左へ揺られた。海は荒れる一方で、悲惨極まりない状況だった。悪天候のため、アイゼンハワー将軍はやむなく上陸日を延期した。空は分厚い雲に覆われており、航空部隊も爆撃作戦を実行できない。平底輸送船は荒波に翻弄《ほんろう》され、多くの兵士が船酔いのため青ざめた（フランスにようやく到着して上陸した時、ある兵士は、先に上陸した兵士の死体を見て思わず言った。「奴らは幸運だ――もう、船酔いせずに済むのだから[18]」）。一部の船は港や川に停泊した。しかしまだ、兵士がひしめき合う船から降りられなかった。兵士は悪態をつき、嘔吐しながら待った。

揚陸艇の中は凄まじい様相を呈した。甲板上にディーゼル油、便器から流れ出した糞尿、嘔吐物が溜まった。それらの臭いが混じり合ったおぞましい臭いを、兵士は何年経っても忘れられなかった。時間を潰すためにラジオをつける者もいたが、アクシス・サリーの番組を聴くと、ラジオをつけたことを後悔した。アクシス・サリーは、人気の歌「できるものなら、やってみろ[19]」の替え歌を流した。歌詞は脅《おど》すようなものに替わっていた。「ここまで来られるものなら来てみろ。近づけるものなら近づいてみろ。シルクハットを脱ぎ、自慢話を慎め。はったりをかけるのを止め、興奮せずに落ち着け。おまえらに、挑戦を受けることができるのか？」

兵隊文庫はありがたい存在だった。ある少尉は、「兵隊文庫を読んでいる間は、不快な物事を忘れていました[20]」と語っている。〈ニューヨーカー〉の従軍記者Ａ・Ｊ・リーブリングは、兵隊文庫が、上陸を待つ兵士の退屈さや不安を和らげてくれたと述べている。「第一歩兵師団の隊員のほとんどが、大型歩兵揚陸艇上のあちこちで……ペーパーバックの兵隊文庫を読んでいました」[21] 第一歩兵師団の隊員はとても落ち着いており、これから死地に赴くというのに、まるで予行演習にでも向かうかのような様子だった。ある歩兵は、リーブリングにこう話している。「この小さな本は凄いです。あなたを違う世界へ連れ去ってくれますよ」

六月六日未明に上陸を開始するという決定が遂に下され、部隊は安堵の胸をなで下ろした。空挺部隊は任務遂行に必要な装備を整えた。アクシス・サリーは、やがてドイツ軍と相まみえる彼らにとどめの一撃を加えた。「第八二空挺師団の皆さん、こんばんは。明日の朝、皆さんの内臓から噴き出した血が、私たちの戦車の車輪に注《さ》す潤滑油の代わりになることでしょう」[22] アクシス・サリーの言葉に心を乱される隊員もいたが、ただ聞き流す者もいた。アクシス・サリーは何日間も同じような挑発を繰り返した。海軍と陸軍航空隊はドイツ軍のトーチカと海岸の防御施設を爆弾で木《こ》っ端《ぱ》微《み》塵《じん》にする準備ができており、もうすぐアクシス・サリーは兵士を脅すこともできなくなると思うと、隊員は心が軽くなった。

六月五日の夜、アメリカ本土において、ルーズヴェルト大統領が重要なラジオ演説を行なった。大統領はまず、ローマが陥落したことを伝えた。ローマは、最初に陥落した枢軸国の主要都市である。連合国は、敵を完全に屈服させるための大きな足がかりを築いたのだ。「今後、さらに大きな枢軸国との戦いが待っている。ドイツ本土に侵攻するためには、長く熾烈な戦いを勝ち抜かなければならない。勝利への道のりはいまだ遠い。しかし、いずれは勝利にたどり着くだろう――だからおそれることはない[23]」大統領は、イタリアにおける作戦に従事した兵士に対し、祝福と感謝の言葉を述べてから、演説を締めくくった。「彼らに神の祝福があらんことを、彼らと我が国の勇敢な戦士に、神のご加護があらんことを」国民はまだ知らなかったが、この言葉を述べた大統領は、フランスでの上陸作戦がすでに始まっていることを知っていた。

ルーズヴェルト大統領は、六月六日早朝、連合国軍のフランスでの勝利を願って、祈りの文を綴《つづ》った。そして暗幕を引き、祈りを唱え続けた[24]。連合国軍の先発船団が出航した時から、第一波部隊が上陸する時まで、ホワイトハウスには、作戦の詳しい進行状況が少しずつ伝えられた。次の朝、大統領は祈りの文の写しを議会に送った。大統領の祈りの文は、下院と上院の議場で読み上げられた。大統領はその日の夜、ラジオ演説で祈りを朗唱している。全国各地の新聞は、国民が大統領とともに祈りを唱えられるよう祈りの文を掲載した。

　全能なる神よ。私たちの国の誇りである私たちの子らが、今日、大きな戦いを始めました。私たちの国の共和制と宗教と文明を守り、苦しみの中にある人々を救うために戦い始めたのです。

　彼らを正しくお導きください。彼らの腕に力を、心に強さと信念を貫く力をお与えください。

　彼らはあなたの祝福を必要としています。彼らが進む道は、長く険しいものとなるでしょう。敵は強い。敵は私たちの軍の攻撃をはね返すかもしれません。勝利はすぐには訪れないでしょう。けれど、私たちは何度でも立ち向かいます。あなたの恵みにより、私たちの正しい大義により、私たちの子らは勝利するでしょう……

二度と帰らぬ子もいるでしょう。父なる神よ、その子らを、あなたの御腕《みうで》に抱いてください。あなたの勇敢なしもべを神の国へと招いてください。

国にいる私たち——海を渡った勇敢な者たちの父、母、子、妻、姉妹、兄弟をお助けください。全能なる神よ、多くの命が犠牲となっている今、私たちは信仰を新たにします……

私たちにも強さをお与えください——私たちが日々の務めを果たし、私たちの軍を人的、物的に支援するための強さを。

私たちに勇敢な心をお与えください。いつ果てるとも知れない辛苦を耐え忍び、訪れる悲しみを乗り越え、私たちの子らに勇気を分け与えられるように……

……私たちが、私たちの国を守り、友邦とともに世界をひとつにまとめ、平和を確かなものにすることができるよう、私たちをお導きください……平和を得れば、すべての人々が自由に暮らせるようになるのです。人々の地道な努力が報われるのです。

全能なる神の御心が行なわれんことを。

アーメン㉕

ユタ・ビーチから上陸した部隊とオマハ・ビーチから上陸した部隊の明暗は、はっきりと分かれた。ユタ・ビーチに雪崩《なだ》れ込んだ第四歩兵師団はほとんど反撃されなかった。上陸はあっけなく終了し、拍子抜けしてしまう者もいた。隊員らは、まるで演習のようだったと語っている。[26]一方、オマハ・ビーチへ最初に上陸した部隊は壊滅の憂き目に遭った。[27]隊員は、揚陸艇のランプから浜へ出ようとしたところでドイツ軍の機銃掃射を浴び、不幸にも、あえない最期を遂げた。第一波上陸部隊の隊員の死亡率は一〇〇パーセントに近い。ほとんど誰も、歩兵揚陸艇からオマハ・ビーチに出ることができなかった。第二波以降の上陸部隊も大きな犠牲を出している。上陸したものの、体がすくんでしまい、安全な場所まで移動できなかった者も大勢いた。ある者は機関銃や迫撃砲の弾幕をかいくぐり、浜の先の崖にたどり着いた。しかし、怪我をして先へ進めなくなり、疲弊した体を砂の上に横たえ、衛生兵が来るのを待った。同じ日に遅れて上陸した隊員の多くが、印象深い光景を目にしている。[28]重傷を負った隊員たちが、崖のすそに体をもたせかけて本を読んでいたのだ。

上陸開始から二十四時間の間に、千四百六十五人のアメリカ軍兵士が死亡し、三千百八十四人が負傷した。[29]また、千九百二十八人が行方不明となり、二十六人が捕虜となった。部隊が内陸に進むにつれて、これらの数は増えていった。十一日後の死者数は三千二百八十三人、負傷者数は一万二千六百人である。[30]

報道機関は、増え続ける戦死者の数を報じたが、その際、「GI《兵士》」という言葉を用いた。死地にいる兵士は、それに反感を覚えた。GIと呼ばれると、自分がまるで無名兵士のように思えて嫌だったのだ。「私たちは、GIという言葉を官給品（government issue）という意味で使っています。だから、物として扱われているように感じるのです[31]」とフランク・ターマン軍曹は説明している。「僕たちは、命を落とした仲間のことを死んだGIとは呼びません。故郷に帰り、死んだ仲間の愛する親に向かって、あなたの息子さんはGIとして最期を遂げましたなどとはとても言えません」「GIとひとくくりにして呼ばれますが、兵士には、陸軍兵士、海軍兵士、海兵隊兵士がいるのです」前線で戦う兵士にとって、亡くなった兵士は、誰とも知れない無名の存在ではない。戦争は兵士の大切な仲間の命を奪い、兵士を苦しめた。対空砲火をくぐり抜けたパイロットは、撃墜された仲間のパイロットのことを知っていた。海から浜へ上陸した海兵隊員は、敵の狙撃兵の銃弾に倒れた兵士のことを知っていた。日本軍のパイロットが連合国軍の艦艇に飛行機もろとも突っ込み、艦艇が大破した時、生き残った水兵は、犠牲となった兵士のことを知っていた。戦場の兵士は、耐え難いほど死を身近に感じた。しかし、死について話し合うことはほとんどなかった。

兵士は多くを語らなかった。戦場では残忍な行為が横行していた――それについても語らなかった。兵士は身をもって戦争の恐ろしさを感じ、精神的な重荷や感情的な重荷を抱え込んだ。けれど、その重荷を下ろす術《すべ》がなかった。家族にも、なかなか心の内を明かせなかった。兵士が家族に手紙を書くと、機密情報が記されていないかどうかを検閲官が調べた。手紙が敵の手に渡る可能性があるからだ。検閲官がすべての手紙に目を通すため、兵士の多くは、愛する者への手紙に胸中を綴ることに抵抗を覚えた。家族に心配をかけたくないという思いもあり、悲しみの淵にいることやストレスを抱えていることを伝えなかった。兵士の手紙には、戦闘の様子や自分の気持ちではなく、天候のことや、たわいのない話が綴られたものが多い。

兵士は書籍によって苦しみから解放された。それは、幾つかの作品に対する兵士の反応を見れば明らかだ。少々意外だが、キャサリン・アン・ポーターは兵士に人気があった作家のひとりである。ポーターの短編には、登場人物が経験したことと彼らの感情が丁寧に描かれていたため、兵士は、自分の考えや心の奥にある気持ちをポーターが理解してくれるのではないかと思った。非常に多くの兵士が、ポーターの作品を読んだ後、彼女に手紙を書いている。ある者は登場人物に自分を重ね合わせながら読み、ある者は、ポーターの綴った文を読むうちに、心に積もる寂しさや孤独感が消えていくのを感じた。兵士は手紙を送ることで、自分に感銘を与えてくれた作家とつながりを持とうとし、極めて個人的なことや、愛する者にも秘密にしていたことを作家に明かす者も少なくなかった。

ある兵士はポーターの短編集をとても大切にした。それを戦場で常に携行し、それを持って帰国の途に就いた。「除隊し、故郷に帰るために、広漠とした太平洋を少しずつ東に進みながら、僕はペーパーバックの兵隊文庫を読みました——あなたの小説をもう一度読んだのです。何もすることがなく暇だったので、じっくり読めました。そして前よりももっと、あなたの小説が好きになりました。この小説には、かつてのあなたや僕のように困惑する子供が描かれています。かつての僕たちのように怖がりで、拒絶されると途方に暮れ、愛されると満たされ、罵《ののし》られると思い悩む生き物である子供の姿も描かれています。僕はそこに引き付けられました(32)」

ある兵士は、ポーターの作品にとても慰められたことを手紙で伝えた。すると嬉しいことに、ポーターから返事が届いた。ポーターは手紙の中で、入院しているのかと兵士に尋ね、第九野砲兵連隊に所属する甥のことが心配だと心中を明かしている。兵士はすぐに返事を書き、その中で、もし彼が病人なら文通してくれるかと問い、文通ができるなら「僕は自分が病人でよかったと思う(33)」と正直に述べた。黄疸《おうだん》が出たので四か月間入院していたが、幸いにも病院に兵隊文庫があり、ポーターの作品を読むことができた。ポーターが甥に対する気持ちを綴っていたため、彼もひとりの友人に対する思いを明かした。彼はいい奴です。友人も第九野砲兵連隊に所属していた。「自分のことよりも彼のことが心配です。彼の部隊がアフリカに上陸してから長い月日が経ちますが、その間ずっと彼は苦しんでいます。彼の目の前で何人もの隊員が殺されました。一月には五人の隊員が殺され、彼も負傷しました――亡くなったのは皆、彼の親友です。僕はこう言いたい。親愛なる神よ！　人間は多くのものを負っています！　それでも前へ進んでいます」彼は、「入院するまでは自分を恥じ、友人に手紙を書けませんでした」とも記している。友人が死に直面しているさなか、彼はイタリア各地を回りながら、音楽会やオペラや宮殿見物を楽しんでいた。その後、前線から三十マイル離れた後方地域で任務に就いた――いつも、危険な地域の外にいた。友人とは違い、自分は本物の兵士ではないといつも思っていた彼は、ポーターに本音を打ち明けると気持ちが楽になった。

ポーターの助けによって、幾人もの兵士が戦争を戦い抜けた。戦後、ポーターはこう述べている。「私の身内にも兵士になった者が三人います。私は、六百通以上の手紙を兵士からもらいました。それらの手紙から推察するに、おそらく皆、兵士として立派に戦ったのでしょう。すべてが称賛の手紙だったわけではありませんが、少なくとも私は、幾人かの兵士の気持ちを良く理解し、それを兵士も分かっていました。私はそのことが誇らしく、嬉しいのです(34)」

兵隊文庫の中で最も人気があったのは、おそらくベティー・スミスの『ブルックリン横町』だろう。この作品には子供たちの姿がじつに生き生きと描かれており、兵士は、自分の子供時代と重ね合わせながら読んだ。ノルマンディーで犠牲になった何千人もの兵士について綴った随筆 *Who Died?* をスミスが発表すると、それを聞きつけた兵士が、随筆を送ってほしいという依頼の手紙を彼女に送った。スミスの作品は兵士に良い影響を与え、彼女のもとには、世界各地の兵士から、感謝の手紙が絶え間なく届いた。

ある軍曹は、スミス宛の手紙にこう書き記している。「僕はすっかり落ち込んでいました。仲間からはドジな奴だと言われました。そんな時、あなたの本を手に取り、読みました。すると、だんだん気持ちが明るくなり、気づいたら笑っていました。愉快な人間がたくさん登場しますからね(35)」『ブルックリン横町』は失っていた元気を与えてくれた。軍曹は数か月間、ずっと憂鬱《ゆううつ》で寂しかった。そうした気持ちを和らげてくれるものがなかったからだ。しかし、スミスの小説に出会った。「この戦場に来てから八か月間、心から笑ったことなどありませんでした」陸軍航空隊のある兵士は、スミスの小説を読んだら「故郷が恋しくなった」と手紙に綴っている。「人生で初めて、ホームシックに罹《かか》りました[36]」スミスが紡《つむ》ぐ物語は、故郷での生活を驚くほどありありと思い出させた。だから無性に故郷が懐かしくなり、帰りたいと思うようになってしまった。けれど兵士は、それについて文句を言うために手紙を書いたわけではない。「入隊してまだ日が浅いのですが、すでに色々な小説や古典を読みました。『ブルックリン横町』を読んだ時は、本当に、幸せな気持ちでいっぱいになりました」スミス宛の手紙の多くに、この兵士と同じような気持ちがしたためられている。第七一六爆撃飛行隊のある隊員は、登場人物に強い親近感を抱いた。彼にとって『ブルックリン横町』は、「故郷からの嬉しい手紙[37]」のようなものだった。

ある兵士は病院で手紙を書いた。「『ブルックリン横町』は、尽きることのない喜びの源です[38]」この本を読むと、子供時代を過ごしたブルックリンを思い出し、子供の頃に戻ったような気持ちになったという。別の兵士は、「もう一度、文学の苗を植え、すばらしい木に育ててください[39]」というスミスへの願いを綴っている。スミスの作品を扱う出版社にも手紙が届いた[40]。その手紙の主は、本なんてどれもつまらないと思っていたが、「生まれて初めて、面白いと思える本に出会いました。その本とは、ベティー・スミスの『ブルックリン横町』です」と述べ、スミスが他にどんな小説を書いているのかを知りたがった。「スミスの本を読むことが、僕たち兵士の数少ない楽しみのひとつなのです」

『ブルックリン横町』は、兵士が日々感じる苛立《いらだ》ちを鎮めた。ベティー・スミスは、R・Hというイニシャルの兵士から愉快な手紙をもらった。R・Hはいつも、同室の能天気なガスにいらいらさせられた。ある日、ガスは、手に持った『ブルックリン横町』を振りながら断言した。「この本は最高だぜ(41)」「ガスは、何でも最高だと言います」とR・Hは文句を垂れている。「他に形容詞を知らないのか、最高という言葉ばかり使います。俺の恋人は最高だぜ。『ドラゴン・シード』は最高の映画だぜ。俺のダチは最高だぜ。B-29は最高の飛行機だぜ。今日は最高だぜ――あの忌々《いまいま》しい口が開くと、大抵、最高という言葉が飛び出します。僕は歯を食いしばり、祈るしかありません。いつか、哀れなガスに拳骨《げんこつ》を食らわすかもしれませんが、何の効き目もないでしょう。ガスは床から起き上がり、笑いながら(僕が心底腹を立てているとは露《つゆ》知らず)、こう言うでしょう。おお、今のパンチは最高だったぜ」ところが、『ブルックリン横町』を読んだら、ガスに対する怒りが消えた。「うまく言えませんが、僕は、あなたの小説から何らかの影響を受けました。今後ガスが、『ブルックリン横町』は最高だぜと言っても、僕はもう決して腹を立てたりしないでしょう」

スミスは一日におよそ四通、一年でおよそ千五百通の手紙をもらった(42)。そして、ほとんどすべての手紙に返事を書いた。スミスからの手紙を受け取った兵士は仰天した。手紙には、(兵士からの要望により)サイン入りのスミスの写真が同封されていることもあった。スミスの手紙と写真は、例外なく兵士の宝物になった。ある兵士は、病院からスミスに手紙を送っている。「ありがとう――本当にありがとう――これから辛い一週間が始まろうという時に、あなたからの手紙が届きました。この病院の医者は皆、切断手術をしたがります。僕も切断手術を受けますが、その後、医者が何をするか分かったものではありません。僕の体に肉汁をかけ、口の中にリンゴを押し込むかもしれません」[43]スミスの手紙は、手術に耐える力を兵士に与えた。

次のような内容の手紙を送った兵士もいる。[44]「あなたからの手紙に何か入っていたので、クリスマス・カードだろうと思いながら出しました。他の有名人も、兵士のために何かをしたいという思いでクリスマス・カードを送っていますから。ところがなんと、あなたの写真ではありませんか！　今でも、仲間にあなたの写真を見せびらかしています。あなたの顔を知らない仲間に、僕の最初の妻の写真だと言って見せたこともあります」彼はスミスと手紙のやり取りを続け、ドイツからベルギーに移動した際、新しい写真を送ってほしいと頼んだ。「傷んでしまったので、もう一枚必要なのです。雪や雨や泥にまみれながら戦っている時も、あなたの写真を肌身離さず持っています」[45]別の兵士もスミスの写真にとても慰められ、定期的にスミスに手紙を送った。「過酷な戦いが続き、疲れ、暗澹《あんたん》たる気持ちになった時、自分を鼓舞することができました。いつもあなたの写真を持っています――写真を見ると、愛する妻を思い出します。そして、大切なもののために戦い続けなければならないという気持ちになります」[46]彼は戦闘中に負傷した。それから数か月後、入院している病院で手紙を書いた。[47]スミスが彼の人生を大きく変えたことを伝えたかったからだ。兵士と妻は、彼が家に戻ったら子供を作ろうと決めた。子供が女の子だったら、ベティー・スミスと名づけるつもりだった。

スミスと戦時図書審議会のもとに、『ブルックリン横町』の感想を綴った手紙が多数届いたため、戦時図書審議会は重版を決めた。スミスは友人にこう書き送っている。「兵隊文庫の第二版が発行されることになって嬉しい。私に手紙を送ってくれる兵士の大半は、海の向こうにいる兵士です。彼らによると、『ブルックリン横町』には現実味があり、読んでいると、まるで故郷にいるような気持ちになるそうです。手紙の中には、涙なしでは読めないものもあり、故郷を離れた兵士が私の本を大切にしているのだと思うと、胸がいっぱいになります。私も少しは世の中のためになることをしているのです[48]」

ローズマリー・テイラーの *Chicken Every Sunday* は予想外に好評だった。*Chicken Every Sunday* の語り手は思春期の娘で、母親が切り盛りする賑やかな下宿屋の様子を面白おかしく語る。母親は個性豊かな下宿人を始終なだめすかす。そして、毎晩、涎《よだれ》が出そうなほど美味《おい》しそうな料理を作る。日々の出来事が描かれたこの作品は、健全で、機知に富んでいる。また、情緒溢れる作品であり、これを読むと、兵士は感傷的な気分になった。

ある中尉がテイラーに送った手紙には、こう綴られている。「ここニューギニア島にいる私に、そして多くの将校と徴集兵に喜びを与えていただき、感謝しています。*Chicken Every Sunday* を読み、故郷での生活は豊かで楽しさに満ちているということに改めて気づきました。その生活が私たちの帰りを待っているのです[49]」ある兵士は、中国からテイラーに手紙を送っている。彼も *Chicken Every Sunday* を愛読していた。下宿屋の女主人が料理を作る姿は、彼の母親を彷彿とさせた。「材料の分量を量らないところや味付けの仕方、調理のタイミングの計り方」が母親にそっくりだった[50]。この作品を読むと、故郷のことがあれこれと思い出され、帰省したような気分を味わえた。「あなたの本のおかげで、数時間、家に戻ることができ、ホームシックが和らぎました。戦争のことをすっかり忘れ、笑い、少しの間、すてきな家ですばらしい家族と一緒に過ごせました」ただ、彼には不満もあった。「お母さんが作るベイクドポテト、細切りサヤインゲン、サラダ、デザート——どれもがいかにも美味しそうに描かれているので、私たちは食べたくてたまらなくなります。氷水の描写にも興奮して震える始末です」彼は最後に、*Chicken Every Sunday* のような作品をまた書いてほしいとテイラーに頼んだ。「なぜなら、私たちに必要だからです」

　アリューシャン列島に駐留する兵士からの手紙には、こう記されている。「おそらくあなたは、兵士を読者として想定していたわけではないでしょう。でも、僕たちは皆、*Chicken Every Sunday* を楽しく読んでいます。それをどうしても伝えたくて、筆を執った次第です。あなたの本を読んでいるのはひとりやふたりではありません。あなたの本は、僕たちの仮兵舎に並ぶ二段ベッドの間を行き来しています。皆、腹の底から笑います。本の一節を仲間に読んで聞かせる者もいます。少なくとも、両隣の仮兵舎の兵士もあなたの本を読んで笑っています。ある男は〝*Chicken*〟を任務の合間に読み、夜、兵舎に戻っても読むほどの熱中ぶりです」[51]アリューシャン列島の駐屯地でも書籍が大人気だった。読書は数少ない娯楽だったからこの兵士も仲間も、より良い作品を選んで読むようになった。*Chicken Every Sunday* が彼らの共感を呼んだのは、「登場人物が故郷の人々に似ている」からだ。「僕たち兵士は、この本を読むと、故郷の人たちを懐かしく思い出します。じつに愉快な時間を与えてくださるあなたに、兵士一同を代表してお礼申し上げます。ローズマリー・テイラーの他の作品が出版されることを誰もが願っています」この兵士の願い通り、戦時図書審議会は、テイラーの *Ridin' the Rainbow*

を出版した。

以上のような事実は、戦時中、書籍が特別な役目を果たしたことを物語っている。書籍があれば、他に娯楽がなくても心の憂さを忘れられた。各地の前線からの手紙を読めば、戦場の兵士にとって書籍が救いだったことが分かる。ある学者は、戦時中の書籍の役割についてこう述べている。「兵士が本を喜んで読んだのは、望郷の念に浸《ひた》れたからだ。本が自分の気持ちや考えを代弁してくれたからでもある。騒々しく、落ち着かない軍隊生活では、兵士はなかなか心の内を話せなかった」(52) 様々な人物の物語を読むことで、自分の置かれた境遇に対処できるようになるため、兵士はもっと本を読みたいと思うようになった。どんな状況に置かれていても、ユーモアのある作品を読めば、笑うことができた。兵士は故郷を懐かしみ、故郷をもう一度見たいと願っていたが、書籍はその故郷へ連れていってくれた。兵士は本を読み、ひと時の安らぎを得た。ある兵卒がフランスから送った手紙にこう綴られている。「多くの場合、読書が、現実から逃れるための唯一の手段です。本を読む忍耐力がなく、読書好きではなかったのに、兵隊文庫を一冊手に取って読み始めるや、たちまち夢中になり、もっと多くの兵隊文庫を求めるようになった兵士を僕はたくさん知っています(53)」

トラウトマン中佐は、兵士が書籍を望んだ理由を説明している。第二次世界大戦で戦った兵士の多くは、高校三年生までの教育しか受けておらず、書籍を手にするのは学校で勉強する時ぐらいで、地元の図書館に行ったこともなかった。「毎週、読み物を三百ページほど読んでいた」[54]が、それは、漫画本、新聞、雑誌の類いである。戦争が始まると、兵士は世界各地へ派遣された。英語の読み物や新聞がない場所も多く、アメリカ本土から何千マイルも離れたそれらの場所へ、書籍や雑誌が届けられた。兵士は、故郷からの手紙と同じくらい、書籍や雑誌を大切にした。それらを読めば、アメリカでの生活に戻ったような気持ちになれたからである。英語で書かれた読み物や馴染みのある雑誌に癒され、遂には読書家になる兵士もいた。

一九四四年の夏、書籍の力は疑いようのないものになった。アメリカ軍兵士はフランスに上陸し、パリを目指して進んだ。太平洋戦線では島々を転戦した。戦いに次ぐ戦いの中で、兵士は読書に慰めを見出した。

第七章

砂漠に降る雨

ここ数日、私は娯楽室の中を探し、赤十字社の職員に尋ね、図書館の書架を見て回り、兵舎をしらみつぶしに探しています——どこにあるのだろう?? G-183! G-183! G-183!

——B・S軍曹[1]

連合国は、パリに部隊を進軍させる一方、太平洋地域で別の戦いを展開した。オーストラリアの北方から出発した連合国軍は、日本軍から島をひとつずつ奪取しながら、日本本土に向かって少しずつ進んだ。最も危険な戦線と言われた太平洋戦線において、アメリカ軍兵士は絶え間ない決死の攻撃を受けた。そして、ひとつの島に上陸を果たすと、別の上陸作戦に投入された。島々でどんな戦いが待ち受けているのか分かっていたから、兵士の士気は低下する一方だった。太平洋戦線における戦闘は苛烈《かれつ》で、生活環境は劣悪そのものであるという事実は広く知られていた。兵士は戦いながら、言いようのない寂しさと孤独感を覚えた。彼らが侵攻した島の中には、住むことなどできないような、重要とも思えない島もあった。そのような何の魅力もない島に、なぜ各国が関心を示すのか、兵士は理解できなかった。

兵士が地獄と呼ぶ太平洋の島々では、気分を高揚させるものが必要であり、未開の地での生活と過酷な戦いに耐えるには娯楽が欠かせなかった。島々への侵攻作戦が始まった当初から、読書は兵士の数少ない娯楽のひとつだった。兵隊文庫は小さいため、携行しても邪魔にならず、ほんの数分でもそれを読むと心を健全に保《たも》つことができた。陸軍特別業務部は、雨が降ろうが槍が降ろうが（あるいは両方が同時に降ろうが）、できる限り早く兵隊文庫を各島に届けるべく、最善を尽くした。

アメリカ軍はミッドウェー海戦で勝利すると、太平洋の島々を巡る戦いに突入した。ガダルカナル島の戦いは初期の戦いのひとつである。ある従軍記者によると、ガダルカナル島は「蒸し暑く、マラリアが蔓延する〝緑滴《したた》る地獄〟(2)」であり、戦略上重要な滑走路があるものの、「無価値な島」だった。日本軍の抵抗は激しく、アメリカ軍兵士は凄まじい状況に置かれた。昼は長く激しい戦闘に従事した。夜は寝ることもままならなかった。日本軍は爆撃や夜襲を絶え間なく仕掛けてきた。海兵隊員は、攻撃されると、寝袋から飛び出して蛸壺壕《たこつぼごう》に隠れ、攻撃が止むと寝袋に戻った(3)。それの繰り返しであり、まるで、狂った潮の満ち引きに翻弄《ほんろう》されているかのようだった。熱帯特有の激しい雨が降ると寝具がぐしょぐしょになり、蚊は日本軍と同じくらい執拗に迫ってくる。狙撃兵が夜陰に乗じて忍び寄ってくるため、片時も油断できない。だから、仲間が見張っている間に、虫のブンブン飛ぶうるさい音と迫撃砲の砲声と砲弾が飛ぶ甲高い音を聞きながら、少しだけ眠るのだった。「夜は、じめじめした寒さの中、不快なものとともに過ごし、昼は泥と汚いものにまみれて過ごしました(4)」とある兵士は語っている。ある従軍記者はこう記している。「ガダルカナル島での唯一の喜びは……まだ生きているということだ」

島で戦う海兵隊員と同様に、アメリカ海軍の水兵も苦しい戦いを続けた。第一次ソロモン海戦では、「正々堂々たる戦いにおける最悪の敗北(5)」を喫した。一九四二年八月九日、大日本帝国海軍に巡洋艦四隻が撃沈され、一隻はわずか三十二分で撃退された。日本軍の損害は軽微だった。その後数か月間、アメリカ海軍は甚大な損害を出し続けている。一九四三年二月にガダルカナル島の戦いが終わるが、それまでに幾隻もの艦艇が魚雷攻撃を受けて損傷した。また、多くの艦艇が撃沈された。そのため、ガダルカナル島、サボ島、フロリダ諸島の間にある海峡は、鉄底海峡《アイアンボトム・サウンド》と呼ばれるようになった。

ガダルカナル島の戦いの後、各島における戦闘はさらに苛烈さを増していく。太平洋の島々で激しい戦いを生き抜いた兵士は、一九四四年六月、サイパン島へ向かわされた(6)。第一波上陸部隊は夥《おびただ》しい犠牲者を出した。日本軍は、容易に上陸できると敵に思わせるために、上陸部隊をすぐには攻撃せず、アメリカ海兵隊の水陸両用トラクターが千ヤード以内に接近したところで、銃砲弾を雨あられと浴びせかけた。海岸は累々《るいるい》たる死傷者で埋め尽くされた。激戦を経て上陸した兵士は、想像を絶する戦いを経験した。上陸から二日後、日本軍の戦車部隊がアメリカ海兵隊の陣地に突入し、蛸壺壕の上を縦横に走り回った。「俺たちは、細い塹壕《ざんごう》や蛸壺壕に身を潜めていた。その上を日本軍の戦車がガタガタ走り……その間ずっと、俺の塹壕を跨いで通り過ぎてくれと祈っていた(7)」とある海兵隊員は語っている。ある小隊の軍曹は、茫然とした様子で報告した。「一台の戦車が、私の隠れていた蛸壺壕の上を通りました。私は、爆薬袋の導火線に火をつけ、その忌まわしい戦車の上に放り投げました」犠牲者の数はうなぎ上りに増えていった。およそ一か月続いたサイパンの戦いにおける死傷者及び行方不明者の数は、一万五千人を超えている(8)。サイパンの戦いは、太平洋戦線における最も陰惨な戦いとなった——

その時点では。
戦闘によるストレスを和らげ、つきまとう死の恐怖から逃れるには、娯楽と休息が不可欠だった。特別業務部は、兵士の士気を高めるのに役立つものを、奇跡的な速さで各島に送っている。サイパン島には、海兵隊の先発部隊が上陸してから四日後、書籍を満載した船が到着した。(9)その三日後、図書館が建設された。暇を見つけて、例えばユーモア本や西部小説の一節を読むだけでも良い息抜きになった。兵隊文庫が届くと、兵士はわれ先にと兵隊文庫を摑み取り、それを携えて戦闘に臨んだ。ただし、それを読む前に亡くなる者もいた。サイパン島で戦ったある海兵隊員は、戦時図書審議会に次のように伝えている。

私たちは迫撃砲の猛射を浴びせられ、過酷な一夜を過ごしました……次の朝、道を歩いていると、数台のトラックが止まり、亡くなった海兵隊員を丁寧に荷台に乗せ始めました。師団の墓地に運ぶためです。遺骸の中に見知った顔があるかもしれないと思い、覗き込みました。遺骸は六体あり、数体は仰向けに横たえられ、残りはうつ伏せの状態でした。後者のひとりは若い金髪の兵卒でした。その兵卒は、交代要員としてやって来たばかりで、やる気に満ち溢れていました。彼は前線に立ち、海兵隊員として立派に戦ったのです。何かが尻ポケットから突き出ていました。忘れもしません。それは黄色の兵隊文庫でした。時間があると読んでいたのでしょう。本の題名だけが見えました——*Our Hearts Were Young and Gay* でした。(10)

兵隊文庫プロジェクト開始から一年以上が過ぎた頃、戦時図書審議会は、兵隊文庫についての兵士の感想をもっと聞きたいと切望するようになった。すでに九か月にわたり、月に一度、兵隊文庫を船で軍に届けていた。戦時図書審議会は、兵士向けの新聞で、兵士が発行に携わる〈スターズ・アンド・ストライプス〉に、「お手紙募集」という見出しの小さな広告を掲載してもらい、感想と意見を寄せてほしいと呼びかけた。[11] 戦時図書審議会の作品の選び方についてどう思いますか？　今後、どのような作品を読みたいですか？　兵隊文庫は長持ちしていますか？

兵士は意見を求められて喜んだ。統制された軍隊生活では、意見を求められることなどほとんどないからである。普段は、これこれのことを行なえと命じられ、その命令に従うだけだった。兵士は、自分の考えを聞いてもらう機会を得て、一般市民に戻ったような気持ちになった。こうして戦時図書審議会のもとには、何袋分もの兵士からの手紙が届いた。手紙には、戦時図書審議会の努力に対する称賛の言葉、読みたいと思う作品の題名、砲弾が飛び交う中で大胆にも兵隊文庫を読んだという話、作品に対する厳しい意見などが記されていた。戦時図書審議会はすべての手紙を読み、そのほとんどに返事を書いた。

兵士の熱烈な手紙から、兵隊文庫の評判は上々で、兵士がそれをどこにでも持ち歩いて読んでいることが分かった。赤十字社の現場責任者はこう述べている。「兵士は、長い列に並んで配食を待ちながら、兵隊文庫を読みます。それは決して珍しいことではありません。映画館にも持っていき、上映開始まで読みます。任務の合間、消灯時間の前の数分間、病院で治療の順番を待つ間、理髪店で髪を切っている間も同様です[12]」南太平洋で任務に就くある少佐は、どの兵士のポケットにも兵隊文庫が入っていると報告している。「兵士は兵隊文庫を持ち歩いています。ジープ、ダック水陸両用車、アリゲーター水陸両用車、ウィーゼル水陸両用車、戦車揚陸艦、上陸用舟艇の中でも、司令所でコーヒーが入るまでの間も兵隊文庫を読んでいます[13]」ある兵士は、航空母艦インディペンデンスから手紙を送っている。「兵隊文庫はとても人気があります……隊員の尻ポケットを見ると、十中八九、兵隊文庫が突き出ています！[14]」イギリスの病院からも手紙が届いた。「前線で戦う空挺歩兵から後方勤務の主計科の兵士まで、兵隊文庫を読んでいます。彼らは、以前は読書などしていなかった若者たちです[15]」

軍隊生活において兵隊文庫は特別な存在だ、という称賛の言葉が多くの手紙に綴《つづ》られていた。ある少尉はこう断言している。「私たちは訓練を受け、妻や恋人を残して海を渡り、規律に縛られた生活を送っています。でも、軍隊生活には、他では得られないものがあります。それはタバコやチョコレート・バーではありません。心を揺さぶる小さな本――兵隊文庫です。この本は、気高《けだか》い志と遊び心を持ち、良いものを良いと認める人によって作られた、本当に（なんとも独創的な）すばらしい本です[16]」ある兵士の手紙には、こう記されている。「あなた方のことやあなた方の組織のことは良く知りませんが……兵役に就く僕たち皆に、こんなに便利な本をたくさん送っていただき、感謝しています[17]」インドに駐留する大尉は、「ゼーン・グレイからプラトンまで」出版している戦時図書審議会に対し、「衷心からの感謝の念[18]」を表した。イタリアで任務にあたる兵士は、兵隊文庫を「砂漠に降る雨[19]」に喩えた。「楽しみ、憩い、刺激を与えてくれるのは読書だけ、という場合が多々あります。だから、兵隊文庫は歓迎されるのです」

兵士は、兵隊文庫が長い航海に大きな変化をもたらすことを知った。ある水兵は、カリフォルニアからパールハーバーへ船で移動した時のことを戦時図書審議会への手紙に綴っている。乗船した八百人の水兵には、「六日間の退屈な航海[20]」が待っていた。図書係が箱いっぱいの兵隊文庫を出すと、水兵は、まるで「箱いっぱいのチョコレートを目の前にした子供」のように喜び、兵隊文庫を掴み取った。「兵隊文庫のおかげで、水兵は長い船上生活を楽しく愉快に過ごしました」別の水兵は次のように記している。「入隊してしばらく経ちますが、兵隊文庫よりも価値のあるもの（あるいは、何らかの点で兵隊文庫に匹敵するもの）などない、という考えは変わりません[21]」

戦時図書審議会が毎月送る作品の主題やジャンルは多岐にわたった。兵士はそのことも評価した。ゼーン・グレイの西部小説や、ターザン・シリーズのような幼稚な作品しかないのではないかと心配していたある歩兵は、「そのような、恐ろしくくだらない本は入っていませんでした……まったく嬉しい限りです[22]」と手紙に綴っている（戦時図書審議会は後に、グレイの西部小説とターザン・シリーズの二作品を兵隊文庫として出版している）。ある兵士は、戦時図書審議会の選定委員は「勲章を受けるに値する[23]」と手紙に記している。選定委員が、「平均的な兵士の知的好奇心」を満足させる作品を選んでいたからである。

好きな作家の作品が兵隊文庫として出版されると、兵士は、なんとしてもそれを手に入れようとした。兵隊文庫の裏見返しには、同じ月に出版された作品の題名が記載されており、その中に読みたい作品があると、兵士は基地を徹底的に探した。ある軍曹はこう叫んでいる。「ここ数日、私は娯楽室の中を探し、赤十字社の職員に尋ね、図書館の書架を見て回り、兵舎をしらみつぶしに探しています――どこにあるのだろう⁇ G-183! G-183! G-183! そう、私が欲しいのはG-183なのです」[24] G-183は、軍曹のお気に入りの作家H・アレン・スミスの *Low Man on a Totem Pole* である。軍曹は、お金を払うので一冊送ってほしいと戦時図書審議会に頼んだ。イギリスに駐留する兵士は、『聖衣』と『ブルックリン横町』を送ってほしいという依頼の手紙を書いた。基地をくまなく探し、特別業務部の人間にも探してもらったが、一冊も見つからなかったのだ。「兵隊文庫がどれほど僕らに喜びを与えているか、あなた方には見当もつかないでしょう」[25]

戦時図書審議会のもとに、要望が続々と寄せられた。兵士は好きな作家の作品や人気の作品を求めていた。軍にはあらゆる階層の人間がおり、好みは千差万別だった。それが兵士からの手紙によってはっきりしたため、戦時図書審議会は、引き続き様々な種類の作品を各シリーズに入れるよう心がけた。

ある兵士は助言を行なっている。多くの兵士が、アレクサンドル・デュマとバルザックの小説、それに『アンナ・カレーニナ』を読みたがっています（これは事実です）。それから、もう少し歴史小説を増やしてください。古典は、毎月出版しても良いのではないでしょうか[26]」部隊の全隊員の署名が記された、請願書のような手紙も届いた。隊員らは、辞書とエイサ・ウィルガスの *Tad Potter* を所望した[27]。*Tad Potter* はある青年の物語である。青年は、ニューイングランドにある家族の農場で暮らすか、愛する女性と一緒に大都会へ出るかの選択を迫られる。琉球諸島の野戦病院の図書係は、*Tad Potter* を兵隊文庫にすることに賛成した。「この作品なら、〝売り込み〟をしなくても良いでしょう。最初のページの、少年がスプリングの家に戻ってくる部分を読むだけで、兵士は作品に引き込まれるはずです[28]」ある病院からは、シェイクスピアやジョージ・バーナード・ショーの戯曲、ブロードウェイ喜劇を加えてほしいという要望が寄せられた[29]。古典を好む者もいれば、それを嫌う者もいた。ある軍曹は、戦時図書審議会の活動を称賛した後、こう述べている。「これだけは言っておきます。兵士は皆、フィクションが好きですが、現代物の方を好みます[30]」ある兵士の唯一の不満は、スポーツ関連の作品が少ないことだった[31]。また、ある工兵はこう綴っている。「僕は歴史物と伝記が好きですが、あなた方が選んだ本は、どれも決して無視できない、一読に値する本です[32]」

参戦国について書かれた書籍を求める兵士も多かった。太平洋地域に駐留するある伍長は、極東地域の歴史を知っている兵士がごくわずかしかいないという事実に気づいて愕然とし、極東地域の文化と歴史に関する作品を兵隊文庫にしてほしい、と戦時図書審議会に要請した。イギリスと北アフリカに関する歴史書は兵隊文庫になっているが、残念ながら、フランス、ロシア、中国、インドに関する歴史書はない、とある上等兵はニューカレドニアから書き送っている。「これらの国に関する歴史書と、枢軸国の近代史や国民のことが分かる本を出版してください。外交政策に対する、陸兵と水兵の理解を促すためです[33]」

兵士は、愛する者への手紙にも、兵隊文庫に夢中になっていることや自分が読みたい作品について書いた。兵士が兵隊文庫をどれほど望んでいるかを知った母親、妻、姉、妹、恋人は、兵隊文庫を購入できるかどうかを、戦時図書審議会に手紙で問い合わせた[34]。兵士に送る救援小包に兵隊文庫を入れようと思ったからだ。ドイツの捕虜収容所に収監されていたアメリカ軍兵士の妻は、ドイツの検閲に引っかからない兵隊文庫を送ってほしいと依頼した。海軍のある看護婦は、兵隊文庫が患者から熱狂的に受け入れられていることを戦時図書審議会に伝えた[35]。また、陸軍に所属している兄が、兵隊文庫の数が少ないと不満をこぼしているから、兄に兵隊文庫を送ってもらえないだろうかと頼んだ。ある女性も、兄のために戦時図書審議会に手紙を書いた。彼女の兄は、駐屯地の兵士の間で回し読みされている兵隊文庫について彼女に詳しく伝え、三つの読みたい作品がどうしても見つからないので、彼女に助けを請うたのだ。「その三つの本は、兄にとって何よりの贈り物なのです[36]」

戦時図書審議会は、要望に応えるために、どの戦場や部隊が兵隊文庫を必要としているかを特別業務部に伝えた。兵隊文庫を個人宛に送ることはできなかった。製作した兵隊文庫はすべて陸軍と海軍に渡すという契約を結んでいたからだ[37]。レンドリース法（武器貸与法）に基づき、オーストラリアに兵隊文庫を五百セット供給してほしい、という財務省の要請も拒否している。しかし、戦時図書審議会が契約を守らないこともあった。あるオランダ人男性は、自宅をアメリカ軍に宿として提供していた。この男性の家に数週間泊まっていた将校は本好きで、兵隊文庫を何冊も持っていたが、お気に入りの『ターザン』を手に入れていなかった。オランダ人男性は戦時図書審議会に手紙を書いた。「来月、彼は誕生日を迎えます。誕生日に、その本を贈りたいと思っています[38]」ところが、困ったことに、オランダでは英語版が入手できない。そのため、「一般市民に兵隊文庫を送る例」はないことを知っていたが、特別な措置を取ってほしいと頼んだ。

あるオーストラリア軍兵士も兵隊文庫を所望した。彼はアメリカ軍との共同作戦に参加した際、『打撃王ルー・ゲーリック』を読んだ。「僕自身も熱心な野球選手です。だから、この本を手にした時、喩えようのない興奮を覚えました[39]」アメリカ軍が移動する前にざっと読んだだけだったので、もっとじっくり味わいたいと思った。「兵隊文庫を手にする権利があるのは貴国の兵士だけだということは承知していますが、私に一冊送っていただければ幸甚です」

戦時図書審議会は、通常はこうした願いを聞き入れなかったが、オランダ人男性に『ターザン』を一冊郵送し、オーストラリア軍兵士にも野球関連の兵隊文庫が数冊入った小包を送った[40]。

ある作品が評判になると、次に誰がその作品を読めるのかが分かるように、順番待ち名簿が作成された。順番を待てない者は、（何箱かのタバコ、お金、スナックバーなどを渡して）順番を譲ってもらった。戦時図書審議会のもとには、評判の良い作品をもっと送ってほしいという希望が記された手紙が山のように届いた。

兵士は、古典、スポーツ関連本、現代を舞台にしたフィクション、歴史書などを希望したが、その中の幾つかの作品が戦時図書審議会の委員の間に波紋を呼び、論争を巻き起こした。西アフリカの黄金海岸で任務に就くある兵士は、そうした作品を所望した者のひとりである。兵士が本当に求めていたのは、『永遠のアンバー』、*Strange Fruit*、ティファニー・セイヤーの *The Three Musketeers* といった作品だった。「兵士に一番読まれている本は、率直に言いますと――セックス描写のある本です。そういう描写が多いものが良いのです[41]」幸い、この兵士の部隊は、『永遠のアンバー』と *Strange Fruit* を入手できたが(おそらく、隊員の誰かが家族に送ってもらったのだろう)、『永遠のアンバー』の順番待ち名簿には三十人以上の兵士の名前が連なり、*Strange Fruit* の方も同様だった。そのため、あと何冊か必要だったが、兵士は、できれば兵隊文庫として出版してほしいと思っていた。兵隊文庫の方が小さくて便利だからだ。これらの作品を所望する者は他にも大勢いた。アリューシャン列島からの兵士の手紙には、「キャスリーン・ウィンザーの小説『永遠のアンバー』を読みたいと僕らは熱望しています[42]」と記されている。ある兵士は、「ひどく手ずれのした本があります。それは、『永遠のアンバー』です[43]」と言っている。

このふたつの作品を求める声は、戦時図書審議会の委員の間に動揺を生んだ。ボストンは、*Strange Fruit* と『永遠のアンバー』を猥褻《わいせつ》な作品と見なし、発禁処分にした[44](ある大尉は禁書に心が引かれた。「私たちは、『永遠のアンバー』を待ち望んでいます。故郷では、この本が興奮を巻き起こしているようです。ボストンで禁書扱いになっている本に誰もが興味津々です

――興味をそそられない人などいますか？」)。リリアン・スミスの *Strange Fruit* は、アメリカでベストセラーになった。エレノア・ルーズヴェルト大統領夫人は、社会の微妙な問題を描いた心打たれる作品だと称賛している[46]。これは、人種の異なる男女の物語である。ふたりは愛し合い、女性が妊娠するが、異人種間の結婚が法律で禁じられていたため、結婚できなかった。そして、子供が生まれた後、男性は殺害される。さらに、ある男性は殺人の濡れ衣を着せられ、リンチを受ける。*Strange Fruit* は決して猥褻な作品ではなく、民主主義国における社会的不平等の問題と偽善を描いている。アメリカでは、市民に平等な権利が与えられていなかった。この作品には、登場人物が服を脱いで肢体を露《あらわ》にするなど、官能的な場面もある。『永遠のアンバー』もベストセラーになった[47]。これは、アンバーという名の娘の物語である。アンバーは、富と権力を持つ数々の男性と情交を結び、あるいは結婚し、イギリスの上流階級への階段を上っていく。遂にはチャールズ二世の愛妾になるものの、実は、アンバーはひとりの男性のことをずっと想っていた。エレノア・ルーズヴェルトは、この作品には称賛の言葉を送っていない。

兵士は性的な欲求不満を抱えていたが、戦時図書審議会の委員の中には、兵士の色欲を満たすために書籍を送ることに戸惑いを覚える者もいた。議論が沸騰したため、フィリップ・ヴァン・ドーレン・スターンは、この問題を理事会で俎上《そじょう》に載せた。「編集委員会の一部の委員が、このふたつの本を認めようとしません……彼らは、これらの本をくず同然の代物だと思っています[48]」理事の面々は編集委員の意見に惑わされなかった。理事会の議事録にこう記されている。「これらの本は兵士の役に立つと思われる。海外で戦う青年らがこれらを読むことで、彼らの望み通りに緊張から解放されるのならば、編集委員会は、これらの本に喜んで承認を与えるべきである」結局、戦時図書審議会は兵士に送る作品の種類を制限せず、多様な作品を提供すべきだという判断を下した。アメリカ軍は自由を守るために戦っているのだから、どのような作品でも――くず同然の代物でも、兵士が自由に読めるようにすべきだと考えたのである。

戦時図書審議会は、「『永遠のアンバー』と *Strange Fruit* を兵隊文庫として出版します[49]」と兵士に伝えた。戦時図書審議会の決断に世界各地の兵士が感謝した。また、作品を独自に選定し、物議を醸《かも》している作品も進んで出版する戦時図書審議会の姿勢に、多くの兵士が敬意を表した。出版させまいとする宗教組織などの圧力に屈するな、と励ます兵士もいた。ある歩兵はこう訴えている。「どこかの組織が選定に口を挟んできたら、無視してください。断固として無視してください。もしも、矯風団《きょうふうだん》の人間が近づいてきたら、いかにも馬鹿にしたように横目で見ながら、失せろと言ってください[50]」しかし、兵士は心配する必要などなかった。戦時図書審議会の理事アーチボルド・オグデンは、ボストンで禁書に指定された作品が兵隊文庫として出版されることが決まって大喜びした。オグデンは、「入隊したボストンの子らが読む、おぞましい本の数々」という見出しの記事の中で次のように述べ、ボストンの新聞に対抗した。「軍の図書館に自著を置いてほしいと思ったら、ボストンで発禁処分にしてもらえば良いようだ[51]」

戦時図書審議会のもとには、戦闘中に兵隊文庫を読んだ時の様子が生々しく綴られた手紙も届いた。ある兵士はルクセンブルクから手紙を送った[52]。「僕は、じめじめして、底がぬかるんだ蛸壺から這い出してきたばかりです。蛸壺とは細い塹壕のことです。今は異国の新鮮な空気を吸っていますが、数分後にはきっと、転がるように蛸壺に飛び込むでしょう。ドイツ軍がひっきりなしに砲弾の雨を降らせるからです」彼は数日間、このいたちごっこを続けていた。数日前、ドイツ軍による一斉砲撃が始まった。「砲弾が弧を描いて飛んでくるので、分厚い屋根を持つ、地下深い要塞に避難し、無我夢中で祈りました。それから、懐中電灯の明かりを頼りに兵隊文庫を読みました。トマス・R・セント・ジョージ伍長の *C/O Postmaster* です。外で死の音が鳴り響いていたけれど、伍長の体験記を読んだら元気になれました」

ある大佐と彼の指揮下の兵士は、『ブルックリン横町』のおかげで心を強く保てた。大佐は、そのことを伝える義務があると思い、手紙を書いた。彼は、自身が率いる「軽対空砲大隊」を「対空、対戦車、対人砲大隊[53]」と呼んでいた。

先日、かなり厳しい状況の中、私は大砲のひとつを点検していました。砲を設置している穴に入るや、ドイツ軍が八八ミリ対空砲を撃ち始めました。砲撃の間は生きた心地もしませんでした。まず、ひゅうひゅうという砲弾の飛ぶ音が聞こえ、それから砲弾が炸裂します（こっちに飛んでくるな――誰もがそう願います）。砲撃のさなか、ふと見ると、隊員のひとりが本を読んでいました。何を読んでいるのだと尋ねると、彼は『ブルックリン横町』ですと答えました。そして、〝乳離れできないガッシー〟の部分を私たちに読んでくれました。砲弾が炸裂する中、皆で腹を抱えて笑いました。じつに愉快でした。

部隊はドイツ軍の攻撃をしのぎ切った。その後、大佐は『ブルックリン横町』を読んでみようと思い立った。基地の中を探し回り、ようやく一冊見つけ、読み始めた。ところが、再び攻撃が始まった。「縦隊を組んで進んでいると、道路の上方にある森に潜むドイツ軍の大隊が攻撃を仕掛けてきたので、私たちは溝に飛び込みました。それから凄まじい応酬が始まり、しばらくは、その場から動けませんでした」その間、大佐は、あの本を読みたいという誘惑に駆られた。「私は先頭に立ち、隊員に二、三指示を出し、丘を越えました」戦闘は一日中続き、大佐は負傷してしまった。そんな状況下でも、主人公のフランシー・ノーランやブルックリン、ニューヨークのことが脳裏から離れなかった。「猛烈な攻撃にさらされながらも、あの本のことを考えていました。それくらい面白かったのです」大佐はそれほど本が好きではなかった（ウェストポイント陸軍士官学校で学んだが、士官学校の図書館には、命じられた時に行く程度だった）。けれども、『ブルックリン横町』だけは別だった。「前線のある場所に設《もう》けた、明かりのない司令所において、心からの感謝の気持ちを込めながら、この手紙を書いています」

次は、ある兵卒の話である。彼が所属する部隊が戦闘に向かう直前、タバコと兵隊文庫が届いた。彼はリットン・ストレイチーの『ヴィクトリア女王』を手に取って読み始めた。しかし、数章読んだところで戦闘が始まった。部隊は、砲弾を浴びながらも少しずつ前進したが、「迫撃砲と機関銃による攻撃が始まると身動きがとれなくなった(54)」弾が風を切って飛んでくるのに身を隠す場所がなく、追い詰められた彼は、いばらの茂みに飛び込んだ。「しっかりしているように見えた」からだが、いばらの茂みが体の重みでつぶれ、彼は茂みの下にある深い穴に落ちて怪我をした。穴は狭く、手足を伸ばせず、彼は体をくねらせた。その時、ポケットに小さな何かが入っているのを感じた。それは『ヴィクトリア女王』だった。地上は「とても〝熱い〟状況」だったため――時おり、すぐ近くで砲弾が炸裂した――砲撃が止み、助けが来るまで待つしかなかった。

彼は兵隊文庫を読み始めた。「じたばたしてもしかたないと思いました。まったくのお手上げ状態だったのです」ひとつの砲弾が、二十五フィートほどしか離れていない場所で炸裂した。砲弾の直撃を受けてもおかしくない状況だったが、「何かしたところで事態は変わらない」と思い、「なるようになれ」と開き直り、ひたすら『ヴィクトリア女王』のページを繰った。すると気持ちが落ち着き、雑念が消えた。やがて砲撃が止み、彼は病院へ運ばれた。それから数日後、病院のベッドの上で本を読み終えた。

戦時図書審議会のもとには、称賛の手紙だけでなく、わずかながら批判の手紙も届いた。しかし、異国で戦う兵士にとって兵隊文庫が重要な存在になっているという事実が、批判の手紙によって一層明らかになった。兵隊文庫には幾つかの問題があり、それらは主に〝二作品同時印刷〟に起因していた。この方法で印刷して製本すると、時々、ページがきちんと揃っていない本ができた。例えば、落丁本である。どういうわけか、二十ページ以上抜け落ちていることもあった。ジョン・T・ウィテカーの*We Cannot Escape History*を読んだある伍長は、こう不平を述べている。「二十六ページから五十九ページまでが抜けており、五十九ページから九十ページまでが二度入っています[55]」

ある軍曹は、ある作品を長い時間をかけて読んだ後、戦時図書審議会に手紙を送った。「兵隊文庫で兵士を元気づけるのがあなた方の務めなら、あなた方はその務めを果たしていないと考えるべきでしょう。なぜなら、私は元気ではないからです。はっきり申しますと、私は憤激しています[56]」軍曹は自分の怒りを「控えめに」表現してから、「憤激」の理由を説明している。「*The Gaunt Woman*の山場の部分が二十五ページほど抜けています。誰かがページを破り取ったわけではありません。いいですか、初めからないのです」*The Gaunt Woman*は手に汗握る物語である。漁船〈ダニエル・ウェブスター〉の船長が、捕った魚を水揚げするためにグロスターの港へ向かうのだが、漁船が通る海域にナチスの潜水艦が展開している。この物語には、ロマンスも織り込まれている。軍曹は、ページが抜けていることが分かると、かんかんに怒り、兵隊文庫を放り投げてしまった。「船長が娘を救出するのか、はたまた、船長が殺されるのか」を知ることができなかったからだ。「私はこれまで、苦情の手紙を書いたことなどありませんが、良書の入手が極めて困難な今こそ、一兵士の怒りの声を伝えるべきだと思った次第です」軍曹は、印刷会社に対し、今後は間違いが起きないよう十分気をつけてほしいと懇願した。このような間違いは、少なくとも彼には「苦悶《くもん》」を与えるからだ。

一か月も経たないうちに、軍曹は、フィリップ・ヴァン・ドーレン・スターンに感謝の手紙を送った。戦時図書審議会が、ページの揃った *The Gaunt Woman* を送ってくれたからだ。軍曹は、怒りに任せて手紙を書いたことを恥ずかしく思い、その気持ちを伝えた。「ここでは、私たちは時間を持て余しており、〝退屈との戦い〟を戦っています。兵隊文庫は、そんな私たちの大きな助けになっています。兵隊文庫のおかげで、私も仲間も知識が増えました……戦争が終わった頃には、ずっと賢くなっているでしょう[57]」

〝二作品同時印刷〟を行なうと、片方の作品のページが、もう片方の作品に入り込むこともあった。ある上等兵の手紙にそのような事例が記されている。彼が所属する部隊のもとに、兵隊文庫が入った小包が届いた。兵隊文庫があれば、「幸せで満たされたひと時[58]」を過ごせる。目移りするほど魅力的な作品が揃うなかで、あれこれ迷った末、彼はベン・エイムズ・ウィリアムズの *The Strange Woman* を選んだ。これは、手練手管《てれんてくだ》に長《た》けた若い女性の物語である。女性は自分の利益のために友人や恋人を欺《あざむ》く。ところが、自分が仕掛けた策略の網にかかってしまう。「まさに巻を措《お》く能《あた》わずの面白さで、すっかり夢中になりました。でも、途中で大いに失望しました。十六ページ分まるまる抜けていたのです。その部分には、『ヘンリー・アダムズの教育』の十六ページ分が入っていました」一字一句逃さず読んでいた彼は、『ヘンリー・アダムズの教育』を血眼《ちまなこ》になって探し出した。*The Strange Woman* の抜けているページが入っているのではないかと思ったからだ。しかし、入っていなかった。「どうかこの問題を解決してください。これは決して些細な問題ではありません。このような状態の本には何の価値もありません」

兵隊文庫の欠陥についての報告を受けると、戦時図書審議会は速やかに、兵士の不満を解消するための措置を取った。個人には送らないという方針だったが、欠陥があった場合は、謝罪の手紙を添えて、完全な兵隊文庫を送った。

欠陥のある兵隊文庫に関する苦情には比較的うまく対応できたものの、個人的な意見が寄せられると、対応に苦慮することもあった。特に、作品の内容に対する意見の場合は厄介だった。戦時図書審議会は、戦時下に読むものとして適当だと考える作品を兵隊文庫にしたが、複数の兵士が幾つかの作品を問題視し、それらの作品を戦時図書審議会が前線に送ったことに疑念を抱いた。*North Africa* を読んだある兵卒は、「戦時図書審議会内に第五列（対敵協力者）が存在する」[59]と考え、激しい怒りを覚え、それが誰なのか突き止めなければならないと思った。彼は手紙の中で、戦時図書審議会がこの作品を兵隊文庫として出版したことに「猛烈」に抗議し、説明を求めた。「何のために僕たちが戦っていると思っているのですか?」「あなた方は、この本が兵士の役に立つと判断し、貴重な紙を使って出版しました。それについて、どう弁解するつもりですか?」「他にもっと良い本がないのなら、いっそ何も出版しない方が良かったのです」*North Africa* は、北アフリカの地理、経済、歴史について書かれた本だが、一八八〇年代のフランスによる北アフリカの植民地化について肯定的に述べた部分があり、彼はそれを問題視した（フランスによる植民地化は、ドイツのヨーロッパにおける領土拡大と変わらないと考えたのだろう）。

ウィリアム・スローンは、戦時図書審議会を代表して返事を書いた。「私たちの組織に、第五列は存在しません。私の知る限り、貴君の意見と同様の意見は届いていません」[60]スローンは、「今後は細心の注意を払います」と約束し、他の既刊作品が貴君に認められることを願っていますと記した。兵卒の手紙には批判的な言葉が書き連ねてあったが、スローンはいくらかの満足感を得た。「私たちの望み通り、兵隊文庫がアメリカ軍兵士の知的好奇心を育て、高めているからです」

ある兵士は手紙の中で、マックス・ブランドの西部小説 *The Iron Trail* をやんわりと批判している。この作品では、ある無法者が真っ当に生きようと決意するのだが、地元の犯罪者が宝石強盗を働き、無法者が犯人であることを指し示すものを現場に残していく。親独的な内容が含まれているわけではないが、兵士は次のように述べている。「この本は、ドイツにおいて、今月の推薦図書に選ばれるのではないでしょうか？」[61]そして、「兵隊文庫は戦時の教育に――おそらく一番――役立っているもの」だと評価した後、こう続けている。「戦時図書審議会の中で信頼のおける人物が、出版前に、*The Iron Trail* を精読したのでしょうか」

戦時図書審議会は、〈スターズ・アンド・ストライプス〉上で、兵隊文庫に関する意見を寄せてほしいと兵士に呼びかけ、多くの手紙を受け取った。その中に、陸軍婦人部隊（ＷＡＣ）と海軍婦人予備部隊（ＷＡＶＥ）の隊員からの手紙はなかった。というのも、兵隊文庫は男性兵士にのみ供給されていたからである。陸軍婦人部隊と海軍婦人予備部隊には、〈グッド・ハウスキーピング〉や〈レディース・ホーム・ジャーナル〉といった女性誌からなる、特別な雑誌セットだけが供給された。兵隊文庫は、恐ろしい戦闘に従事する兵士が、士気を高めるための書籍を携行できるように作られたものである。そのため、非戦闘員である女性兵士に供給する必要はないと陸海軍は考えたのだ。女性兵士はハードカバーが揃った図書館を利用できるという理由もあった。兵隊文庫として出版された作品は千二百作品に上る。もし、第二次世界大戦で多くの女性が戦闘に参加していたら、いったいどれほどの数の作品が兵隊文庫になっていたのだろうか。

戦時図書審議会は、兵隊文庫に対して兵士がどんな評価を下すだろうかと心配したが、杞憂に終わった。ある陸軍軍医はこう記している。「マルヌ会戦以降、軍の能力の向上に最も役立ったのはペニシリンであり、その次に役立ったのが兵隊文庫である[62]」世界各地から届いた手紙により、兵隊文庫が、戦時図書審議会の期待通りの役割を果たしていることが明らかになった。兵隊文庫によって、兵士は退屈を紛《まぎ》らし、元気になり、笑い、希望を持ち、現実から逃れることができた。各人の好みに合う一冊が必ずあり、漫画 *Sad Sack* を読む者もいれば、プラトンの著書を読む者もいた。誰もが読書を楽しんだ。「以前は本を開いたことすらなかった、という兵士が絶対に半分はいます……賭けてもいいです[63]」とある兵士は語っている。「皆が読むので、どの兵隊文庫も文字が読めなくなるほど汚れました」兵隊文庫がぼろぼろになっても、兵士は大事にした。「僕たちは、おばあちゃんを打《ぶ》つことなどできません。それと同じように、兵隊文庫をごみ箱に捨てることなどできないのです」

第八章

検閲とフランクリン・デラノ・ルーズヴェルトの四期目

どの本を陸軍兵士に読ませるか、という判断を陸軍軍務局長に委ねるくらいなら、ナチスと戦うのを止め、ナチスの仲間になる方がましである。

——バージニア州の〈リンチバーグ・デイリー・アドバンス〉(1944年)(1)

一九四四年の夏、兵隊文庫を称賛する声が続々と寄せられた。[2] その一方で、戦時図書審議会はひとつの戦い――検閲との戦いに直面していた。戦時図書審議会は、ある程度の選定基準を設《もう》けていたが（例えば、敵を利すると思われる内容や差別的な内容を含む作品を除外した）、様々な視点から検討し、多様な作品を出版するよう努めていた。このように寛容な姿勢を取ったため、時に政府と対立した。一九四三年、ルイス・アダミックの『わが祖国ユーゴスラヴィアの人々』を兵隊文庫として出版した時は、囂々《ごうごう》たる非難を浴びている。十年近く前に発行されたこの作品の初版には、共産主義を擁護する内容が含まれていた。ミシガン州出身の共和党下院議員ジョージ・A・ドンデロは、戦時図書審議会がこの作品を兵士に供給したと知ると、民主主義を否定するような内容を含む作品をアメリカ軍兵士に送った理由を問いただした。しかし、問題の箇所は、改訂版では削除されており、戦時図書審議会は改訂版を兵隊文庫として出版していた。この事実が判明すると、非難の声は止んだ。

一九四四年、連邦議会が軍人投票法を改正したため、検閲との戦いは激しさを増した。一九四二年の選挙では、軍人投票法がうまく機能しなかった[3]（一九四二年の選挙で不在者投票を行なった兵士の数は――数百万人の兵士がいたのだが――二万八千人にとどまっている）。連邦議会は、軍人と故郷を離れて戦時の仕事に携わる者（例えば、赤十字社の職員）の投票参加を促すために、改正案をまとめた。軍人投票法は、各州で独自に改正されたわけではない。投票方法を統一するために、連邦議会が改正したのである。海軍長官フランク・ノックスと陸軍長官ヘンリー・スティムソンが連名で議会に送った手紙にこう記されている。「四十八州の投票の手続き方法がそれぞれ異なると、予備選挙、補欠選挙、本選挙において、世界各地の兵士千百万人分の手続きをすべて滞《とどこお》りなく行なうのは難しい(4)」

一九四三年の後半、議会は法案の作成作業を進めた。法案がまとまり始めた頃、共和党のロバート・A・タフトとある政界の有力者は、民主党政権が、選挙戦を有利に運ぶべく民主党寄りの作品を兵士に供給するおそれがあるとし、何か手だてを講じる必要があると主張した(5)。タフトは、オハイオ州選出の上院議員で、チャールズ・P・タフトの兄にあたる人物である。彼はルーズヴェルトの四期目出馬に強く反対し、法律によって禁止しない限り、民主党が書籍をプロパガンダに利用すると考えた。タフトは、一九四四年の軍人投票法案に第五章を加えるよう求めた。第五章は、政治について触れた箇所がある書籍などの読み物を、政府が兵士に供給することを禁止するものである。チャールズ・タフトは、戦勝図書運動への資金援助を止めるべきだと主張して一九四三年の運動を阻止しようとした。そして、彼の兄が提案した、軍人投票法案に対する修正案は、戦時図書審議会の選定作業に影響を及ぼし、アメリカの自由をさらに脅《おびや》かした。兵士に書籍を送る活動に携わる者にとって、最大の脅威となる人物が、奇《く》しくも兄弟だったのである。

一九四四年の冬、軍人投票法案は修正され、一九四四年三月、上院と下院に送付された。上院は、タフトの修正案に検討を加えることなく、法案を可決した。軍人投票法案は最良の案とは言えないが、これによって兵士が選挙に参加しやすくなると判断したのだ(6)。三月十五日、下院で法案が審議にかけられ、党派的な激しい議論が繰り広げられた。

兵士の多くは、来《きた》る大統領選挙でルーズヴェルトに投票しようと考えており、それは周知の事実だった。一九四四年二月、南太平洋戦線の兵士を対象とした調査において、陸兵、水兵、海兵隊員の六九パーセントが、四期目を目指すルーズヴェルトに投票すると答えた(7)。また、七七パーセントが、「現行の体制」下のアメリカに帰りたいと思っていた。政治的な思惑から、共和党は在外選挙における手続きを複雑にしようとし、民主党はそれを簡略化しようとした。一九四四年三月、法案が下院に送付されて審議が始まるが、両党は、兵士のために投票について議論を交わすのではなく、自党に有利な投票方法にするために議論するようになった。

下院における議論は中傷合戦に発展した。民主党は、共和党が投票方法をわざとややこしくしようとしていると言って非難した。一方、共和党は、在外選挙では〝省略投票用紙(8)〟を使用すべきだと主張する民主党を攻撃した(国内で使用される投票用紙とは違い、〝省略投票用紙〟には候補者名が記されておらず、投票者は、大統領、副大統領、上院議員などの役職名の横に、投票したい候補者の名前を自分で書かなければならない)。民主党の大統領候補者であるルーズヴェルトは、十二年間大統領の地位にあり、誰もが彼の名前を良く知っているため、省略投票用紙はルーズヴェルトに有利に働く、と共和党は考えたのである。また、両党の下院議員から、軍人投票法案は複雑になりすぎているという意見が相次いだ。民主党下院議員ダニエル・ホックはこう述べている。「兵士は、投票用紙を得るために、三つの異なる誓約を行なわなければならない。誓約した後、所定の期日までに投票用紙が出身州に到着し、知事に承認されれば、受理される。私が兵士なら途中で閉口し、棄権するだろう[9]」共和党下院議員リーランド・フォードはこんな風に語っている。「最終的に、ごちゃごちゃして分かりにくくなる法案は数多くあるが、その中でも極めつきは、いわゆる軍人投票法案だ。この法案は複雑怪奇だ」

様々な意見が噴出したものの、法案は可決された。ルーズヴェルト大統領は、法案に対して拒否権を行使したわけではないが、「まったく不適当で不明確な法案[10]」だと述べている。結局、〝省略投票用紙〟が使用されることが決まり、各州は、陸軍長官と海軍長官に、海外配布用の候補者名簿を送ることになった[11]。

議会では激論が戦わされたが、タフト上院議員が法案に加えるよう求めた第五章は、ほとんど争点にならなかった。第五章は、「連邦選挙の結果に影響を与えるために作為的になされた、又は計画された、あらゆる種類の政治的意見又は政治的プロパガンダを含む雑誌……新聞、映画、文献、資料を……政府の資金を用いて、又は一部政府資金を用いて供給する[12]」ことを禁止するものである。第五章は一見、単純なものに思える。しかし、何がプロパガンダと見なされるのか？　政治に関する記述があるノンフィクションはすべて含まれるのか？　違反した者は刑事告発される。有罪判決を受けた場合、千ドル以下の罰金又は一年の禁固刑、あるいはその両方が科されるのである。

陸軍省は、兵隊文庫もこの法律の影響を受けるということを、戦時図書審議会にただちに知らせた。「第五章の規制対象はあいまいで（文献、資料という言葉が使用されている）、あらゆる情報媒体、娯楽媒体が対象になり得る。条文中に、〝連邦選挙の結果に影響を与えるために作為的になされた、又は計画された、あらゆる種類の政治的意見又は政治的プロパガンダ〟とあり、様々なものが対象になる」[13]法律に違反したら刑罰を受けるため、「〝連邦選挙の結果に影響を与えるために作為的になされた、又は計画された〟ものかもしれないという合理的な疑いがある場合、出版しない方が良い」と陸軍省は助言した。戦時図書審議会は、政治に関する事柄に触れた書籍の出版を控えるよう促された。しかし、もちろん刑務所行きは嫌だが、本を読む自由を制限するような法律に従うつもりもなかった。

フィリップ・ヴァン・ドーレン・スターンは、第五章に違反しないように、兵隊文庫の候補作品を調べ、政治的な事柄について述べた文章や段落を削除する必要があると考えた。そのため、戦時図書審議会がそれらを削除することを包括的に許可するよう出版社に求めた。スターンは、「第五章は極めて明快」[14]で、戦時図書審議会はそれに従うべきであり、「従う以外に選択の余地はない」という内容の手紙を、一部の出版社、陸軍省、海軍省、戦時図書審議会の委員全員に送った。けれども、スターンの提案は即刻拒否された。サイモン＆シュスター社のリチャード・サイモンは、次のような返事を書いている。「あなたがこのような手紙を送るとは残念です。あなたの手紙はたいへん言い訳がましく、また、あなたが怖気《おじけ》づいてしまったことが窺い知れます。第五章は明快ではありません。〝連邦選挙に影響を与えるために作為的になされた、又は計画された、あらゆる種類の……政治的プロパガンダ〟という表現よりも不明瞭であいまいな表現は、私には到底思いつきません」[15]陸海軍もサイモンと同じ意見であり、承認を得るために作品に手を加えるという考え方に与《くみ》しなかった。[16]海軍の記録にこう記されている。「一部でも削除すれば、確実に作者の意図を歪《ゆが》めることになる。さらに悪いことに、陸軍省と海軍省は兵士に〝真実の半面〟しか示していない、と間違いなく非難されるだろう。守るべき信念のひとつに反することを行なえば、兵士の心に、極めて好ましくない影響、いや、危険とすら言える影響を与えるだろう」[17]問題と思われる部分を削除するよりも、初めから出版しない方が良いのである。

この春、政府は本当に自由を守る気があるのだろうか、という疑念を委員に抱かせるような出来事が相次いだ。まず、リリアン・スミスの *Strange Fruit* が出版された際、ひとつの出来事が起こった。この作品は、重大な社会的、文化的問題を大胆且つ鋭く取り上げており、多くの評論家から高く評価されたが、[18]ボストンとデトロイトは、猥褻《わいせつ》図書として発禁処分に付した。ボストンは、軽い気持ちで発禁処分にしたわけではない。マサチューセッツ州で書店を営むアブラハム・アイゼンシュタットは、発禁になった *Strange Fruit* を自分の店で販売したため逮捕され、裁判にかけられた。そして、「淫《みだ》らで卑猥《ひわい》な表現が含まれており、明らかに若者に道徳的堕落をもたらす本を販売した」[19]という理由により有罪判決を受け、上告審で有罪が確定した。マサチューセッツ州最高裁判所は次のように述べている。「この本には性的な場面が四か所ある。そのうちのふたつの場面は極めて色情的であり、それを読む者に淫らな妄想を抱かせ、色欲を掻き立てる」[20]

ボストンがこの作品を発禁処分にすると、国民的な議論が巻き起こった。自由を守るべく戦っているアメリカで書籍の出版を禁じるのはおかしい、と国民は考えた。アメリカ国民は、思想戦に勝つために自分が読みたいと思う本を読むべきだと政府から言われていた。本を読む自由を行使して、ヒトラーが行なう焚書《ふんしょ》に対抗しなければならないと。それなのに、ボストン市民は *Strange Fruit* を読めなかった。ボストンが発禁処分にした直後、連邦政府は同作に対する規制を強めた。一九四四年五月、アメリカ合衆国郵政省は同作を郵送することを禁じ、レイナル&ヒッチコック社にそれを通知した。[21] レイナル&ヒッチコック社が郵送を続ければ、猥褻な本の郵送を禁止する連邦法に違反したとして、責任者が起訴されるおそれがあった。しかし、レイナル&ヒッチコック社は郵政省に従わず、起訴されても構わないと言い放った。一方、郵政長官はさらに、同作の広告が掲載された刊行物の郵送を禁じると発表した。そして、〈ニューヨーク・ヘラルド・トリビューン〉や〈サタデー・レヴュー・オブ・リテラチャー〉といった主要な新聞、雑誌に対し、広告の掲載を止めるよう警告した。〈サタデー・レヴュー・オブ・リテラチャー〉の編集者ノーマン・カズンズは、郵政長官の姿勢を公に批判し、同作のために広告スペースを断固売り続けると述べた。「検閲は決して些細な問題ではない……検閲は、まさにアメリカの伝統である。この伝統が蔑《ないがし》ろにされないよう監督する役割を担っているのは、郵政省の誰なのだろうか？　私たちは、あなた方の命令に抗議し、法に従うことを拒否する」

こうした抗議にもかかわらず、*Strange Fruit* に対する規制が強化されたため、戦時図書審議会は、マンハッタンのモーガン図書館において臨時理事会を開いた。そこで、戦時における本を読む自由の重要性を指摘し、「その自由を侵害しようとしている政府」[22]を糾弾する決議案をまとめた。第五章によって、戦時図書審議会は、国政やアメリカの政治の歴史について触れている作品を兵隊文庫として出版できなくなり、郵政省は同作の郵送を禁じた。戦時図書審議会は、「政府の不寛容な姿勢」に懸念を示し、「我が国の民主主義が内包する根本的な問題を、勇敢にも真っ向から取り上げた作品を郵送することを禁止した横暴な郵政省」を糾弾した。「ある人物が、戦時の国の安全を左右する本を除くすべての本を検閲する権限を法律によって与えられ、その人物が恣意的に検閲する、ということがあってはならない。民主主義国における出版の自由を大きく脅《おびや》かすことだからだ」と決議案には記されている。戦時図書審議会は、決議案を承認すると、それをルーズヴェルト大統領、郵政長官、陸軍長官、海軍長官、下院議長、上院議長に送付した。

次に、戦時図書審議会はプレスリリースを作成し[23]、第五章に抵触するため兵隊文庫として出版できなかった作品を列挙した。ホームズ裁判長の伝記で、ベストセラーとなったキャサリン・ドリンカー・ボーウェンの『判事ホームズ物語』、アメリカの政治の歴史を記したチャールズ・A・ビーアドの『アメリカ共和国』、海外で戦う兵士の体験談が綴《つづ》られたジェームズ・ミード上院議員の *Tell the Folks Back Home*、ネブラスカ州のある家族の姿を描いたマリ・サンドスの小説 *Slogum House*、E・B・ホワイトが雑誌に寄稿した文章をまとめた *One Man's Meat* などである。プレスリリースには、本来ならこれらの作品が兵隊文庫として八万五千部発行される予定だったこと、最近制定された法律に触れるため、これらをはじめとする幾つもの作品が兵士に供給できなくなったことが記されていた。

多くの作家が、法に立ち向かおうとする戦時図書審議会の姿勢を評価した。自著が出版禁止の憂き目に遭ったマリ・サンドスは、「兵隊文庫にならなかった本のために尽力している」[24]戦時図書審議会に謝意を表した。軍人投票法は不在者投票制度を改善するための法律ではなく、政治的思惑から制定された警戒すべき法律だと彼女は思っていた。そして、第五章によって、この法律の真の狙いが明らかになったと述べている。「たとえ一時期でも自由の侵害を許せば、それが危険な前例になります」一九三八年、サンドスは、ある会議でベルリン大学のフリードリヒ・シェーネマン博士に会った。その時、博士はこう語っている。「アメリカにおいて、ナチスは、様々な理想が記された本を発禁処分にする必要はありません。あなたたちアメリカ国民が、ナチスの代わりにそれを行なうからです」当時、サンドスはまさかと思っていたが、恐ろしいことに博士は正しかったのだ。

戦時図書審議会は、第五章の撤廃を実現するために闘わなければならないと思っていた。兵隊文庫として出版できない作品があっても、金銭面では何の問題もなかった。代わりに他の作品を出版すれば良いからだ。しかし、兵士に送る書籍に対する検閲を許し、悪《あ》しき前例を作るわけにはいかなかった。戦時図書審議会の理事アーチボルド・オグデンは、こんな風に不平をこぼしている。「今から十一月までは、児童書の *Elsie Dinsmore* と *The Bobbsey Twins* しか出版できないだろう」[25]

一九四四年五月下旬、戦時図書審議会は、第五章の撤廃を求める運動を開始した。[26]兵隊文庫プロジェクトのことと軍人投票法がもたらす影響について記した手紙を、アメリカの主要な新聞、雑誌の編集者に送り、政府が兵士の基本的自由を侵害していることを国民に伝えてほしいと頼んだ。新聞も雑誌も、出版の自由を尊重する立場だった。

両者はとても協力的で、一九四四年の六月から七月にかけて、批判記事を掲載した。記事の執筆者は、戦時図書審議会が苦境に立たされていると嘆き、彼らは多様な作品を出版しようと努力しているが、政府が彼らの選定した作品を検閲していると述べた。〈シラキュース・ポスト・スタンダード〉はこう断言している。「政府は政治的意図を持って検閲しており、まるでファシストのようだ。アメリカでは許されない行為である」「兵士と一般市民を区別し、兵士の読み物に対して特別な規制を設けるなど愚の骨頂だ」[27]サウスカロライナ州コロンビアのある出版物の記事は、次のように伝えている。「党の路線に盲目的に従う者は別として、投票者は、政治、経済、社会について考えてから、誰に投票するかを決める。しかし、陸軍当局と海軍当局は、社会、経済、政治に対する考え方に、たとえ間接的にでも影響を与えるものがあれば、兵士の図書館、読書室、映画から取り除く[28]」信じ難いことだが、アメリカの図書館や読書室において〝ゲッベルスによる粛清《しゅくせい》〟が行なわれている、とこの記事は締めくくられている。バージニア州の〈リンチバーグ・デイリー・アドバンス〉は、第五章によって、「料理本、童話、天文学や数学などの教科書を除くほとんどすべての本が、出版禁止処分を食らうかもしれない[29]」と憂えた。「どの本を陸軍兵士に読ませるか、という判断を陸軍軍務局長に委ねるくらいなら、ナチスと戦うのを止め、ナチスの仲間になる方がましである」〈サン・アントニオ・ニュース〉は以下のように述べている。「国のために戦っている兵士は、自分が読む本くらい自分で決められるだろう。もしも、兵士の読む本が検閲されるならば、今年、兵士は選挙を棄権すべきだろう[30]」

〈シカゴ・サン〉は、軍人投票法と第五章を甘く見ない方がいいと助言している。共和党は、ルーズヴェルトの四選を阻止すべく第五章を追加した。「議会は賢明にも、兵士を〝政治的プロパガンダ〟から守らなければならないと明言した。〝フランクリン・デラノ・ルーズヴェルトの四×目〟に若者の気持ちを傾かせようとする邪悪な企《くわだ》てから、純粋な若者を守ると言うのだ[31]」〈シカゴ・サン〉は、第五章によって出版を禁じられた作品の内容を調べた後、四期目という言葉を伏せ字にしつつ、次のように述べた。「どの本も〝四×目〟とは何ら関係がない」もしも、これらに政治に関する記述が含まれていると言うなら、「憲法やアメリカの歴史を綴った本すべてに、それが含まれていると言わなければならない。何もかもが理不尽であり、戦時図書審議会は、馬鹿げた命令に強く抗議すべきである」

　政治に関する記述が含まれていないベストセラー本も、兵隊文庫として出版することを禁じられ、人々はそれに対して特に怒りを覚えた。キャサリン・ドリンカー・ボーウェンの『判事ホームズ物語』、チャールズ・A・ビーァドの『アメリカ共和国』、E・B・ホワイトの *One Man's Meat* も選挙に影響を与えると見なされたが、まったくのお門違いである。〈ロチェスター・タイムズ・ユニオン〉が、『判事ホームズ物語』のすべてのページを丹念に調べたところ、あるページに、裁判長とルーズヴェルト大統領の間で交わされた会話が記されていた。会話といっても社交辞令程度のものだが、おそらくこの部分が問題視され、出版禁止になったのだろう。「これが〝政治的プロパガンダ〟なら、〝世界年鑑〟にも政治的プロパガンダが含まれているということになる」[32]ミシガン州のある新聞の記者はチャールズ・A・ビーァドの『アメリカ共和国』に隅から隅まで目を通したが、特定の政党を利するような記述はなかった。その代わり、「一七八七年に憲法制定会議が開かれて以来、アメリカの政治の基本理念がどのように形作られてきたか、ということに関するすばらしい議論[33]」が記されていた。E・B・ホワイトの *One Man's Meat* が出版禁止になったことについては、各紙がこぞって報じた。同書は、ホワイトがニューイングランドでの生活について綴った、飄々《ひょうひょう》としたエッセイ集である。もともとは、〈ニューヨーカー〉などの雑誌に掲載されており、それらの雑誌は兵士に供給されたため、兵士はエッセイを読むことができた（ホワイトは、*One Man's Meat* が出版禁止になった理由は分からないが、検閲を受けて良かったと語っている。検閲を受けたということは、「少なくとも誰かひとりはこの本を読んでくれたということだからね[34]」）。

戦時図書審議会が報道機関と協力して運動を始めると、新聞の編集者のもとに投書が殺到した。軍人投票法を批判し、その撤廃を求める意見文も数多く届いた。アメリカでは民主主義が育っており、国民は自分の考えを述べ、政府を批判した。国民が第五章に反対したのは、兵士にとって重要な情報が書籍に記されていることを知っていたからだ。その情報は、命を懸けて戦う意味を理解する助けになるのである。戦争によって脅《おびや》かされている価値観も示されており、そうした書籍に対する規制を国民は許さなかった。

独立記念日である七月四日、陸軍省は軍人投票法に従い、幾つかの陸軍教育課程用教科書の使用を止めることを発表した。それらは歴史と経済の教科書で数年間使用されていたが、政治と政府に関する短い記述が含まれていたため、不適切と見なされたのだ。(35) 数日後、〈タイム〉は、陸軍の準機関紙〈スターズ・アンド・ストライプス〉が、第五章に違反しないよう記事を検閲することを余儀なくされていると報じた。(36)〈スターズ・アンド・ストライプス〉のローマ版は、共和党大統領候補トマス・E・デューイに関する記事を掲載するにあたって、彼がルーズヴェルト政権を批判している部分を削除しなければならなかった。〈スターズ・アンド・ストライプス〉の地中海版は、AP通信が配信する政治関連の記事の掲載を禁じられた。空軍の教育機関は教科書の使用が禁止されたため、やむを得ず、通信教育課程の四コースを廃止した。〈タイム〉はこう述べている。「議会による焚書から本を守るためには、古紙回収運動を行なう団体に本を引き取ってもらうしかないようだ(37)」アメリカで法律に則《のっと》って検閲が実行されていることに、国民は異様さを感じた。〈サタデー・レヴュー・オブ・リテラチャー〉は、議会は重度の〝検閲症候群〟に罹《かか》っているという診断を下し、その病気を治すには第五章を撤廃するしかないと断じた。

一九四四年の七月三日と七月五日、戦時図書審議会は、次に打つ手を考えるために、文筆家戦時委員会と会合を開いた[38]。両者は、第五章の提案者であるロバート・タフト上院議員と直接会い、第五章の修正か撤廃を求めることで合意した。戦時図書審議会の特別委員会は、文筆家戦時委員会、作家連盟、ペンクラブとともに、タフト上院議員へ送る手紙を起草した。手紙にはまず、第五章に対する最新の世論を記した。「世論はすべて、私たちの意見と同じです[39]」次に、第五章を文字通りに解釈すると多くの作品を供給できなくなるが、それはタフトの意図するところではないと誰もが信じている、と融和的な調子で綴った。政治的プロパガンダが含まれていないベストセラー本が禁止処分に付されたことについても書いた。また、国内外で新聞とラジオを利用して、一般市民と兵士に第五章のことを伝え、本土で出回っている書籍が兵士に供給されないのは「海外で戦う兵士が信用されていないことの表れだ」とも伝えると警告した。そして、それを避けたいなら、解決に向けた話し合いに応じるしかないとタフトに迫った。

トラウトマン中佐は陸軍の五人の将軍と会議を開き、第五章をより厳密に解釈することを決め、それを戦時図書審議会へただちに知らせた[40]。出版禁止になる作品が増えることになるが、これは、第五章と闘う戦時図書審議会を助けるための陸軍の方策だった。戦時図書審議会の議事録の草案に記されたフィリップ・ヴァン・ドーレン・スターンの報告によると、軍の人間が非公式な場でスターンに話をしている。「陸軍は、第五章の撤廃か修正を促すために、引き続き同編を厳密に解釈するつもりだ[41]」このスターンの報告は、議事録の草案から削除されている。

タフト上院議員は、オハイオ州の有力一族であるタフト家に生まれた。父親は元大統領で、タフト上院議員もホワイトハウスの住人になろうと、何年にもわたって大統領選挙に挑戦している。第五章の修正を求める戦時図書審議会の手紙を受け取ると、数日後、怯《ひる》むことなく返事を書いた。タフトは手紙の中で、戦時図書審議会が第五章を正しく理解していないと指摘した。そして、どんな書籍でも、個人が購入したものなら兵士に送ることができると述べた後、検閲を受けるのは、政府の資金で購入したものだけだと強調した。さらに、「一九四四年の選挙の前に、政府の資金を用いて、政治的意見や政治的プロパガンダを含む本を印刷し供給することを禁止する第五章に異を唱える人など他にはいません(42)」と自信満々に断言した。また、陸軍に対して、第五章の解釈の仕方があまりに厳密すぎると文句を垂れ、なぜ『アメリカ共和国』や『判事ホームズ物語』が政治的な意見やプロパガンダを含んでいると考えるのか理解に苦しむと付け加えた。とはいえ、タフトは、ニューヨークでの第五章についての話し合いに応じ、場合によっては、それを修正するつもりだった。

七月二十日(43)、タフト上院議員、戦時図書審議会の数名の委員、トラウトマン中佐と数名の陸軍の代表者、〈サタデー・レヴュー・オブ・リテラチャー〉のノーマン・カズンズ、文筆家戦時委員会のカール・カーマーは、マンハッタンのロックフェラー・ランチ・クラブに集まった(44)。まず、タフト上院議員が、およそ十五分間意見を述べた。タフトは、議会にも彼自身にも、兵士への読み物の供給を制限する意図はないと説明し、問題を解決するために改正案を提出する用意があると表明した(45)。一方、戦時図書審議会とその支持者は三つの選択肢を提案した。第五章の撤廃か罰則の廃止（第五章が実質的に無力化する）、あるいは第五章の修正である。修正する場合は、書籍に政治的プロパガンダが含まれていることが明白な場合にのみ出版禁止にするよう求めた。

次に、陸軍の代表者が第五章の弊害について述べた。陸軍は、兵士に情報を伝え、教育を施《ほどこ》す取り組みを大々的に行なっていたが、第五章がその妨《さまた》げになっていた。陸軍は第五章に違反しないよう、「疑わしきは排除する」[46]という方針を取り、幾つかの履修コースを廃止し、図書館の書架から書籍を取り除いた。「私たちは、最も良い兵士とは知識のある兵士だと考えています。兵士が世界情勢について知っていれば、賢く戦いを進め、早期に決着をつけられると信じています」けれども、書籍が規制され、履修コースが廃止になったため、陸軍は目標に近づけない、と代表者は訴えた。

頑《かたく》なな態度を取っていたタフト上院議員は、微妙な立場に立たされた。彼は、兵士が読む書籍の検閲を推し進めていると思われるのは不本意だった。しかし、自分が提案した第五章を撤廃したくはなかった。戦時図書審議会との話し合いの後、彼は声明を発表し、「政府の資金を用いて政治的プロパガンダを含む本を供給することを禁止する、という方針に誰もが賛成している」[47]という従来通りの主張を繰り返した。「だが、第五章は少々厳しすぎるため、陸軍は対応にかなり苦慮している」タフトは、声明の中で陸軍の解釈の仕方を批判したが、第五章に柔軟性を持たせるために改正案を提出すると約束した。

議会が動く前に、タフト上院議員を取り巻く環境が悪化した。件《くだん》の七月二十日の会議において、彼は次のように発言していた。「兵士の七五パーセントは、もし選挙に参加できるなら、ルーズヴェルトに投票するだろう。私は、兵士は選挙に参加すべきではないと思っている。というのも、海外で任務に就く兵士は母国の事情に疎《うと》くなっており、国の問題や候補者に関する知識が乏《とぼ》しく、当然の成り行きとして、最高司令官であるルーズヴェルトに投票するからだ[48]」

名高いジャーナリストたちがこの会議を取材し、タフトの発言に関する記事を書いた。発言が知れ渡ると、議員らがタフトと距離を置くようになった。イリノイ州選出のスコット・ルーカス上院議員はこう述べている。「タフト上院議員は、この戦争が世界戦争であることを、まだ理解していないようだ。兵士は世界各地で戦い、世界中の空を飛び回っているから、一九四四年の選挙でアメリカ国民が何を争点にすべきかを、本土にいる私たちよりも分かっているのではないだろうか[49]」

陸軍は、第五章によって悪《あ》しき結果がもたらされたと言い続けた[50]。八月九日、さらなる検閲が実行されようとしていると報道機関が報じ、同じ日、兵士がふたつの映画を観ることを禁じられたと陸軍省が発表した。禁止されたのは、元大統領の生涯を描いた *Wilson* とコメディー映画 *Heavenly Days* である。後者は、ラジオで活躍する人気の二人組フィバー・マクギーとモリー・マクギーが、ワシントンD.C.を訪れる話だ（凡庸で、今では忘れられてしまった映画である）。また、陸軍省は、イギリスの新聞をアメリカの部隊に供給することが禁止されたらしい、という噂は真実だと明言した。イギリスの新聞はそれぞれ特定の候補者をあからさまに支持している、という理由で禁止されたのである。二日後、陸軍は、*Official Guide to the Army Air Force* に最高司令官であるルーズヴェルト大統領の写真が掲載されているため、販売、配布しないよう命じられたと発表し、第五章の棺桶に最後の釘を打ち込んだ。陸軍は、本土における戦いに勝つ方法を心得ていたのだ。議会は、ただちに対処する必要に迫られた。

八月十五日、特権と選挙に関する委員会のセオドア・グリーン上院議員は報告書を提出した。彼はその中で、第五章を改正しなければならないと述べている。士気を維持し、敵のプロパガンダに騙されないために、兵士は多様な読み物を読む必要があるからだ。第五章の目的は、「アメリカ合衆国で一般に入手できるニュースや情報から陸軍と海軍の兵士を隔離すること[51]」ではない。彼は、陸軍が第五章をあまりにも厳密に解釈しているとタフト上院議員が非難したことにも触れた。「第五章を緩く解釈するよう促せば片付く問題ではない。議会は第五章を改正するしかない」グリーンは、政治に関する記述が含まれている読み物の供給を禁じた第五章の条項を削除するよう議会に提案した。本土で一般に流通している書籍、雑誌、新聞をすべて供給できるよう改めるのだ。第五章が改正されれば、「輸送が困難な場合と切迫した状況に置かれた場合」以外は、各地の前線にあらゆる読み物が供給され、第五章が撤廃されたも同然の状態になる。

軍人投票法改正案の審議は通常の速さで進み、一九四四年八月十五日、上院は改正案を全会一致で可決した[52]。翌日、下院が改正案を承認してホワイトハウスに送付し、大統領が署名した。一九四四年八月二十四日、戦時図書審議会は、第五章によって兵士に供給することを禁じられた三作品、キャサリン・ドリンカー・ボーウェンの『判事ホームズ物語』、チャールズ・A・

ビーアドの『アメリカ共和国』、E・B・ホワイトの *One Man's Meat* を兵隊文庫として出版する運びとなったことを誇らしげに発表した[53]。こうして、ボストンで発禁処分に付された *Slogum House* と *Strange Fruit* も出版に至った。

戦時図書審議会は第五章との戦いに勝利した。これは、戦時図書審議会が成し遂げた最大級の功績のひとつである。

報道機関は第五章の問題について報道し、国民は戦時図書審議会に触発されて、理不尽な法律を批判した。国民は言論の自由を行使したのであり、その心の中には民主主義の精神が息づいていた。戦時図書審議会の理事アーチボルド・オグデンは、こう述べている。「戦時図書審議会は民主主義を実践し、二か月も経たないうちに、上院も下院も百八十度態度を変えた。このことは、私を清々《すがすが》しい気持ちにさせてくれる[54]」

一九四四年の大統領選挙では、多くの兵士がルーズヴェルトに票を投じているが、兵士は、他の候補者の名前を知らなかったから、ルーズヴェルトの名前を〝省略投票用紙〟に書いたのかもしれない。国民は、第五章によって検閲を推し進めようとした共和党に嫌気がさし、共和党の候補者ではなく、ルーズヴェルトを支持したのかもしれない。あるいは、十二年間にわたって国を率いたルーズヴェルトの方が信頼できると判断したのかもしれない。兵士は、最高司令官である彼を支持したのかもしれない。理由はともかくとして、一九四四年十一月、国民は、四期目を目指すルーズヴェルトを大統領に選んだ。票差は比較的小さく、三百万票ほどだった[55]。

軍人投票法で定められた方法に則って投じられた票数は、およそ三百四十万票。この票が結果を左右したのかもしれない。一九四四年に発行されたハーバード大学の同窓会誌に、ルーズヴェルトのことが簡単に記されている。「フランクリン・D・ルーズヴェルト。卒業生。在籍一九〇三—〇四……住所は変更なし」[56]

第九章

神に見捨てられた島々
ドイツの降伏と

その人物のことを好きな人もいれば、嫌いな人もおり、その人物を好きな人は、その人物に会いたいと思った……でも、会えなかった……なぜなら、その人物は、漫画のヒーローのターザンやマンドレイクやフラッシュ・ゴードンだったから。ビル・シェイクスピアだったから。アダムとイヴの息子カイン、ユリシーズ、幽霊船フライング・ダッチマン号の船長だったから。ソドムの預言者ロト、悲劇のヒロインのディアドラ、木立で夜鶯《ナイチンゲール》の声を聞くスウィーニーだったから。

—— ジョーゼフ・ヘラー『キャッチ＝22』(1)

一九四五年、ヨーロッパにおいて、アメリカ軍兵士は死をものともせず、勝利に向かって前進した。彼らは、ヨーロッパの地で禁書に指定された、あまたの作品を携えていた。ナチスに迫害された多くの作家の作品が、兵隊文庫になってヨーロッパに戻ってきたのである。例えば、アーネスト・ヘミングウェイの短編集、ジャック・ロンドンの『海の狼』、『白い牙』、*The Cruise of the Snark*、『野生の呼び声』、ヴォルテールの『カンディード』。後期に兵隊文庫として出版されたのは、例えば、トーマス・マンの短編集、シュテファン・ツヴァイクの『チェスの話』、H・G・ウェルズの『タイム・マシン』、『モロー博士の島』、『宇宙戦争』、『神々の糧《かて》』、エーリッヒ・マリア・レマルクの『凱旋門』。発禁処分に付された作品、あるいは焚書《ふんしょ》の憂き目に遭った作品ほど、大陸を解放するための武器としてふさわしいものがあるだろうか？

戦時図書審議会は、ヨーロッパで戦うアメリカ軍兵士に多くの兵隊文庫を供給するうちに、ヨーロッパ各国で禁書に指定された作品を、ヨーロッパの人々に届けようと考えるようになった。ナチスに支配されたヨーロッパの国々では、印刷所も書店も自由に活動できなかった。また、数年にわたって、ナチスが禁書に指定した書籍が出版社や書店から没収され、処分された。

出版社や書店に代償が支払われることはなかった。非ドイツ的だと見なされた書籍があらゆる書架から取り除かれ、図書館の貴重な書籍も一掃された。ナチスは、ヨーロッパ各国の印刷所を統制下に置き、何が印刷されているかを注意深く監視した。また、アメリカとイギリスで出版された書籍の販売、配布を禁止した。一九四四年当時のヨーロッパには、独立した出版社が事実上存在しなかった――アメリカ合衆国戦争情報局（ＯＷＩ）の言葉を借りれば、ヨーロッパの出版社は皆、「粉々に撃ち砕かれた」[2]のである。

戦時図書審議会は、書籍を出版することも買うこともままならない状況に置かれたヨーロッパの人々のために、一九三九年からヨーロッパで禁書扱いになっているアメリカの作品を出版することにした[3]。一九四四年、ファーラー&ラインハート社のスタンリー・ラインハート、ヘンリー・ホルト社のウィリアム・スローン、ヴァイキング社のマーシャル・ベストは、アメリカの作品を翻訳し、ナチスの支配から解放された地域に供給するというプロジェクトについて戦争情報局に話し、資金援助を掛け合った。戦争情報局が協力することを承諾すると、戦時図書審議会は、兵隊文庫として出版した作品のうち、ヨーロッパの人々にも好まれそうなものを百作品選んだ。戦争情報局が「海外版（ＯＥｓ）」プロジェクトにのみ資金を提供するため、兵隊文庫プロジェクトとはまったく別のプロジェクトとして運営しなければならなかった。そこで、戦時図書審議会は、海外版出版事業部（ＯＥＩ）を新たに設置した。

海外版出版事業部はプロジェクトを開始したが、順調な船出とはいかなかった。戦争情報局はプロジェクトへの協力を約束したものの、なかなか資金を提供できなかった。資金不足により、プロジェクトは何か月もの間、遅々として進まなかった。一九四四年八月に資金が入るが、その後も、事はそう簡単には運ばなかった。まず、多くの作品をフランス語やイタリア語に翻訳しなければならなかった――非常に時間を要する工程である。また、製作費用を最小限に抑えるために、ひとつのシリーズの作品をまとめて印刷するので、すべての作品の翻訳作業が完了するまで印刷を始められなかった。原稿ができ上がり、印刷する段階までこぎつけると、新たな問題に直面した。出版社は、作家と出版契約を結んでいたが、海外版の出版について明確な規定がなかったのだ。そのため、急遽、海外版を出版できる旨の条項が契約書に追加された。

一九四五年二月、遂に、第一弾の海外版が船でヨーロッパに運ばれた。海外版も小型である（横四・七五インチ（約十二センチ）、縦六・三七五インチ（約十六・二センチ）――大きい方の兵隊文庫とほぼ同じサイズ）。見た目はぱっとしなかったが、書物に飢えていたヨーロッパの人々の心の糧になった。戦争情報局は、最初の海外版が出版されるととても喜び、一九四五年三月、ドイツ語版、中国語版、日本語版も出版するよう要請した。しかし、戦時図書審議会が再び資金難に陥ったため、中国語版と日本語版は出版されなかった。戦時図書審議会が印刷、販売した作品は、全部で七十二作品である。そのうち二十二作品は英語のまま出版された。二十二作品はフランス語に、二十三作品はドイツ語に、五作品はイタリア語に翻訳されている。スティーヴン・ヴィンセント・ベネーの *America*、キャサリン・ドリンカー・ボーウェンの『判事ホームズの物語』、J・C・ファーナスの *How America Lives* などが含まれ、どの作品にもアメリカ人の考え方が示されている。

合計三百六十三万六千七十四冊の海外版が、フランス、ベルギー、オランダ、ノルウェー、デンマーク、ルーマニア、チェコスロバキア、ポーランド、ユーゴスラヴィア、ハンガリー、イタリア、北アフリカ、シリア、トルコ、オーストリア、ギリシャに届けられた。ヨーロッパでは、一億冊以上の書籍がナチスによって葬り去られたと言われている。それに比べたら、三百六十万冊は大海の一滴に過ぎない。けれども、海外版が出版され、数年間、アメリカの作品を奪われていた国々に供給された意味は大きい。

書物不足に喘《あえ》いでいたのは、ナチスに占領された国だけではない。イギリスの出版業界は、戦時中に大打撃を被った。そのため書籍が払底し、書店の棚は空っぽになった。陸海軍の兵士に無料で読み物を供給することなど不可能である。イギリス軍兵士も、アメリカ軍兵士と同様に書籍を渇望した。アメリカ陸軍のある中隊は、イギリス軍の軍隊輸送船に乗った。その際、兵隊文庫を入れた箱を運び入れ、「ふたつの石油用ドラム缶の上に載せた」[4] イギリス軍兵士は口をあんぐり開けて兵隊文庫を眺め、読ませてくれないかと口々に懇願した。兵隊文庫を貸すと、「イギリスの兵士らは頭を振りながら、アメリカは兵士のことをきちんと考えているんだなと感心し」、こう思った。ペーパーバックがあれば士気が高まるのに、なぜ僕らの国の政府はペーパーバックを供給しないのだろう？

イギリスでは、戦争初期に出版関連施設が爆撃を受け、それに続いて紙の供給が厳しく制限された。だから、書籍を製作することが難しくなった。一九四〇年から一九四一年にかけて、ドイツは、イギリスに対して無差別爆撃を行なっている——住宅街も農地もビジネス街も爆撃目標になった。一九四〇年十二月二十九日、ドイツ軍の爆撃機がロンドン上空に現れ、「パターノスター・ロウ周辺の狭い範囲に密集する」[5]出版社の倉庫やオフィスに爆弾を投下した。十七の出版社のオフィスが完全に破壊され、百万冊以上の書籍が数時間にわたって燃え続けた。ロンドンの多くの出版社が、一夜にしてすべてを失った。

紙の供給制限が始まると、出版社は活動の縮小を余儀なくされた。[6]出版社に割り当てられた紙の量は、一九三八年に出版社が使用した紙の量の三七・五パーセントである。書籍の量は減り、その一方で需要は増加した。書店の在庫は底をついた。出版社は、できるだけ材料を使わなくて済むように、レイアウト、余白の幅、紙の量、印刷方法、製本をすべて見直した。しかし、出版社がどんなに手を尽くして書籍を作っても、需要を満たせなかった。イギリスの陸海軍に書籍が十分に供給されなかったのは、書籍の量が絶対的に不足していたからである。イギリスにおいても、戦勝図書運動と同じような図書運動が展開され、書籍が集まったが、海外の部隊には不向きな分厚いハードカバーが多く、量も十分ではなかった。[7]

兵隊文庫は、イギリス軍兵士にとって印象深いものだった。イギリス空軍のある兵士は、アメリカ軍の騎兵大隊と一緒に過ごした時間が、長い軍隊生活の中で最良の時間だったと報告している。「毎日、夜になるとぶらぶら歩いて食堂へ行き、ひとしきり楽しくおしゃべりしました……食堂を出る時、ポケットには必ず、兵隊文庫というすてきな本が一、二冊入っていました。友達のアメリカ兵が、時には三人がかりで、持っていけと言って僕に押し付け、読み終えたら〝仲間〟に貸すよう熱心に勧めました。兵隊文庫は、僕らの部隊に満ち足りた楽しい時間を与えてくれた数少ないもののひとつです。戦時図書審議会が作り、供給している本は、とにかくすばらしいです。海外に来てもう三年近く経ちますが、僕の知る限りでは、僕らの国から……あのような本が送られてきたことはありません」(8)

アメリカ軍兵士は病院でも、イギリス軍兵士に兵隊文庫を快く貸した。あるイギリス軍兵士は、負傷してビルマの野戦病院に入院した頃のことを回想している。療養中、兵士はとても不安で、心は重く沈んでいた。「鬱々《うつうつ》とした毎日を過ごしていましたから、楽しみが必要でした」(9)同じ病室に入院していたメリルズ・マローダーズ《メリルの襲撃隊》(アメリカ陸軍の特殊部隊)の負傷兵らが、ふさぎ込むイギリス軍兵士を見かねて、マックス・シャルマンの*The Feather Merchants*を渡し、読むよう勧めた。この作品の主人公の兵士は、帰国すると、英雄として歓待されるだろうと思いながら、闇市のガソリンが入った車で家に戻る。ところが、出された料理はありあわせで作ったもの。さらに悲しいかな、彼は事務要員だったから、彼の恋人の目には「真の英雄」とは映らない。この作品には、何をやってもうまくいかない兵士の姿が面白おかしく描かれている。イギリス軍兵士は、これを読むと笑わずにはいられなかった。

兵隊文庫は、イギリス軍兵士の垂涎《すいぜん》の的《まと》だった。イギリスの出版社は、アメリカの兵隊文庫がたいへん人気だという話をいやというほど聞いていた。そして、多くの書籍を作るために、兵隊文庫のように書籍を小さくしようと考えるようになった。一九四五年、イギリスの出版社は、兵隊文庫に驚くほどそっくりなペーパーバックの販売を開始した。なお、このペーパーバックがイギリス軍兵士に無料で供給されることはなかった。ベア・ハドソン社はベア・ポケット・ブックスを、W・H・アレン社はアレン・スーパー・ハリケーンズを販売している。価格はわずか二ペンスである。ベア・ポケット・ブックスもアレン・スーパー・ハリケーンズも、一見すると、兵隊文庫と見間違えそうなほど良く似ていた――兵隊文庫と同じサイズで、ハードカバー版のカバー絵を縮小したものが表紙に配され、ホッチキスで綴《と》じてあった。本文は二段組みになっており、薄い紙が使用されていた。ベア・ポケット・ブックスはイギリスの一般市民をターゲットにしたものであり、小型になったのは、単に、紙が配給制になり、供給量が減ったからだ。一方、アレン・スーパー・ハリケーンズは次のように宣伝された。「兵士におあつらえ向き――丁寧に作られており、大きさが手頃です。読者――一般市民と兵士――のポケットにちょうど入ります[10]」停滞したイギリスの書籍市場に活気が戻り、兵隊文庫を手本にした書籍がその一助となったことを、戦時図書審議会は喜んだ。イギリスでは、一九四九年にようやく紙の配給制が解除された[11]。

　一九四五年の春、連合国軍は、ベルリンにじりじりと迫っていた。ヨーロッパ戦線における連合国軍の勝利が確実視されるようになり、銃後の国民の意気が上がった。ところが、一九四五年四月十二日、フランクリン・デラノ・ルーズヴェルトが死去した[12]。健康状態が悪化しているという事実は公表されていなかった。各地の兵士がルーズヴェルト大統領の死を惜しんだ。第八空軍の兵装員であるフランク・スレチタ伍長は、「ひとりの政治家を亡くしたというよりも、ひとりの友人を亡くしたようなものです[13]」と語っている。野砲兵隊のルイス・F・シャイアー伍長はこう述べている。「私たちは偉大な指導者を失いました。私は戦いを通して、指導者のあるべき姿を知りました。私の所属する任務部隊はフランスで戦いました。隊員は皆、部隊の司令官を務める少佐を尊敬し、少佐を信じて従いました。少佐は機関銃で撃たれ、亡くなりました。その時、私は百ヤードも離れていないところにいました。私たち隊員は、その後しばらく立ち直れませんでした。フランクリン・デラノ・ルーズヴェルトの死から立ち直るのにも時間がかかるでしょう」第二八歩兵師団のライフル銃兵モリス・クラヴィッツは、「戦場で仲間の死に接した時よりも、深い悲しみを覚えます」と述べている。兵士は、大統領の死を悼みつつ、決意を新たにした。ウォルター・J・ヒントン中尉はこう述べている。「ナチスは、大統領の死の知らせを聞いて喜んだことでしょう。私たちは死力を尽くして戦うことで、私たちの大統領への思いをナチスに知らしめます」

フランクリン・デラノ・ルーズヴェルトの死から程なくして、ヨーゼフ・ゲッベルスとアドルフ・ヒトラーが自殺を遂げた。ナチス政権が崩壊し、連合国軍の激しい爆撃によって自国の都市を破壊されながら、なおもドイツ軍兵士は戦い続けた[14]。しかし、一九四五年五月八日、ドイツは正式に降伏し、ハリー・S・トルーマン大統領がそれを発表した。「全ヨーロッパに自由の旗が翻《ひるがえ》っている。ただし、私たちは勝利の半分を手にしたに過ぎない。西側は解放されたが……東側では、日本による過酷な支配が続いている[15]」

連合国軍は、ドイツが降伏したら、ヨーロッパにいる兵士を太平洋戦線に投入するつもりだった。一方、兵士は、ヨーロッパ戦線で勝利したら復員できると思っていた。〈ヤンク ザ・アーミー・ウィークリー〉は一九四四年から、陸海軍の勝利後の復員計画に関する記事を掲載している。[16]そうした記事は、帰郷できる日も近いという期待を兵士に抱かせた。けれども、現実は甘くなく、ヨーロッパにいる兵士の大半は、帰郷する前に、日本と一戦を交えなければならなかった。復員するのではなく、前線へ送り込まれたのである。

五月十日、アメリカ陸軍は、ヨーロッパに駐留する三百五十万人の兵士のうち、三百十万人を太平洋戦線に派遣すると発表した。[17]残りの四十万人は駐留軍としてヨーロッパにとどまり、ごく一部の兵士が復員した。[18]海軍は、兵力の削減は行なわないと発表した。陸軍広報官が説明したように、ヨーロッパにいる兵士を太平洋戦線に派遣せずに復員させ、彼ら抜きで戦うということは、軍が片手で戦うようなものだった。日本にとどめの一撃を加えるためには、連合国軍の全兵力を結集しなければならなかった。

陸海軍は、決定に対する反感を和らげようと、太平洋地域での休暇や帰郷休暇を兵士に与えた。しかし、兵士の間で不満がくすぶり続けた。ジャスティン・グレイ上等兵は、〈ヤンク〉の中でこう述べている。「休暇といっても、西洋文明から隔絶され、神に見捨てられた島での休暇だ[19]」ある部隊は「休養基地」に連れて行かれた。そこは「椰子の林で、あるのはテントと材木ばかり」だった。そして、休養施設を建設するよう命じられるも、それが完成しないうちに前線に戻された。「さながら、僕らの愛すべき〝サッド・サック（漫画の主人公であるドジな兵隊）〟のようだ。休暇は取れずじまいで、蛸壺壕《たこつぼごう》に戻るのだから[20]」銃後の国民も、兵士が太平洋戦線へ派遣されると聞き、悲観的になった。ある新聞はこう述べている。「太平洋地域に直接移動する兵士は、決して愉快ではないだろう。ひとつの戦いに従事したから自分の役目は終わった、と思っていたのだから[21]」帰郷を許された兵士も同じ気持ちだった。楽しい時間を過ごしても、二、三週間後には家族から引き離され、新たな任務に就かなければならない。ヨーロッパ戦線では死を免れたけれど、太平洋戦線ではそんな幸運には恵まれないだろう、と思う兵士も少なくなかった。

ヨーロッパにいる兵士は新聞や雑誌を読んでいたから、太平洋の島々における戦いがいかなるものかを知っていた。連合国軍が島から島へ転戦しながら日本へ近づくにつれ、戦闘は激しさを増していった。日本軍兵士は降伏よりも死を選び、最後の一兵まで戦おうとした。そのため、無益極まりない戦いが続き、犠牲になる兵士の数は増すばかりだった。硫黄島を巡る戦いは、海兵隊史上最も苛烈《かれつ》な戦いだと言われている[22]。なお、この戦いは、ドイツが降伏する少し前に終結している。海兵隊は、「常に忠誠を尽くせ」(Semper Fidelis) という標語を掲げていたが、ホーランド・M・スミス中将は、「百六十八年の海兵隊の歴史の中で、この時ほど忠誠心が試された時はない」と語っている。海兵隊の死傷者数が、日本軍のそれを上回った唯一の戦いでもあった[23]。ヨーロッパにいる兵士が派遣される日が近づきつつある頃、連合国軍は、沖縄侵攻に向けて激戦を展開していた。〈ニューヨーク・タイムズ〉は次のように報じている。「連合国軍は白兵戦を繰り広げている。洞窟に手榴弾を投げ込んで日本兵を外へ出し、火炎放射器で焼き殺している。終わりの見えない苦しい戦いが続いている[24]」太平洋戦線で戦う兵士は、ある年までに帰郷するという目標を立てていたが、目標時期を少しずつ遅らせた。兵士が唱える文句は、「一九四五年に生きて帰る」から「一九四六年に僻地から脱出する」に変わり、さらに、「一九四七年に地獄から天国へ」、「一九四八年に金門海峡へ」と変わっている。[25]二度と祖国の地を踏めないだろうと思う者もいた。

太平洋の島々は娯楽に乏《とぼ》しく、士気を保《たも》つのは容易ではなかった。しかし、戦争末期になるにつれ、連合国軍が占領した島では、特別業務部の活動によって娯楽にも事欠かなくなっていった。幾つかの新聞と雑誌は、僻地に展開する部隊のための重要な活動を高く評価している。連合国軍が島を占領すると、軍は、その島を可能な限りアメリカ風に作り変えた。例えば、「かつてアブナー・ダブルデイが野球場を作ったように」、ジャングルの空地に野球場を作り、池や湖を水泳場に変え、「ジョーンズ・ビーチ」や「オールド・スイミング・ホール（アメリカの画家トマス・エイキンズの作品の題名）」といった水泳場の名前を記した看板を置いた。[26]ガダルカナル島は一九四四年の時点で、連合国軍が上陸した一九四二年と比べて大きく様変わりしていた。[27]軍は、かつて戦場だった場所で野菜を栽培し、アイスクリーム製造所で毎日二百クォート（約百九十リットル）のアイスクリームを作った。何百もの楽器を揃え、百五十の野外映画場（スクリーンを設置し、座席の代わりに、椰子の木の丸太や石油用ドラム缶を並べた）でC級映画を上映した。競技場も作り、ボクシングをはじめとする様々なスポーツの試合を行なった。マリアナ諸島では劇場を建設し、バレーボールとバスケットボールのコート、ボクシングのリングを設《もう》けた。また、何千ものラジオを供給した。[28]

ラジオは諸刃《もろは》の剣だった。好きな音楽やニュースを聴けたが、太平洋地域においても、ヨーロッパのアクシス・サリーと同様に、女性アナウンサーがプロパガンダ放送を行なっていた。女性アナウンサーは、アイバ・戸栗《とぐり》という名の日系アメリカ人で、日本に住んでいた。(29) 兵士は、彼女を東京ローズという愛称で呼んだ。東京ローズが伝える情報は、アクシス・サリーのものほど正確ではなく、兵士を極度の不安に陥れるようなものではなかったが、東京ローズもなかなかのやり手だった。彼女はアメリカ軍の死傷者数を正確に把握し、その情報を残酷な言い方で伝えた。「ところで、モレスビーの兵隊さん、昨日の夜、ラバウルが対空砲で攻撃されてどんな気持ち？　要塞がふたつ破壊されたけど、そのことについて、まだ広報官から聞いてないわよね？　あなたたち、今知ったのよね？　失ったものは永遠に戻ってこないわよ(30)」

連合国軍が占領した島に駐留する兵士も、別の島で戦う兵士も、本や雑誌を読んでいた。辺境の島にいる兵士も、読み物を手にすることができた。太平洋戦線を取材する従軍記者は、兵士が驚くほど熱心に本を読む姿を度々《たびたび》目撃した。フレデリック・シムピッチ少佐は、〈ナショナル・ジオグラフィック〉の記事の中でこう述べている。「アメリカ国民は、ハーマン・メルヴィルやロバート・ルイス・スティーヴンソンの作品を通して、南太平洋の島々のことを知っているだろう。その島々では、読書が普遍的な娯楽であるようだ(31)」「兵士は、積んである本や雑誌を片っ端から読んでいる」入隊する前は読書を敬遠していた者も、島にほとんど娯楽がないため、手当たり次第に本を読むようになった。(32) ハーマン・メルヴィルの『タイピー』を読むよう勧められたある海兵隊員は、面白いのだろうかと半信半疑で気が進まなかったが、退屈しのぎに読み始めたら、すっかりのめり込んでしまった。「めちゃくちゃ面白い。この作家は、僕がいた三つの島を描いているんだ！」

太平洋戦線への派遣に対する不満が兵士の間に広がると、陸海軍は、戦時図書審議会に助けを求めた。甚《はなは》だしい士気の低下を確実に防げるのは、兵隊文庫しかなかった。

一九四五年、トラウトマン中佐は戦時図書審議会の年次総会に出席し、兵隊文庫がもっと必要だと訴えた。前の年、戦時図書審議会は、兵隊文庫の発行部数を二千万部から五千万部に増やしているが、トラウトマンはまだ足りないと主張した。「十分に行き渡らせるには、その五倍は必要です。希少な兵隊文庫を読むためなら、月に五十五ドルの俸給しかもらっていなくても、兵士は喜んで五百フラン、あるいは十ドル払うでしょう(33)」

トラウトマンは自分の主張を認めてもらうべく、ヨーロッパの戦場を回った時の話をした。戦場において、彼は、兵隊文庫の劣化が早いということを知った。「兵士は、雨や雪の降る中で兵隊文庫を読むこともあります。その時は、ページが濡れないよう大急ぎで読みます。兵隊文庫の数よりも兵士の数が多い時は、兵隊文庫を入手した兵士が読んだページを破り取り、入手しそびれた兵士に渡すことも珍しくありません――渡す際、残りのページも全部おまえにやるからなと約束します」トラウトマンは、「戦闘により疲弊した」兵隊文庫を戦時図書審議会の委員に見せようと思い、何冊か持ち帰ろうとした。すると兵士が、「なぜ持っていくのですか？　この本はまだ読めますよ」とこぞって反対した。「というわけで、皆さんには、劣化した兵隊文庫をお見せできません」と、トラウトマンは委員に向かって、さも当然のように言った。

ヨーロッパを回っている間、トラウトマンはいたる所で兵隊文庫を目にした。クリスマスの日、彼はベルギーの病院を訪問した。病院の手術室の床に一冊の兵隊文庫が落ちていた――表紙に血がついており、ページにも、全体の三分の二ほどに血のしみがついていた。ある日、トラウトマンは、他の部隊と離れて任務に就く工兵小隊を訪ねた。兵隊文庫が十冊ほど重ねて置かれていた。工兵小隊が持っている書籍はそれだけであり、貴重品だった。何度もページをめくると擦《す》り切れたり破れたりするので、それを防ぐために数人で一緒に読むよう、小隊長が隊員に命じていた。ナチスの支配地域の捕虜収容所にも、YMCAを通じて兵隊文庫が届けられていた。兵隊文庫は、捕虜生活に耐えるために必要なもののひとつだった。オランダでは、こんな出来事があった。トラウトマンは用心のため、乗っていた車を陸軍憲兵隊本部の近くに停めた。しかし、夜中、車が何者かに荒らされた。車の中には貴重品を色々置いていたが、盗まれたのは、段ボール箱に入れた三十二冊の兵隊文庫だけだった。兵隊文庫は世界の隅々まで届けられており、兵士はそれを大事にしていた。そして、ほうぼうから不満の声が上がっていた。

「まだ、本が全然足りない」

太平洋地域に駐留する兵士もトラウトマンと同様に、もっと兵隊文庫を送ってほしいと要請した。一九四五年五月、歩兵部隊の隊員のひとりが、戦時図書審議会に手紙を送っている。

「兵隊文庫を読んでいる時はリラックスできます。異国にとどまる部隊にとって得難いひと時です。僕は今、任務の間の休憩時間に手紙を書いていますが、普段、休憩時間には、ほとんどやることがありません[34]」だから、兵士は読み物を欲した。「本が欲しくてたまりません。今、僕らには楽しみがなく、本当に困っているのです。もし、本を送っていただけるなら、僕があなた方に代わって、皆に平等に配ります」

特別業務部は、戦時図書審議会に対し、兵隊文庫の製作数を増やすよう要請した。特別業務部は、太平洋戦線に派遣される兵士の要求に応えきれないのではないかと心配した。彼らには、士気を高めるために、世界各地の兵士に読み物を供給する責任があった。一九四五年、特別業務部の士官二百人が集まって会議を開き、毎月、戦地の兵士ひとりに一冊ずつ行き渡るよう、さらに兵隊文庫を用意する必要があるという意見で一致した[35]。特別業務部長を務めるジョセフ・バイロン将軍は、こう述べている。「兵隊文庫は、特別業務部が兵士の士気を維持すべく供給するものの中で、最も重要なものです[36]」特別業務部で戦闘部隊のために二年間働いたある士官は、兵士たちのことが心配になり、戦時図書審議会に手紙を書いた。「十分な数の本があるとは言い難いです[37]」戦闘部隊は、ソーン・スミス、アーネスト・ヘミングウェイ、ジョン・スタインベック、H・アレン・スミス、ティファニー・セイヤー、シンクレア・ルイス、ロイド・C・ダグラスの作品に「飢えていた」『ブルックリン横町』、*Chicken Every Sunday*、『永遠のアンバー』、*Strange Fruit* を求める声は相変わらず多かった。

兵士の家族からも、太平洋戦線の兵士には書籍が必要だと記された手紙が届いた。ある女性の手紙には、精神的に不安定な状態にある弟とその仲間を助けてほしい、という願いが率直に綴《つづ》られている。彼女の弟は海兵隊大隊に所属していた。激烈な戦いを終えた彼が送ってきた手紙に、隊員が面白い本を渇望していると書かれていた。「弟は十四か月間戦っています……ヨーロッパでの戦いは収束しつつあります。ところが、つい最近、弟たちは太平洋地域で任務に就くよう命じられました。任務期間は、交代要員が来るまでの二十四か月から三十か月です。この悪い知らせを受け、弟たちは落胆しています。そして、面白い読み物が欲しいと訴えています」(38)彼女は追伸として、こう書き加えている。「今後、定期的に色々な本を送ってくださるなら、常に、弟たちの名前を宛先名簿に載せておいてください。海兵隊員が戦う相手《レザーネックス》は、日本軍だけではありません。彼らは雨風や病気とも戦います。何か気晴らしになるものがないと、おそらく精神的に参ってしまうでしょう」

一九四五年の初め、フィリップ・ヴァン・ドーレン・スターンは陸軍の上官と会い、この問題について話し合った。(39)どうすれば、もっと多くの兵隊文庫を作れるのか？　陸軍は、戦時生産委員会を通じて印刷業者に協力を要請しようと考えており、スターンはそれを戦時図書審議会に報告した。戦時図書審議会は、契約により、政府から兵隊文庫用の紙の供給を受けていたが、スターンは、それとは別に百四十一トンの紙を調達した。理事会の承認を得て、購入したのだ。陸軍と特別業務部も、できるだけ多くの兵隊文庫を作ろうと、八方手を尽くして材料を集めた。

しかし、材料が揃っても、資金が足りなかった。一九四五年五月、トラウトマン中佐は戦時図書審議会の理事会において、陸軍には兵隊文庫用の資金を増やす余裕はないと報告した。兵隊文庫の製作数を増やすには、一冊あたりの製造原価を抑えるしかなかった。「陸軍は、資金が許すなら、注文数を三割増やしたいと考えています。冊数は、月に十六万冊から十七万五千冊です[40]」しかしトラウトマンには、どうしたら資金を確保できるのか見当もつかなかった。彼が退席した後、理事会は、製造原価をいかに下げるかに知恵を絞った。兵隊文庫の価格に含まれる一セントのロイヤルティについても話し合った。一部の作家と出版社は以前から、ロイヤルティの放棄を望んでいた。しかし、戦時図書審議会は、すべての作家、出版社と同じ内容の契約を結んだ。考え方や好みは百人百様であり、それに合わせていたら、何百もの異なる契約書を作る必要が生じるからだ。けれども、より多くの兵隊文庫を作るために、戦時図書審議会は考えを変えた。契約内容を統一することよりも、ロイヤルティの放棄による利を得ることの方が重要だった。だから、作家と出版社が一セントのロイヤルティを受け取る権利を放棄することができるように、契約を変更することにしたのである。

供給する側が抱える問題は他にもあった。戦時図書審議会の編集委員会は、「新しい作品を要求されるので、質の悪い作品を加えざるを得ない[41]」とフィリップ・ヴァン・ドーレン・スターンに不満を伝えた。編集委員会は、各シリーズの作品数を四十から二十八に減らしたいと思っていた。つまらない作品を入れたくないからだ。スターンは作品数を減らすことに反対だったものの、ジレンマに陥っている編集委員会に同情した。戦争により、一般市民向けの書籍の発行点数は年々減り続けていた。一九四二年の発行点数は、一九四一年に比べ一〇パーセント減少しており、その後も毎年減っている。出版社に届く原稿の数も減った。多くの作家が兵役に就いていたからだ。銃後の務めに専念する作家もいた。世に認められている作家も作家の卵も、ペンを執《と》らなかった。ある新聞はこう述べている。「ペンは剣よりも強しという格言があるが、徴兵委員会は、そんな格言などどこ吹く風といった体《てい》で徴兵を進めている」[42]

スターンは結局、理事会で妥協案を提案した。[43] まず、各月の発行部数を増やす。そして、各月のシリーズの新しい作品（兵隊文庫として出版していない作品という意味）の数を二十八に減らし、その代わり、すでに兵隊文庫として出版している作品か「創作本」（記事、ラジオ番組の脚本、詩などを戦時図書審議会が編集したもの）を加える。理事会は、この案を承認した。その後、戦時図書審議会は九十九の兵隊文庫を増刷し、七十三の創作本を作った。そのため、編集委員会の負担が軽くなった。戦時図書審議会の創作本には、*The New Yorker Reporter at Large*、*Five Western Stories*、*The Dunwich Horror and Other Weird Tales*、*Love Poems*、*Selected Plays of Eugene O'Neill*、*Edna St. Vincent Millay's Lyrics and Sonnets* などがある。

スターンは、資金の問題や需要と供給を巡る問題に先頭に立って取り組む一方、横槍を入れてくる海軍の手ごわい面々に立ち向かった。海軍図書館部の長イザベル・デュボイスは、戦勝図書運動について、何ら躊躇《ちゅうちょ》せず厳しい意見を述べたが、それは戦時図書審議会の活動についても同様だった。一九四五年六月、彼女は、スターンに幾通もの手紙を書いた。それらは、「親愛なるスターン様」という書き出しで始まっている。彼女は、兵隊文庫には俗っぽい作品が多いと文句をつけ[44]、「――の短編集」、「――の詩集」という風に最後に「集」がつく題名はいかにも平凡で嫌だと言い、Tシリーズの表紙は「ホッチキスではなく、糊で綴じてある」[45]と難癖をつけた。戦時図書審議会にとって彼女が癪《しゃく》にさわる存在となっていたことが、個人の記録から窺《うかが》える。ある出版社の人間はこう語っている。「デュボイスは、誰も気にもとめないような些細な問題を、針小棒大に取り上げるきらいがあります」[46]

スターンは忍耐強い人物だったらしく、デュボイスのすべての意見に回答している。彼は、「集」という言葉がつく題名の作品を極力避けるよう努めると請合った。[47] ホッチキスではなく糊を使うことについても説明した。当初、各作品の発行部数は五万部ほどだったからホッチキスで綴じられたが、発行部数が十五万五千部に増え、印刷会社も手一杯になり、ホッチキスで綴じる余裕がなくなった。「これまで、五千万冊の兵隊文庫を海外の兵士に供給していますが、不満の声などひとつも届いていません。表紙に防水加工を施《ほどこ》しているので、表紙が外れないのでしょう」堂々と言ってのけたスターンに対して、デュボイスは、こう切り返した。「私の不満の声が届いているではありませんか。兵隊文庫の表紙が外れやすいのは確かですから、対策を講じるべきです[48]」

印刷会社も海軍に対して怒りを覚えたようだ。戦時図書審議会は、やむを得ない事情により、兵隊文庫を入れる箱の種類を変えた。すると海軍監察官が腹を立て、箱を用意した印刷会社に当たり散らした。一触即発の事態に陥り、ストリート&スミス印刷会社の責任者は、「海軍の監察官はひねくれ者で態度に問題があるから、海軍用の本はもう作らない[49]」と脅《おど》しをかけた。戦時図書審議会は、関係者が対立すると、いつも仲裁に入った。頭の痛い問題や不満の声は色々あったが、スターンの手腕により、兵隊文庫の製作に遅れが生じることはなかった。

戦時図書審議会は、太平洋地域の兵士のために、兵隊文庫の出版に力を注いだ。その間、兵隊文庫はヨーロッパの兵士にも影響を与え続けた。ニュルンベルクでは、一九四五年の夏から秋にかけて、ナチス・ドイツの主要な政治的、軍事的指導者二十四名の起訴に向けた準備が進められた。二十四名は、平和に対する罪、侵略戦争を企《くわだ》て実行した罪、戦争犯罪、人道に対する罪に問われていた。その中には、ナチス幹部ヘルマン・ゲーリング、ナチス・ドイツの外務大臣ヨアヒム・フォン・リッベントロップもいた。

ふたつの世界大戦に従軍したある少佐は、数週間にわたって、戦犯容疑者の取り調べを行なった。ポケットにはいつも、ヘンリー・ハフの*Country Editor*を入れていた。一九四五年九月に取り調べを終えると、少佐はハフに手紙を書いた。*Country Editor*には、マーサズ・ヴィニヤード島の小さな新聞の編集者兼寄稿家として生きたハフの人生が綴られている。少佐は暇を見つけては、一ページずつ味わいながら読んだ。「私は、故郷から遠く離れた場所にいます。マサチューセッツの古い町で過ごした少年時代も過ぎ去ってしまいました。けれど、あなたの本を読むと、時間を巻き戻すことができます。目を閉じれば、故郷や少年の頃のことがありありと思い出されます[50]」歴史に残る任務を終えたばかりだった少佐は、物事がもっと単純だった時代のことを余計に懐かしく感じた。

私は、ニュルンベルクにおいて、無数の無辜《むこ》の人々を苦しみの淵へと追いやった者たちの取り調べを行ないました。ちょうど二週間前、取り調べ中に、フォン・リッベントロップが、もうその本を読み終わったのかと私に聞きました。彼らも、赤十字社から届けられたこの手の本を読んでいました。私は、彼らにも *Country Editor* を読んでほしいと思いました。この本は、アメリカの強さと偉大さを雄弁に示しています——アメリカは強く偉大だから、世界の人々の羨望を集めているのです。隣の独房に、短気で太ったゲーリングが入っていました。独房は簡素で、彼の自宅とはまるで違います。ゲーリングは聖書を読んでいました。眼鏡をかけていたので、彼が読むのを止めると、看守が独房の中に入り、眼鏡を受け取りました。

少佐は、戦場やニュルンベルクで経験したことに思いを巡らすうちに、ひとつの疑問を抱いた。「なぜ、アメリカは偉大なのだろう？」そして、その答えをハフに伝えた。「*Country Editor* の中に描かれている、あなたのような人々がいるからです」

第十章

平和の訪れ

私が所属していた師団は、戦地を転々とする師団のひとつだった。別の戦地へ隊員を運ぶ船を待つ間だけ、戦いから解放された。土地によって話す言葉は違うけれど、どの土地でも同様の戦いが繰り広げられていた。水陸両用部隊の隊員は、戦う習慣がついてしまったから、アメリカに到着したら、銃砲撃を開始し、コニー・アイランドに海岸《かいがん》堡《ほ》を築くだろう。それから、おそらく塹壕《ざんごう》を掘って戦い続けるだろう。復員が進んで兵力が減ると、地元のパルチザンによって海へ押し戻されるだろう。

——ビル・モールディン(1)

ヨーロッパ戦線が終結すると、連合国軍の大部隊が日本に向かって進んだ。この頃、兵士は、自分の将来について考えるようになった。長い間戦場にいるため、故国の詳しい様子は分からなかった。自分たちが思い描いた通りの理想の国になっているだろうか、と思う者もいた。ある兵士はこう語っている。「故郷の記憶が薄らぎ、現実には存在しないのではないかと思うこともありました。親しい人と愛する人以外の人の名前、顔、声を思い出せませんでした。銃、飛行機、地雷、爆弾に囲まれて暮らすうちに、故郷の人のことを忘れてしまったのです[2]」故郷が、どこか遠い存在になっていた。戦争が終わったら、どこで暮らすのだろう？　今、故郷はどんな様子なのだろう？　一般市民の生活にすんなり戻れるだろうか？

仕事が見つかるか、ということが大きな気がかりのひとつだった。兵士らが陸海軍に入隊した頃、アメリカはまだ、世界恐慌から完全には立ち直っていなかった。一九四〇年になっても失業率は高いままで、およそ一五パーセントだった[3]。また、戦時中、女性と社会的マイノリティーの社会進出が進み、伝統的に白人男性が独占していた職業に就くようになった。そのため、この新しい労働者が仕事を続けるなら、復員兵の働き口はほとんどないのではないか、といった懸念が生じた。戦時中に身につけた知識や技術を活かせる仕事に就きたいと思う者もいた。訓練中に教育コースを取り、試験を突破して昇進すべく、何時間も数学や科学を学び、専門書を読んだ。その時に得た知識を無駄にしたくなかったのだ。

戦時図書審議会は、将来について考える兵士の役に立つような実用書を、各月の兵隊文庫シリーズに加えた。選定された実用書のうち、幾つかは戦後になって出版されたものである。ダレル・ハフとフランシス・ハフの *Twenty Careers of Tomorrow* は、戦争が雇用に与えた影響について論じている。また、様々な業種——プラスチック製造業、織物業、リサイクル業、航空機製造業、冷凍冷蔵庫製造業、出版業、テレビ製造業、ラジオ製造業、教育業、医療業、市場調査業、自動車製造業などに関する情報を提供している。[4] ウィリアム・G・キャンベルとジェームズ・H・ベッドフォードの *You and Your Future Job* は、陸軍の要望により出版された実用書である。職業の選び方について指南し、特に、戦争で障害を負った者、四十歳以上の者、女性に助言している。[5] ジョン・F・ウォートンの *The Theory and Practice of Earning a Living* は、どんな職業でも構わない、とにかくお金を稼ぎたい、と考える兵士が読むべき本である。

前線で戦う兵士は、命を守る医療の進歩を実感した。兵士は皆、スルファニルアミドを持ち歩いていた。怪我をすると、細菌感染を防ぐために、スルファニルアミドを傷口に振り掛けた。[6] この〝サルファ薬〟のおかげで、重傷を負った兵士が一命を取り留めたという例は山ほどある。*The Story of Penicillin*、*Miracles of Military Medicine*、*Burma Surgeon* などを読み、医療の道を志した兵士もいる。

法曹界に憧れを抱く兵士もいた。架空の弁護士エフライム・タットが活躍するアーサー・トレインの作品を読み、ロースクールに入りたいと思った兵士は少なくない[7]。タットは、法的な問題で窮地に立つ依頼人を奇抜な方法で救う。小さな町の愛すべき弁護士の活動を描いた浪漫的な作品である、ベラミー・パートリッジの*Country Lawyer*を読んで、弁護士になろうと決めた兵士もいる。犯罪者の訴追や弁護ではなく、犯罪の捜査を行ないたいと思う兵士は、ジョン・フロハーティーの*Inside the FBI*を探して読んだ。

数学や科学を学んだ兵士（突撃工兵など）は、例えば、*A Treasury of Science*、*Science Remakes the World*、*This Chemical Age*、*Mathematics and the Imagination*などを好んだ。起業家精神の持ち主で、起業を夢見る兵士は、*A Small Store and Independence: A Guide to Retailing*を参考にした。農業で生計を立てようと考える兵士にとって、M・G・ケインズの*Five Acres and Independence: Selecting and Managing the Small Farm*は、必読の書だった。農地の選び方から蜜蜂を飼う時のコツなどまで教えてくれたからだ。ニューヨークのある特派員の記録をまとめたマイヤー・バーガーの*The Eight Million*、アーニー・パイルが従軍記者として戦場で体験したことを綴《つづ》った作品、オリヴァー・グラムリングの*AP: The Story of News*は、ジャーナリズムの世界に興味がある兵士にとって魅力的だった。

兵隊文庫が出版されたことにより、多くの兵士が本に親しむようになったが、人はとかく、本を読むと、自分にも書けるのではないかと思いがちである。そのため、出版社は、戦争体験記を出版してもらえないだろうか、という兵士からの依頼を数多く受けることになった。陸軍のある兵卒は、歩兵としての体験を綴った手記をまとめて出版したいと思い、出版社に熱烈な手紙を送った。彼は手紙の中で、「死、雨、虫、蝿、泥、蚊が入り混じる混沌とした戦場での生活」[8]について説明し、(コネチカット州で婦人帽子店《ミリネリー》を営んでいたから)軍隊生活《ミリタリー》の心得を知らなかった、と冗談っぽく述べている。また、千五十四番目の蛸壺壕《たこつぼごう》を掘ったところだと語り(その蛸壺壕の中で手紙を書いたようだ)、その単調な作業や戦場で直面した辛苦の中にも、おかしみや美しさがあると主張している。別の人物はアーニー・パイルの作品を読み、「パイル流」に自分の体験を記録したいと思うようになった。パイルの作品は「叙述的で、率直さと人間味があり、思いやりと情感と慈愛を感じさせた」という。便箋が「ぐっしょり濡れてしまった」ため、この兵卒は紙袋を切ったものを便箋代わりにした[9]。そして、封筒の束に「蒸気をあてて」乾かした。「戦場は地獄だと思いませんか?」

一九四五年の夏、「戦争史上、最も苛烈《かれつ》な爆撃作戦[10]」が実行に移された。最後に残った敵である日本を壊滅させるべく、連合国軍は総力を上げて、日本の艦艇や都市を繰り返し爆撃した。グアム島、サイパン島、マリアナ諸島に基地を確保していたため、戦いを有利に進められた。マリアナ諸島では、八百機から千機のB‐29が出撃準備を整えていた。すでに連合国軍の爆撃機は、日本に爆弾の雨を降らせていたが(一九四五年六月の時点で、連合国軍の爆撃により、東京の市街地のおよそ五〇パーセントが焼け野原になり、幾つもの工場地帯が壊滅的な被害を受けている)、まだ多くの工場地帯が無傷のまま残っていた。

アメリカのB-29は、戦闘停止と無条件降伏を促すビラ七十五万枚を、毎日、各都市の上空から撒いた。(11)鈴木《すずき》貫太郎《かんたろう》首相は六月初め、日本はあくまで戦うと傲然と宣言し、「本土決戦において敵を粉砕する。島での戦いとは異なる戦いになるだろう」と自信満々に述べた。(12)しかし、六月九日、日本はフィリピンに対する支配力をほとんど失った。(13)そして、フィリピンにおいて、一九四一年以来初めて議会が開会された。

最終的には、沖縄戦が、太平洋戦争における最後の主要な戦いとなった。すでに連合国軍は、日本本土上陸作戦計画を立て、海兵隊は臨戦態勢に入っていた。死闘を演じることになるだろうと隊員は思っていた。しかし、一九四五年八月六日、日本の軍事拠点で重要な港を有する広島に、B-29が四トンの原子爆弾を投下した。B-29の乗組員は、この新兵器の本当の力をまだ知らなかったから、爆弾が爆発した時、その威力に驚いた。ある乗組員はこう語っている。「昼間でしたが、もの凄い閃光《せんこう》が見えました……二、三度、機体が大きく揺れました」(14)その後、白いきのこ雲が二万フィートの高さまで立ち上った。(15)市街地の六〇パーセントにあたる四平方マイルが焦土と化し、周辺の家屋やその他の建物は、修復不可能なほどに損壊した。

広島に原子爆弾を投下すると、トルーマン大統領は即座に日本に警告した。「日本の指導者が、連合国の提示する降伏条件をすぐに受け入れないならば、頭上から、未曾有の破滅の雨が降り注ぐだろう」(16)しかし、日本は戦いを止めなかった。国策通信社である同盟通信社はアメリカに向けて、「大東亜戦争の早期終結は、アメリカの希望的観測に過ぎない」と発信した。[17] 広島が阿鼻叫喚《あびきようかん》の巷《ちまた》と化してから七十五時間後、ふたつ目の原子爆弾が長崎に投下された。[18] この原子爆弾により、市街地の三〇パーセントが焦土となり、その他の地域も廃墟同然となった。八月十日、トルーマン大統領は再度、日本に警告した。「降伏しないならば、我々は再び原子爆弾を使用する……容赦はしない。工業地域に爆弾が投下され、不幸にも、あまたの一般市民の命が失われることになるだろう」[19] それから苦悶《くもん》の四日間が過ぎ、[20] 八月十四日午後七時三分（東部標準時）、日本が無条件降伏したと正式に発表された。遂に、戦争が終結した。連合国が日本に勝利したのである。

世界各地で人々が勝利を祝った。[21] ニューヨークのタイムズ・スクエアに連合国の勝利を伝える看板が掲げられ、人々は「まるで原子爆弾のように」感情を爆発させ、二十分間にわたって「勝利の雄たけび」を上げ続けた。〈ニューヨーク・タイムズ〉はこう報じている。「誰もが自制心を失っていた。通りに繰り出した人は、帽子や箱や旗を空に向かって投げた。オフィスビルやホテルの中にいる人は、窓から落ちそうなほど身を乗り出し、紙吹雪《ふぶき》やテープを投げた。男性も女性も、誰彼となく抱き合った」ロンドンでは、アメリカ軍兵士とイギリス軍兵士が一列になり、市中を練り歩きながらコンガを踊った。誰かと組んで何時間も踊り、祝い合う者もいた。パリでは、アメリカ軍兵士と陸軍婦人部隊の隊員が通りに走り出て、フランス人と握手を交わし、シャンゼリゼ通りをパレードした。ある男性は、陸軍の〈スターズ・アンド・ストライプス〉をトラックで配達していたが、群衆が通りを埋め尽くしたので立ち往生し、配達を続けるため外に出た――〈スターズ・アンド・ストライプス〉の紙面には、「スティムソンが陸軍の削減を再検討」という見出しが躍っていた。男性は、「スティムソンは絶対いい奴だ」と大声で叫んだ。ベルリンの従軍記者の報告によると、太平洋地域が平和になったため、兵士は、もう戦わなくていいのだ、復員する日が早まるのだと言って大喜びした。帰国は数年先になるだろうと思いながら沖縄で戦っていた兵士は、「互いに背中を叩き合い、踊り、歓喜の声を上げ、叫んだ。〝一九四八年に金門海峡へ、なんてくそ食らえ。僕らは九月八日に帰還する〟」テニアン島にいたB‐29のパイロットは、三十五回目となる任務――帰国する前の最後の任務について説明を受けていた時、隊長から、任務は中止だと告げられた。三百人のパイロットはただただ喜んだ。彼らが遂行しようとしていたのは昼間の困難な任務であり、命を失うおそれもあったからだ。グアム島にいた兵士は、叫びながら、様々な武器で祝砲を放った。そして、秘密の場所に隠していた何本ものウイスキーを回し飲みし、平和の訪れを喜んだ。ハワイでは、低空飛行で頭上を通過するB‐29に対し、人々が帽子を軽く持ち上げて、敬意を表した。ハワイは、アメリカの領土の中で初めて爆撃を受けた場所であり、数千人の若い命が奪われた。戦いはようやく終わった。一九四五年九月二日、戦艦ミズーリ号の艦上において、日本が降伏文書に調印した。(22)

戦時図書審議会の活動は、他の戦時組織の活動と同様に、少しずつ縮小した。一九四五年八月に理事会が開かれ、幾人かの理事は、ただちに解散すべきだと主張した。一方、復員が完了するまで兵隊文庫が必要であり、もうしばらく活動を続けるべきだと考える者もいた。陸軍は、一九四六年七月一日までに、六百万人の兵士全員を復員させる予定だった[23]。そして、ヨーロッパの占領地におよそ五十万人、太平洋地域の占領地に九十万人ほど兵力が必要だと発表した。それとは別に、最初の一年は、平和の維持のために六十万人の兵力を要した。戦時図書審議会と陸軍省は、兵隊文庫はまだ必要であるという結論に至り[24]、一九四六年前半、各作品を十一万部発行した。一九四六年六月からは、毎月の各作品の発行部数を八万部に減らした。

戦時図書審議会が解散しないということが分かると、多くの出版社が喜び、何らかの形で協力を継続する意向を示した。ウィリアム・ウォルダー・ノートンは、戦時図書審議会の会議において、「これほどすばらしい出版業界の共同プロジェクトを中止するのは早計すぎます[25]」と述べている。また、ノートンは、「戦時図書審議会と同様の活動を行なう、平時の大規模な組織を作り、戦時図書審議会がその組織の礎《いしずえ》を築く」という案に賛成した。

一九四五年十二月、兵隊文庫部門の責任者フィリップ・ヴァン・ドーレン・スターンはその任を辞し、ポケット・ブックス社に戻って再び常勤で働き始めた[26]。後任には、初期に兵隊文庫の装丁を担当したスターリー・トンプソンが就いた。トンプソンは兵役を終えて、〈ヤンク〉とともにアメリカに戻ってきたばかりだった。この頃、戦時図書審議会は、一九四六年の夏までに兵隊文庫部門を廃止するつもりでいた。戦時図書審議会と政府が最後に結んだ契約で、戦争が終結したら兵隊文庫の出版を一年以内に中止する、と定められていたのだ。しかし、トラウトマン中佐の跡を継いで陸軍図書館部の長となったポール・E・ポステルは、一九四六年の夏以降も兵隊文庫が必要だと思っていた。五十万人以上の兵士が占領地に残るからだ。兵士の多くは、図書館などない僻地で治安維持にあたる。少し前まで海外で兵役に就いていたトンプソンも、兵士はまだ読み物を渇望していると主張した。戦争は終わったけれど、ポケットサイズのペーパーバックは求められている。陸海軍は、戦時図書審議会の活動の継続を望んだ。

しかし、陸海軍の規模が大幅に縮小されると、兵隊文庫の注文数も減少した。[27] 一九四五年十二月、陸軍は、ひと月の発行点数が十二作品から十五作品なら、各作品が二万部ほどあれば足りると判断した。海軍は、五千部ほどあれば十分だと考えた。注文数が減ると（最も多かった頃の一五パーセントにまで減少）、単価が上がるという問題が生じる。戦時図書審議会の会議において、陸軍省は一般のペーパーバックを購入した方が良いのではないか、という意見も出た。ポケット・ブックス社をはじめとする出版社は、ペーパーバックを二十五セントで販売していたからだ。とはいえ、兵隊文庫は一冊五セントであり、それに比べるとかなり高額である。

一九四六年の前半、ポステル、トンプソン、それに兵隊文庫の出版に関わる者らが話し合いを続けた。トンプソンは幾つもの経費削減案を提案した。そして最終的には、ポケット・ブックス社と同様に最新の印刷技術を利用することになった。その印刷技術を使うと、例えば、ひとつの作品を二万五千部作る場合、一冊あたりの製造原価を十八セントに抑えられた。戦時図書審議会は、一九四六年十月から一九四七年九月までの間に、IIシリーズからTTシリーズまで製作する旨の契約を陸海軍と結んだ。その後、毎月、十二作品が兵隊文庫として出版された。発行部数は全体で三十万部だった。印刷を担当したのは、バッファローのJ・W・クレメント・カンパニー社である。

IIシリーズからTTシリーズまでの兵隊文庫は、それ以前のシリーズのものとは体裁が異なる。一般のペーパーバックと同じく長辺側を綴《と》じてあるため、横よりも縦が長い。そして、二段組みではなく、一段組みである。また、この新しい縦型の兵隊文庫はサイズがひとつしかなく、横四・二五インチ（約十・八センチ）、縦六・五インチ（約十六・五センチ）だ。ただし、以前と同じ部分もある。新しい兵隊文庫の表紙にも、ハードカバー版のカバー絵を縮小したものが載っている。裏表紙には作品の概要が、裏見返しには、同じ月に兵隊文庫として出版された作品の題名が掲載されている。

兵隊文庫はIIシリーズからTTシリーズまで出版されるが、その途中、陸軍は、予算削減によって、兵隊文庫に資金を割《さ》けなくなった(28)。海軍も懐《ふところ》事情が厳しかった。陸海軍は、契約通りに購入したいのは山々だが、資金がないから無理だと戦時図書審議会に伝えた。一九四七年一月、戦時図書審議会は臨時理事会を開いた。兵隊文庫を作ろうと最初に提案した人物であるマルコム・ジョンソンは、戦時図書審議会の財務状況を調べた上で、出版を継続するかどうかを判断すべきだと述べた。そして、資金に余裕があることが判明すると、戦時図書審議会の余剰資金を使って一九四七年九月まで兵隊文庫を出版する旨の契約を、陸海軍と新たに結び直すよう提案した。その後、戦時図書審議会がNNシリーズからTTシリーズまでの兵隊文庫を百五十万部作り、その対価として陸海軍から一ドルずつ受け取るという議案が提出され、理事会がそれを承認した。戦時図書審議会の資金で軍の購入費用を賄《まかな》うことになったのである。

一九四七年九月、陸海軍に最後の兵隊文庫が届けられ、兵隊文庫プロジェクトは終了した。最後のシリーズの作品は、マックス・ブランドの *The False Rider*（西部小説）、ボブ・フェラーの *Strikeout Story*（自伝）、トーマス・B・コスティンの *The Moneyman*（歴史小説）、バッド・シュールバーグの『巨人は激しく倒れる』（ボクサーを描いた小説）、クレイグ・ライスの *Los Angeles Murders*（ミステリ）などである。最後に印刷されたのは、太平洋の島において、日本の狙撃兵の銃弾に倒れたアーニー・パイルの *Home Country* である。パイルはアメリカ国民に愛された従軍記者だった。

兵隊文庫プロジェクトが終了すると、戦時図書審議会のもとに、兵士から多くの手紙が寄せられた。毎月、兵隊文庫の供給を受けていた兵士は皆、残念がった。ある大尉はこう綴っている。「私は、戦闘中も兵隊文庫を肌身離さず持っていました。占領地にいる今も、常に携行しています。言うまでもないことですが、兵隊文庫は士気を大いに高めてくれました」[29]「兵隊文庫は私にとって、宝物のようなものです。故郷に戻った後も、兵隊文庫が手に入ると良いのですが」戦時図書審議会は、兵隊文庫の製作は終了しており、新たに作る予定はなく、在庫もないという旨の返事を書いた。兵隊文庫は戦後も大切にされた。戦争の記念品として、あるいは将来読むために、一、二冊故郷に持ち帰る兵士もいた。帰国する際、兵士は一冊ずつ持って船に乗り込み、長い航海中、皆で交換しながら読んだ。占領軍の隊員として海外に残る兵士は、暇な時間に読むために何冊か確保した。一部の兵隊文庫は、海外の軍の図書館に収蔵された

――背表紙に請求記号を記したラベルが貼られ、貸出期限票も貼り付けられた。〝忘れられた戦争〟である朝鮮戦争においても、兵隊文庫は兵士の助けになった。兵隊文庫が再び出版されることはなく、それを読むことができた兵士は幸運である。兵士は、兵隊文庫から深く影響を受け、その影響はいつまでも残り続けた。故郷に戻った時、多くの兵士が出征した頃と変わっていた。読書を愛するようになっていたのだ。

戦後、政府は復員兵の社会復帰を支援した。その時にも、書籍は兵士を支える力となっている。

第十一章

平均点を上げる忌々《いまいま》しい奴ら

私たちは、戦争を遂行する方法を若者に教えた。私たちは、自由と正義と良識とともに有意義で幸せな人生を送る方法についても、若者に教えなければならない。

——ルーズヴェルト大統領の教書（1943年）(1)

大勢の兵士が復員すると、それに伴って様々な問題が発生する。そのため、アメリカ政府は、戦争が終わるずっと前から対策を練っていた。大きな問題のひとつは就職問題である。千五百万人の男女（人口の十分の一以上にあたる）が戦地での務めを果たして帰国するが、国内には戦時の労働者がおり、十分な働き口がなかった。政治家は頭を抱えた。「政策を誤れば、大量失業を招く。そして、銃器の扱いに長《た》けた大勢の若者が、市民社会で地歩《ちほ》を築けないことに怒りを覚え、街を徘徊《はいかい》し始めるだろう(2)」復員兵は、種々の精神的な問題を抱えて帰国する。それも懸念のひとつだった。すでに、二百五十万人の兵士が心の病により除隊していた。心を病んだ兵士が社会に適応できない場合、国の安全のために、早急に対策を講じる必要があった(3)。兵士を「サイコキラー」の同類と見なす者もおり、その事実を知った兵士は、決していい気持ちはしなかった。ある復員兵はこう語っている。「元兵士のことを、犯罪を行なう危険のある精神障害者と見なす傾向があります。だから、故郷に思いを馳せながら戻れる日を待つ兵士は、暗然たる思いにとらわれています(4)」

兵士も不安を抱えていた。陸軍の調査部が調査した結果、多くの兵士が、「身を固め、腰を落ち着け、定職に就き、戦場で負った心の病を克服する」のは難しいだろうと考えていることが明らかになった。ある兵士は、社会にうまく順応できないのではないか、友人や家族との間に隔たりを感じるのではないかとおそれた。就職先がないのではないかと心配する兵士もいた。兵士らが入隊した頃はまだ、世界恐慌の影響が残っていたからだ。「将来は溝掘り人になり、パンの施《ほどこ》しを受ける人の列に並ぶことになるだろう(5)」と考える兵士がいることも分かった。ある兵士は、アメリカが再び不況に陥ると予想し、またある兵士は、千百万人の復員兵が糊口《ここう》をしのぐべくリンゴを売り歩く姿を想像した。

流入する大量の復員兵をいかに受け入れるか。政府はこの問題について、日本が降伏する前から議論を重ねた。一九四四年、選抜徴兵局長ルイス・B・ハーシー少将の発言が大きく報じられ、ちょっとした騒動になった。「兵士を復員させるなら、職業紹介機関を設置しなければならない……それよりも、兵士を陸軍に入れたままにしておく方が安上がりだ(6)」千百万人の兵士と、軍需産業に従事する千七百万人から千八百万人の国民すべてに職を与えるのは、どだい無理だなどともハーシーは述べている。〈ヤンク〉はハーシーの発言内容を掲載し、それを読んだ多くの兵士が腹立たしさを覚えた。ルイス・ドイル軍曹はこう語っている。「軍に残るのが牛の群ならば、彼の計画もうまくいくでしょう。自由な生活を望む人ではなく牛ならば、確かに安く上がるでしょう……ワシントンの役人の皆さん、私たちは牛ではなく人間です。そのことをお忘れなく。私たちは今、アメリカの社会を守るために全力を尽くしています。私たちは、その社会に戻る権利を求めます(7)」政府はハーシーの意見を認めず、復員兵が必要とする様様なものをいかに提供するか模索した。

ルーズヴェルト大統領は、世界恐慌から抜け出すために、ニューディール政策を推し進めた。そして、戦争が始まると、復員兵を支援する法律の制定に力を入れた[8]。一九四三年には、法案をまとめるよう議会に求めた。法律が成立すれば、例えば、名誉除隊した者は、政府の資金援助により、大学に進学することや職業訓練を受けることができるようになる。ルーズヴェルト大統領は、一九四三年に議会へ送った教書の中でこう述べている。「私たちは、この戦争中、私たちの計画、工夫、物的資源、資金によって、最高の訓練と必要品、最高の食料と宿所と医療、最高の保護と世話を兵士が受けられるよう取り組んでいる」ルーズヴェルト大統領は、戦後も同様に、最高の職業訓練や必要品を復員兵に提供する責務が国にはあると思っていた。

ルーズヴェルト大統領は、復員兵に除隊手当を支給するつもりだった。除隊手当が十分にあれば、仕事を見つけて市民社会に慣れるまでの間、生活できるからだ。また、仕事になかなかありつけない復員兵には、彼らが民間産業に吸収されるまで失業手当を支給するべきだと思っていた。さらに、大学に進学する機会と資金、あるいは技術訓練を受ける機会と資金を与えるべきだと考え、議会にそう伝えた。兵士の中には、兵役に就くために学業を中断した者もいた。ルーズヴェルト大統領は、早急に法律の制定に着手するよう議会に求めた。「戦後、復員兵に教育と職業訓練を受ける機会を与えることを政府が検討している、ということを兵士が知れば、士気がこの上なく高揚するだろう[9]」

ルーズヴェルト大統領がこれらの案を発表した頃、労働者階級の人々にとって、大学で学ぶことなど夢のまた夢だった。しかし、法律上の条件を満たす復員兵は大学で学べるようになる。これは画期的なことだった。一九四〇年の平均的な労働者の年収は千ドル以下、州立大学の一年間の授業料は四百五十三ドル、私立大学のそれは九百七十九ドルである。[10] ルーズヴェルト大統領の案により、アメリカの歴史上初めて、社会的地位の高低や所得の高低にかかわらず、復員兵が高等教育を受けられるようになるのだ。復員兵に教育の機会を与えるという案は、民主主義と自由のために戦う国にふさわしいものだった。

ルーズヴェルト大統領の構想に基づき、復員兵のための包括的支援法案の起草を担当したのは、退役軍人の組織である在郷軍人会だ。在郷軍人会は数か月かけて文言を吟味し、法案を議会に提出した。そして一九四四年、復員兵援護法が成立した。在郷軍人会の広報責任者は、「法律の名称は、まるで復員兵が〝去勢されたラバ〟であるかのように思わせる」[11]と言い、単に「GI法」と呼ぶようになった。覚えやすかったため、やがてGI法という名称が定着した。

GI法により、陸海軍の兵士は男女とも、カウンセリングを受ける、障害者手当や失業手当をもらう、住宅資金や開業資金を低利で借りる、二年間大学で学ぶ、職業訓練を受ける、といったことができるようになった。一九四四年六月二十二日ルーズヴェルト大統領は、上下両院において全会一致で可決された法案に署名し、その後、復員兵援護法の成立を祝う式典を開いた。「アメリカ国民は、男女の兵士を見捨てるつもりはない。この国民の考えは、復員兵援護法を通して兵士に伝わるだろう」[12]

政治家は、復員兵がGI法の恩恵にあずかろうと躍起になると思っていた。ところが、当初、制度を利用する者はとても少なかった。復員兵の多くが失業手当に頼る必要がなかったことがひとつの理由であり、政府はそのことに安堵した。しかし、大学進学制度が活用されていないことに落胆した。一九四五年二月一日までに復員した百五十万人のうち、大学に進学した者はわずか一万二千八百四十四人で、全体の一パーセントにも満たない(13)。陸軍当局の落胆ぶりは、「ごく控えめに言っても(14)」甚《はなは》だしいものだった。〈サタデー・イヴニング・ポスト〉は調査を行ない、平均的な兵士は、「本を読む根気を失い、また、規律に縛られる生活にうんざりしており、教育を受けるよりも仕事をしたいと思っている(15)」と結論づけた。

しかし、〈サタデー・イヴニング・ポスト〉の見解は間違っていた。海外にいる兵士は、無償で教育を受けられるのなら、ぜひ制度を利用したいと思っていた。けれども、多くの兵士が利用条件を満たしていなかった。GI法の大きな問題点は、年齢制限が設定されていたところである。二十五歳以下の復員兵は一年以上教育を受けられる、と規定されていた。そのため、多数の復員兵が除外された。二十五歳を超えていたある復員兵はこう語っている。「GI法なんてない方がいい。私たちの国は寛大だという話を、耳にたこができるほど聞かされています……もう、うんざりです。GI法なんて(ほとんど)役に立ちません(16)」

大学入学を申し込む復員兵の数が増えず、進学を希望する復員兵の多くが除外されることに対して、不満の声が上がった。そのため議会は、一九四五年の後半に戦争が終わると、GI法を大幅に改正した。まず、無償で教育を受けられる期間を最長二年から四年に延長し、復員兵の進学を妨《さまた》げるような条件を外した(17)。そして、授業料以外の出費、例えば食費、雑貨費、家賃、書籍代などを賄《まかな》えるように生活手当を増額し、二十五歳以下という年齢制限を撤廃した。また、在学できる期間を長くした。改正前の在学期間は七年だったが、それを九年に延長した。政府は、帰国後どのような恩典を受けられるのかを知ってもらうために、恩典について分かりやすく説明した小冊子を大量に発行した。さらに、兵隊文庫と同じポケットサイズの *Going Back to Civilian Life* と題する小冊子を、兵士に一冊ずつ配布した。(18) この小冊子には、復員後に問題が発生した時の相談先、元の職場に復帰する方法、新しい職場や政府機関に就職する方法などが記されていた。GI法の概要も掲載されており、大学進学、失業手当、住宅資金や開業資金の貸付などに関する情報も載っていた。

図書館員も再び行動を起こし、各地の図書館は新しい状況に対応しようとした。(19) アメリカが参戦すると、図書館員は、図書館利用者に対する教化活動を行なったが（どんな作物をヴィクトリー・ガーデンで育てたら良いかを教えることから、世界の国々が戦争をする理由を理解する助けとなる書籍の目録を作成することまで、あらゆることに取り組んだ）、今度は、復員兵に対する支援活動を展開した。例えば、退役軍人局と赤十字社の協力の下、GI法の周知を図った。就職する者や職業訓練を受ける者に助言を与え、貸付や給付金を受ける際や大学に進学する際の注意点を説明した。復員兵の社会復帰に関する映画を手に入れ、夜に上映会を開催する図書館員もいた。また、復員兵の家族は様々な問題を抱えていたため、その解決に役立つ書籍の目録を作成し、どのような恩典を受けられるのかを教え、復員兵が恩典を受けるための手続きを行なう時に手助けをした。

一九四五年八月から一九四六年一月の間に、五百四十万人の陸海軍兵士が復員した[20]。ＧＩ法が改正されたことにより、多くの復員兵が、大学に入学するために手続きを行なった[21]。入学者数は一九四八年が最も多く、九十万人に上る。九年間でおよそ七百八十万人の復員兵が、ＧＩ法に基づいて大学教育や職業訓練を受け、そのうち二百二十万人が単科大学で学んだ[22]。一九四七年と一九四八年には、アメリカの単科大学の学生の五〇パーセントを復員兵が占めている。また、単科大学と総合大学の学生の数が過去最高に達している。当初、一部の批評家は、復員兵は学問や読書に興味がなく、すぐに就職するだろうと考えていた。しかし、多くの復員兵が進学し、真面目な成人学生だと評価されるようになった。復員兵はきちんと授業に出席し、几帳面にノートを取り、一生懸命勉強し、トップクラスの成績を収めた。一般の学生は、復員兵が自分のクラスに入ってくるのを嫌がるようになるが、それは、復員兵が優秀で、平均点を上げたからだ。カリフォルニア大学の一般学生は、復員兵をＤＡＲｓ（Damned Average《平均点を上げる忌々しい》 Raisers《奴ら》 の頭字語[23]）と呼ぶようになった。ペンシルベニア州リーハイ大学の学生は、クラスメイトの復員兵について苛立《いらだ》たしげに話している。「彼らはいつも本と首っ引きだ。がむしゃらに勉強するから、僕たちも必死に勉強しないと遅れを取ってしまうんだ」

　どの地方の復員兵も、大学が予想していたよりもずっと優秀だった。復員兵の中退率は、一般の学生のそれよりも低く、講師陣は復員兵の学習意欲の高さに感心した。ある教授はこう語っている。「学生には、学びたいという気持ちを持ってほしい。教師は誰もがそう願っていますが、復員兵はその大切な気持ちを持っています[24]」復員兵は授業に熱心に取り組み、厳しい課程をこなしていった。「復員兵は、特に経営学に興味を引かれるようです。次に、法学、医学、歯学、教育学といった専門性の高い分野。工学、建築学、自然科学、人文科学、社会科学などに興味を持つ復員兵も多いです」GI法に反対した者も、復員兵は優秀であるということは認めざるを得なかった。ハーバード大学学長のジェームズ・ブライアント・コナントは、GI法によって大学の門をくぐった学生の質の高さに驚かされた。コナントは一九四六年にこう述べている。「社会移動が活発になり、平等な社会に変わりつつあることの表れだ。アメリカでも、社会階層の壁が存在したため、大学教育を享受できるのは一握りの人間だけだったが、その壁が取り払われた[25]」GI法は多くの復員兵の人生を変えた。復員兵はそれを率直に認め、謝意を示している。

残念なことに、アフリカ系アメリカ人と女性の復員兵の大半は、GI法が改正されても大学教育を受けられなかった。彼らを対象から除外するという規定があったわけではない。しかし、当時のアメリカ国民はまだ、黒人専用学校を設《もう》けることを是認し、女性のいるべき場所は家庭であるという考えを根強く持っていた。アフリカ系アメリカ人が教育を受ける機会は限られていた。歴史家クリストファー・P・ロスはこう述べている。「人種隔離が合法化されており、黒人復員兵がエリートになる道は、ほぼ閉ざされている。白人専用学校の収容定員は非常に多いが、黒人専用学校の方は、入学を希望する者の数に対して収容定員が少ない[26]」アメリカの単科大学と総合大学のアフリカ系アメリカ人学生の数は、一九四〇年から一九五〇年の間に三倍に増えている。しかし、多くの有望な学生が、黒人であることを理由に入学を拒否された。雇用の場面においても差別が存在しており、アフリカ系アメリカ人は、GI法によって学位を取得できても、学歴にふさわしい仕事に就けなかった。大卒のアフリカ系アメリカ人の多くは、教育を受けていなくても就けるような類いの仕事に甘んじるしかなかった。だが、連合国が日本に勝利してからおよそ十年後、「ブラウン対教育委員会裁判」において、連邦最高裁判所が画期的な判決を下した。人種隔離教育を違憲と判断したのだ。この裁判からさらに十年後、公民権運動が実を結び、公立学校における人種隔離の廃止に向けて大きく前進することになった。

　女性復員兵も、GI法によって、教育を受ける機会やその他の機会を与えられたが、世間から圧力を受けて家庭に戻った。戦時中、政治家や労働組合は女性に対し、海外で戦う男性の代わりに軍需産業に従事するよう強く促した。ところが、戦争が終わるや態度を一変させた。「女性を台所へ帰す[27]」運動も始まり、女性は男性復員兵に仕事を譲るよう求められた。雇用主も女性より男性の方を好み、女性は再び壁に阻まれた。GI法の下で学位を取得しても、アフリカ系アメリカ人と同じく、学位を役立てる機会がなかったのである。ともあれ、国内経済が不況に陥ることはなく、時間はかかったものの、男性復員兵は各種産業に吸収されていった。そして一九七〇年代には、多くの大学が完全に〝男女共学〟になった。

　戦時中、訓練基地や海外に展開する部隊に大量の書籍が届けられていなかったら、兵士は読書や進学、復学に興味を持たなかったかもしれない。戦時図書審議会は、慎重に作品を選《え》り抜き、兵隊文庫にし、毎月、兵士に送った。そして、戦前は書籍を敬遠していた兵士にとっても、読書がなくてはならない楽しみとなった。一九四三年には兵隊文庫プロジェクトを疑問視していた〈ニュー・リパブリック〉が、一九四五年にこう述べている。「たくさんの良書が〝兵隊文庫〟として兵士に供給されている。兵隊文庫プロジェクトは、たいへんすばらしい、有益なプロジェクトである。兵隊文庫を読んでいるのは、入隊する時点ですでに読書の習慣を持っていた兵士だけではない。新聞の連載漫画ぐらいしか読んだことのない、文字通り何百万人もの兵士が良書に親しんでいる」[28]戦勝図書運動と戦時図書審議会の活動によって、兵士は本を読み、学ぶようになった。そのことが、戦後の兵士の人生を豊かなものにした。〈ニューヨーク・ポスト〉[29]は一九四五年の春、誇らしげに述べている。「アメリカは世界最高の読書軍団を有している」

兵隊文庫として出版された作品の著者は、戦後、兵隊文庫の影響を肌身で感じた。*The Big Rock Candy Mountain* の著者ウォーレス・ステグナーは、スタンフォード大学で彼の授業を取った「復員兵の一群」について語っている。「彼らは、南太平洋地域とヨーロッパの戦場でN−32を読んでいました」[30]ステグナーの作品を読んだ兵士の数は、彼が恐縮してしまうほど多かった。「本が私たちを結び付けました。本のおかげで、彼らは私にある程度の信頼を寄せてくれました。そして私は、彼らを心から尊敬しました」復員兵と文通を続けた作家は、復員兵が戦後どのような人生を歩んでいるかを知ることができた。*While Still We Live* の著者ヘレン・マッキネスは、ひとりの若い兵士のことが忘れられなかった。兵士は、マッキネスの作品を読んでから、「文学を楽しむようになった」読書を続けるうちに大学で学びたいという気持ちが芽生え、戦争が終わると進学した。そして数年後に博士論文を書き上げ、論文の写しをマッキネスに送った。「読書に目覚めるきっかけとなった小説の著者」であるマッキネスに論文を捧げたのである。

兵士らは、帰国した時にはすでに、プラトン、シェイクスピア、ディケンズの作品を読んでいた。歴史、ビジネス、数学、科学、ジャーナリズム、法律に関するものを前線で読んだ兵士もいた。そして、大学で学ぶ機会を与えられ、読書に勤《いそ》しんだように勉学に勤しんだ。砲弾が炸裂する中、蛸壺壕《たこつぼごう》に潜んで本を読んだ彼らは、学業を成し遂げる力を身につけていたのである。

GI法によって、多くの兵士が、貧富の差や社会階層にかかわりなく教育を受けた。戦時中は、ペーパーバック革命によって、多くの兵士が本を読んだ。戦前、ペーパーバックを出版していたのはポケット・ブックス社とペンギン・ブックス社だけだった(31)。しかし、エイヴォン・ブックス社、ポピュラー・ライブラリー社、デル・ブックス社、バンタム・ブックス社、バランタイン・ブックス社、ニュー・アメリカン・ライブラリー社などもペーパーバックの出版に乗り出した。これらの出版社は、古典から現代のフィクション、ノンフィクションまで扱った。ペーパーバックブームに便乗する出版社は増え、販売部数は、一九四三年から一九四七年の間に、四千万部から九千五百万部に伸びた。一九五二年には二億七千万部に跳ね上がり、一九五九年には、アメリカの出版業界の歴史において初めて、ペーパーバックの販売部数がハードカバーのそれを超えた。ペーパーバックは、ドラッグストアやファイブ&ダイム・チェーンストアだけでなく、従来の書店、新聞売店、小間物店、タバコ屋、駅などでも売られるようになった。ペーパーバック市場は活況を呈した。兵士は、もはや兵隊文庫を手にすることはできなかったが、ポケットサイズのペーパーバックを無限に入手できるようになったのである。

おわりに

現在、ベルリンのベーベル広場には、一九三三年にナチスが行なった焚書《ふんしょ》のことを伝えるモニュメントがある。広場の石畳にガラス板を埋め込み、その下の空間に、空っぽの書架を並べたものだ。訪れた人々は地下を覗き込み、この広場で燃やされた、あまたの書籍について思いを巡らせる。それらの書籍には様々な思想が記されていた。アメリカは、思想戦においてナチスと戦うために多くの書籍を集め、また、出版した。しかし、それを記念するモニュメントはない。本書は、その偉業を記念する書となるかもしれない。

書籍には力強い考えや思想が記されている。この知識の宝庫は、第二次世界大戦において強力な武器となった。『我が闘争』は、ナチスの思想やプロパガンダを広め、憎悪や荒廃をもたらした。その一方、多くの書籍が弾圧された思想を広め、永遠の平和を願う心を育て、理解を促した。ナチスは総力戦を遂行し、アメリカは、兵士、弾丸、書籍をもって対抗した。この現代の戦争では、航空機から原子爆弾まで、数多くの最新鋭のものが投入された。そして、計り知れない力を持つ武器のひとつが書籍だった。

戦時中、一億冊以上の書籍が失われたと言われている。(1) 焚書、空襲、爆撃によって破壊されたのだ。一方、戦時図書審議会は一億二千三百万冊以上の兵隊文庫を作った。戦勝図書運動員は、千八百万冊の寄付された書籍をアメリカ軍に供給した。アメリカ軍に供給された書籍の数は、ヒトラーが葬り去った書籍の数よりも多い。

謝辞

兵隊文庫のことを知ったのは、チャールズ・スクリブナーズ・サンズ社の書庫で、私が初めて執筆した本に関する調べ物をしていた時である。その書庫で、数えきれないほどの兵士からの手紙を見つけた。チャールズ・スクリブナーズ・サンズ社は、戦時図書審議会の一員として、小型のペーパーバックである兵隊文庫を兵士に無料で提供し、彼らの戦いの日々に光をもたらした。手紙には、そのことに対する心からの感謝の気持ちが綴《つづ》られていた。私は、それらの手紙にたちまち魅了され、兵隊文庫について詳しく知りたくなった。そして、この偶然の発見から、第二次世界大戦の勝利に書籍がいかに貢献したかを人々に伝えたいという強い思いが芽生えた。

幸いなことに、本書を上梓《じょうし》するにあたり、すばらしい人々の協力と支援を得た。まず、本の執筆という大変な作業を行なう私を励まし続けてくれた、家族皆に感謝したい。特に、母のナンシー・アン・グプティルは、いついかなる時も支えてくれた。母は私にとってかけがえのない存在であり、良きお手本である。夫のクリストファー・マニングは、私が考えをまとめるのを手伝い、初期の原稿を読んで批評し、私と同じく、本書が価値ある書になると信じていた。忍耐強く、優しく、折に触れて励ましてくれもした。私は彼と結婚できて幸運である。

才能豊かな同僚イラナ・ドレシャーとジョン・マルヴァニーは、私の原稿を幾つか読み、内容をより良いものにするために、貴重な助言とアイデアを寄せてくれた。イラナ、あなたの熱意と鋭い洞察力が大きな助けになり、また、あなたの意見は有益だった。ジョン、あなたの助言はいつも的《まと》を射ていたし、あなたとの〝ブック・ランチ〟は最高だった――あなたが本について熱を込めて話すので、私もつられて熱く語ってしまった。あなたの添削も大いに役立った。

私の論文指導者で友人でもある、敬愛するリチャード・ハム教授にも深く感謝申し上げる。十年前、教授の授業を受けたことで、より一層歴史を好きになった。私は今でも、教授に教えを請う。私にとって教授の助言と意見がどれほど大切なものか、言葉では言い尽くせない。執筆中は助け、励ましていただき、とてもありがたく思っている。

兵隊文庫に精通するブライアン・アンダーソンも大きな力を貸してくれた。ブライアンに出会うまでは、私ほど兵隊文庫を愛してやまない人間はいないと思っていた。彼からは多くのことを教えてもらい、兵隊文庫や第二次世界大戦中の出版業界の画期的な試みについて楽しく語り合った。原稿の内容を吟味してくれた彼には、感謝に堪えない。彼は鋭い眼識を持つ人物であり、すてきなアイデアを出してくれた。特に嬉しかったのは、原稿の余白に書き込まれた意見にユーモアが織り交ぜられていたことだ。彼が添削した原稿を読む時には、大笑いしてしまうこともあった。

資料探しを手伝ってくれた優秀な研究者にも心から謝意を表したい。アマンダ・ローレンスは、イリノイ大学アーバナ・シャンペーン校において、アルシア・ウォーレンに関する資料を丹念に調査してくれた。そのおかげで、アルシア・ウォーレンの性格や機知に富んだ言動について知ることができた。マリーエレン・ティンズリーは、ノースカロライナ大学チャペルヒル校のウィルソン図書館で、兵士がベティー・スミスに送った手紙を見つけてくれた。私がとりわけ好きな手紙である。ペギー・アン・ブラウンは、メリーランド大学カレッジパーク校が所蔵する、キャサリン・アン・ポーターに関する資料の山の中から、私が探し求めていた資料を見つけ出してくれた。根っからの読書人であるジェームズ・ドールガリアンも、執筆に必要な資料と兵隊文庫を探し出してくれた。

原稿が仕上がった時、幸運にも、Ｅ・Ｊ・マッカーシーという非凡なエージェントに巡り合った。出版を実現するために情熱を傾けてくれた彼には、感謝してもしきれない。出版に至るまでの間、専門的な指導を受け、賢明な意見と助言をもらった。彼の丁寧な添削と第二次世界大戦に関する深い知識が、どれほど役に立ったことか。彼と一緒に仕事をするのはとても楽しく、今後も彼との友情と協力関係が続くことを願っている。

ホートン・ミフリン・ハーコート社のブルース・ニコルスと初めて話をした時、彼に原稿を託したのは正解だったと思った。この時、どのような本にしたいのかを伝えたのだが、彼は、私の考えを正確に理解してくれた。彼の心のこもった編集作業とすばらしいアイデアのおかげで、原稿が次第に洗練されていき、本書ができ上がった。彼と一緒に仕事ができたことは、私にとって大きな喜びである。ホートン・ミフリン・ハーコート社のベン・ハイマンにもお礼を言いたい。彼は、出版に関する度重《たびかさ》なる質問にも快く答えてくれ、出版の実現へと少しずつ導いてくれた。入稿前に原稿整理を行なってくれたメリッサ・ドブソンにも感謝の意を表する。

訳者あとがき

本書は、*When Books Went to War: The Stories That Helped Us Win World War II* の全訳である。

本書の著者モリー・グプティル・マニングは、ニューヨーク州レイサムで育った。ニューヨーク州立大学オルバニー校で米国史を学び、二〇〇二年、イェシーヴァー大学ベンジャミン・N・カードーゾ・ロースクールに入学。その後、第二巡回区連邦控訴裁判所で弁護士を務めるようになる。その傍《かたわ》らノンフィクションを執筆し、最初の著書 *The Myth of Ephraim Tutt: Arthur Train and His Great Literary Hoax* を二〇一二年に発表した。これは、一九四三年に出版された、アーサー・トレインの著書 *Yankee Lawyer The Autobiography of Ephraim Tutt* を巡るひとつの騒動について書かれたものである。

トレインは、架空の弁護士エフライム・タットが活躍する物語を数多くものした。義理人情に厚くて正義感溢れるタットは、二十年以上にわたって読者に親しまれていた。ところが、*Yankee Lawyer* が読者を混乱に陥れた。この作品がタットの自伝として出版されたからだ。本には、エフライム・タットという著者名が記され、タットとその家族の偽の写真が掲載されるなど、タットが実在すると読者に思わせるための仕掛けが施《ほどこ》されていた。そのため、多くの読者が騙され、タットのことを実在の人物だと思い込んだ。ある弁護士は仕事に関する助言をタットに求め、ある者はタットに弁護を依頼し、ある婦人は、お茶を飲みに家にいらしてくださいとタットに書き送った。さらに、*Yankee Lawyer* は兵隊文庫（Armed Services Editions）として出版され、戦場にも騒ぎをもたらした。沖縄で戦っていた部隊の隊員らは、タットが実在すると信じる派、信じない派に分かれて議論を戦わせるも、結論を出せずじまい。そこで、真相を確かめるべく、出版社に手紙を送った。出版社には同様の手紙が世界各地の戦場から届いた。

マニングは、それらの手紙を出版社の書庫で偶然見つけた。そして、手紙に記されていた、兵隊文庫と呼ばれる本に興味を引かれて調べ始め、膨大な資料に接するうちに、第二次世界大戦中に起きた、本に関連する様々な出来事について知ることになった。やがて、それらの出来事や兵隊文庫のことを人々に伝えたいという思いが芽生え、本書を執筆するにいたるのである。

本書は、ナチス・ドイツが行なった焚書《ふんしょ》の話から始まる。ヒトラーは、自分の思想に反することが記された、一億冊にのぼる〝非ドイツ的〟な本を燃やした。そして、連合国側の人々の士気をくじき、戦意を喪失させるために、思想戦を仕掛けた。一方、アメリカでは、陸海軍が兵士に本を供給した。兵士の士気を保《たも》つために必要だと考えたからだ。また、全国の図書館員は、〝本は武器である〟という考えのもと、寄付された本を兵士に送る戦勝図書運動を展開。出版業界の人々は戦時図書審議会を設置し、兵隊文庫を出版した。戦争に対する賛否は別として、本は兵士にとってなくてはならないものだと誰もが信じていた。

　兵隊文庫はポケットサイズのペーパーバックである。軍隊文庫とも呼ばれ、総発行部数は一億二千万冊を超えた。戦後、進駐軍によって日本にももたらされ、アメリカの文化を日本人に伝える役割を果たしている。余談ながら、日本も兵士用の本を製作しており、それには江戸川乱歩の作品などが含まれていた。打ち合わせのために赴いた東京創元社において、兵隊文庫の実物を手にした。その時、色々な思いが私の頭をよぎった。この兵隊文庫を読んだ兵士は、どんな人だったのだろう。どこで戦い、どんな運命をたどったのだろう。生きて故郷に戻れたのだろうか……。当時、兵隊文庫は長持ちしないという声もあったようだが、結構丈夫そうだというのが私の感想だった。使われている紙は意外に厚みがあり、太いホッチキスの針を用いて綴《と》じられていた。現在のペーパーバックに比べても、それほど遜色ないものだった。

　本書の随所に紹介されている兵士の手紙からうかがえるように、戦地に兵隊文庫が届いた時の兵士の喜びは、とてつもなく大きかった。彼らは我先にと兵隊文庫を摑み取り、それを読んで無聊《ぶりょう》を慰め、腹の底から笑い、元気になった。そして、それを軍服のポケットに忍ばせて、前線に立った。戦時図書審議会は、兵士の復員後のことを考えて、職業選択に役立つ実用書も兵隊文庫として出版している。それらは、少なからぬ兵士にとって、かけがえのない道しるべとなったのではないだろうか。

　本書では、第二次世界大戦中のアメリカの出版業界の変化や読者層の拡大についても述べられており、たいへん興味深い。紙、ハードカバーの表紙に使う木綿布といった製本材料の供給制限がきっかけとなり、多くの出版社がペーパーバックの出版に乗り出し、一九三九年には二十万冊にも満たなかったペーパーバックの販売数が、一九四三年には四百万冊にまで増える。戦争は出版業界にひとつの変革をもたらし、それによって、戦場の兵士も銃後の国民も本に親しむようになった。

本は武器であるという言葉は、決しておおげさな言葉ではないと思う。ヒトラーは無類の読書家だったそうだ。おそらく彼は、本の力をよく知っていたのだろう。だからこそ、一億冊もの本を燃やしたのではないか。そして、アメリカの図書館員や戦時図書審議会構成員もまた、本の力を知っていた。だからこそ、一億四千万冊もの本を戦場へ送ったのである。

第二次世界大戦における本を巡る歴史は、いわば、忘れられた歴史である。マニングはそれを丹念に掘り起こし、光を当てた。今まで知り得なかった歴史の一端に触れさせてくれる本書を、ぜひ、多くの方にお読みいただきたいと思う。

本書を翻訳するにあたり、東京創元社編集部の桑野崇氏から貴重な助言をいただいた。心より感謝したい。

松尾恭子

二〇一六年三月

文庫版に寄せて

本書は二〇一六年に単行本として邦訳刊行された。その後、うれしいことに各紙誌で取り上げられ、さまざまな反響を呼んだ。

刊行からしばらくして、九十歳を超えた男性から東京創元社にお手紙をいただいた。戦後間もないころ、駐留するアメリカ軍兵士から兵隊文庫を譲り受け、辞書を片手に読んだ。その思い出が当時の情景とともにしみじみと綴られていた。海を越えた本は、日本の人々にとっても心の糧《かて》となったのだろう。

この度の文庫化にあたり、本書をじっくり読み返した。そして、死地に向かう戦艦の中で本に没頭する兵士や傷ついた体を崖にもたせかけてページを繰る兵士の姿から、本が彼らを支えたのだと改めて思い知った。

本は大きな力を秘めている。それを描いた本書が長く読み継がれること、そして、本について思いを巡らせる一助となることを願っている。

二〇二〇年十月

松尾恭子

人名索引

ア

アイゼンシュタット，アブラハム　193
アイゼンハワー，ドワイト・D　52, 143-146
アインシュタイン，アルバート　32, 89
アクシス・サリー　44, 140, 141, 145-147, 221
アダミック，ルイス　188
アダムス，J・ドナルド　112
インガーソル，ラルフ　116
ヴァンダービルト，サンダーソン　96
ウィテカー，ジョン・T　181
ウィリアムズ，ベン・エイムズ　182
ウィルガス，エイサ　172
ウィルキー，ウェンデル　68, 114
ウィンザー，キャスリーン　175
ヴェイト，アイヴァン　106
ウェルズ，H・G　32, 33, 42, 210
ウォートン，ジョン・F　233
ウォーレン，アルシア・H　60-63, 66, 67, 76, 83, 92
ヴォルテール　210
エヴァンス，モーリス　68
オークス，ジョージ　105, 106
オグデン，アーチボルド　130, 177, 197, 206

カ

カーニー，オティス　144
カーマー，カール　202
カーライル，キティー　68
カウリー，マルコム　130, 131
カズンズ，ノーマン　194, 202
ガネット，ルイス　136
カルテンバッハ，フレデリック・ウィリアム　44
カントロヴィチ，アルフレート　42
キャンベル，ウィリアム・G　233
ギラース，ミルドレッド→アクシス・サリー
キンブロウ，エミリー　127
グッドマン，ベニー　68
クラヴィッツ，モリス　217
グラムリング，オリヴァー　234
グリーン，ジョセフ・L　112
グリーン，セオドア　205
グリュンシュパン，ヘルシェル　36
グレイ，ジャスティン　218
グレイ，ゼーン　125, 169, 170
クロッパー，ドナルド・S　106
ケインズ，M・G　234
ゲーリング，ヘルマン　229, 230
ゲッベルス，パウル・ヨーゼフ　30, 34, 35, 37, 45, 89, 110, 115, 197, 217
ケラー，ヘレン　32
コートニー，チャールズ　144
コールス，ロバート・M　106
コスティン，トーマス・B　242
コナー，ジョン　83-85, 91, 92
コナント，ジェームズ・ブライアント　253

サ

サイモン，リチャード　117, 192, 193
サンタヤーナ，ジョージ　125
サンドス，マリ　195, 196
シェイクスピア　126, 172, 256
ジェイミソン，ジョン　126
シェーネマン，フリードリヒ　196
シムピッチ，フレデリック　221
シャイアー，ルイス・F　216
シャルマン，マックス　215
シュールバーグ，バッド　242
シュニッツラー，アルトゥル　32
ショー，ジョージ・バーナード　172
ジョージ，トマス・R・セント　178
ショパン，フレデリック　33
ジョンソン，マルコム　105, 106, 117, 241
ジルヒャー，フリードリヒ　88
シンクレア，アプトン　32
スキナー，コーネリア・オーティス　127
鈴《すず》木《き》貫《かん》太《た》郎《ろう》　236
スターン，フィリップ・ヴァン・ドーレン　128, 129, 176, 181, 192, 201, 225-229, 239
スタインベック，ジョン　224
スティーヴンソン，ロバート・ルイス　221
スティムソン，ヘンリー　189, 238
ステグナー，ウォーレス　255
ストレイチー，リットン　179
スノー，エドガー　115
スプレイグ，ホーマー　55
スポールディング，トーマス・マーシャル　56
スポルディング，チャールズ　144
スミス，H・アレン　171, 224
スミス，ケイト　68
スミス，ソーン　224
スミス，ベティー　21, 22, 24, 26, 144, 154-157
スミス，ホーランド・M　219
スミス，リリアン　176, 193
スレチタ，フランク　216
スレッジ，E・B　80
スローン，ウィリアム　183, 184, 211
セイヤー，ティファニー　175, 224

タ

ターキントン，ブース　144
ターマン，フランク　151
ダグラス，ロイド・C　144, 224
タフト，ウィリアム・ハワード　60
タフト，チャールズ・P　59, 60, 91, 92, 189
タフト，ロバート・A　189-191, 201-205
ダブルデイ，アブナー　220
ツヴァイク，シュテファン　210
ディケンズ，チャールズ　256
テイラー，エドモンド　39
テイラー，ローズマリー　158, 159
ディレイニー，エドワード・レオ　44
デューイ，トマス・E　200
デュボイス，イザベル　91, 124, 227, 228
デュマ，アレクサンドル　171
ドイル，ルイス　247
トウェイン，マーク　144
東京ローズ　221
東條英機《とうじようひでき》　110
ドーレン，アイリータ・ヴァン　112
戸栗《とぐり》アイバ→東京ローズ
ドライサー，セオドア　89
トラウトマン，レイモンド・L　57-

60, 132, 133, 160, 201, 202, 222, 223, 225, 226, 239
トルーマン，ハリー・S　217, 236, 237
トレイン，アーサー　234
ドンデロ，ジョージ・A　188
トンプソン，H・スターリー　117, 239, 240
トンプソン，ラルフ　103

ナ

ノートン，ウィリアム・ウォルダー　106, 239
ノックス，フランク　189

ハ

バーガー，マイヤー　234
ハーグローヴ，マリオン　51
ハーシー，ジョン　114, 115
ハーシー，ルイス・B　247
パートリッジ，ベラミー　234
パーマー，グレッタ　137
バール，アドルフ・A（ジュニア）107
バーンスタイン，ウォルター　79
ハイネ，ハインリヒ　88, 89
パイル，アーニー　79, 81, 234, 235, 242
バイロン，ジョセフ　224
バウテル，クラレンス　105, 106
ハネウェル，スタンリー・P　106
ハフ，ダレル　233
ハフ，フランシス　233
ハフ，ヘンリー　229, 230
バルザック，オノレ・ド　171
ビーァド，チャールズ・A　195, 199, 205
ヒップス，ベン　96
ヒトラー，アドルフ　25, 30, 34-36, 38-45, 48, 49, 67, 69, 70, 76, 89, 107, 110, 115, 140, 194, 217, 259
ヒントン，ウォルター・J　217
ファーナス，J・C　212
ファーラー，ジョン　117
ファッセル，ポール　81
フィッツジェラルド，F・スコット　26, 126
フェーイー，ジェームズ・J　54
フェラー，ボブ　242
フォード，リーランド　191
フォーブス，エスター　144
フォッシュ，フェルディナン　41
プラトン　169, 185, 256
ブランド，マックス　184, 242
フリック，ヴィルヘルム　35
フロイト，ジークムント　29, 89
フロハーティー，ジョン　234
ベスト，マーシャル　211
ベッドフォード，ジェームズ・H　233
ベネー，スティーヴン・ヴィンセント　87, 212
ヘプバーン，キャサリン　68
ヘミングウェイ，アーネスト　82, 89, 210, 224
ボーウェン，キャサリン・ドリンカー　195, 198, 205, 212
ポーター，キャサリン・アン　152-154
ホームズ，オリバー・ウェンデル（ジュニア）　195
ポステル，ポール・E　239, 240
ホック，ダニエル　191
ボルト，チャールズ　82, 83
ホワイト，E・B　196, 199, 206
ホワイト，W・L　113

マ

マーカンド，ジョン・P　144
マイラム，カール　59
マコーミック，アン・オヘア　107, 108
マッキネス，ヘレン　255, 256
マッセイ，レイモンド　68
マルクス，カール　32
マルクス，チコ　68
マン，トーマス　32, 89, 210
マン，ハインリヒ　32
マンソン，エドワード　56
ミード，ジェームズ　195
ミッチェル，ジョセフ　144
ミルトン，ジョン　86
ミントン，メルヴィル　105
メネフィー，セルデン　108-111
メルヴィル，ハーマン　221
メルチャー，フレデリック・G　106
モーリー，クリストファー　68-71
モールディン，ビル　94, 101, 103
モルダウアー，H　79

ヤ

ヤーネル，ハリー・E　112
ユーウェン，デイヴィッド　127

ラ

ラート，エルンスト・フォム　36
ライス，クレイグ　242
ラインハート，スタンリー　133, 134, 211
ラヴェンダー，デイヴィッド　127
ラヴマン，エイミー　112
リーブリング，A・J　146, 147
リップマン，ウォルター　114, 115
リッベントロップ，ヨアヒム・フォン　229, 230
リンカーン，エイブラハム　69
ルイス，シンクレア　32, 224
ルーカス，スコット　204
ルーズヴェルト，エレノア　176
ルーズヴェルト，フランクリン・デラノ　49, 50, 68, 73, 76, 84, 147, 148, 189-191, 195, 198, 199, 204, 206, 207, 216, 217, 248, 249
ルートヴィヒ，エミール　29
レマルク，エーリッヒ・マリア　29, 210
ロワゾー，マリー　66, 67
ローリングス，チャールズ　133-135
ローリングス，マージョリー・キーナン　144
ロス，クリストファー・P　253
ロス，レナード・Q　131
ロステン，レオ→ロス，レナード・Q
ロンドン，ジャック　32, 210

付録A　禁書の著者

第二次世界大戦中，ドイツとドイツが占領した国々において，著書が禁書に指定された人物は一万人に上る．以下に挙げる人物は，そのほんの一部である（順不同）．

アーネスト・ヘミングウェイ
ヴァルター・ラーテナウ
エミール・ゾラ
トーマス・マン
マイケル・ゴールド
ヘレン・ケラー
リオン・フォイヒトヴァンガー
アルトゥル・シュニッツラー
ハインリヒ・ハイネ
エミール・ヴァンデルベルト
レオン・トロツキー
カール・マルクス
エルンスト・トラー
アンリ・バルビュス
ジョルジュ・デュアメル
デヴィッド・ロイド・ジョージ
アルフレート・デーブリーン
ヴァルター・ハーゼンクレーファー
アルフレッド・シロカウエル
ジョン・ドス・パソス
H・R・ニッカーボッカー
ネヴィル・ヘンダーソン
アルトゥル・エレーサ
ヨーゼフ・カリニコヴ
ルートヴィヒ・レン
クルト・トゥホルスキー
ヨーゼフ・ロート
エーリッヒ・ミューザム
カール・アインシュタイン
ルドルフ・オルデン
アルトゥル・ホリッチャー
レオンハルト・フランク
アルブレヒト・シェッファー
ヘルマン・ブロッホ
エーリカ・マン
ブルーノ・フランク
ルドルフ・レオンハルト
アルフレート・ノイマン
ゲオルク・ベルンハルト
エルンスト・ブロッホ
クルト・ケルステン
ボード・ウーゼ
アダム・シャルラー
アネッテ・コルプ
エーリッヒ・ヴァイネルト
ゲオルク・ヘルマン
マリア・ライトナー
フランツ・ヴァイスコプフ
マックス・ラファエル
ブルーノ・フライ
パウル・ツェヒ
ハインツ・ポル
マックス・オスボルン
シグリ・ウンセット
フランツ・ヴェルフェル
アウグスト・ベーベル
ギナ・カウス
カレル・チャペック
オットー・シュトラッサー
H・G・ウェルズ

マクシム・ゴーリキー
アルフレート・ケル
ハインリヒ・マン
シュテファン・ツヴァイク
C・G・ユング
ヤーコプ・ヴァッサーマン
アルバート・アインシュタイン
アルノルト・ツヴァイク
セオドア・ドライサー
ジョン・ガンサー
G・K・チェスタトン
アルベルト・エーレンシュタイン
ハインリヒ・エドゥアルト・ヤーコプ
エルネスト・オットヴァルト
アプトン・シンクレア
ジョン・リード
マックス・ブロート
ヤロスラフ・ハシェク
リヒャルト・ベーア＝ホフマン
アナトリー・ルナチャルスキー
カール・チュピック
ヴェルナー・ヘーゲマン
フランツ・ヘッセル
ヴァルター・ベンヤミン
ロベルト・ムージル
アンナ・ゼーガース
カール・ツックマイヤー
アルフレート・ポルガー
アーサー・ケストラー
クラウス・マン
アルフレート・ヴォルフェンシュタイン
マルティン・グンペルト
ヴィリ・ブレーデル
O・M・グラフ
ユリウス・ハイ
フリッツ・ブリューゲル
ハンス・ザール
ゲオルク・カイザー
フランツ・ブライ
レオ・ラニア
グスタフ・レグラー
ヴィルヘルム・ヘルツォーク
カール・シュテルンハイム
パウル・ティリッヒ
カリン・ミヒアエリス
ジュール・ロマン
ジュヌヴィエーヴ・タブイ
ロマン・ロラン
ジャン＝ジャック・ルソー
コンラート・ハイデン
ショーレム・アッシュ
ヴォルテール
ジークムント・フロイト
ジャック・ロンドン
ベネディクトゥス・スピノザ
イニャツィオ・シローネ
エミール・ルートヴィヒ
エーリッヒ・マリア・レマルク
アンドレ・マルロー
ルイス・フィッシャー
ベルトルト・ブレヒト
エゴン・キッシュ
テオドール・プリーフィア
ルートヴィヒ・レン
ルイ・アラゴン
ヴィッキイ・バウム
ウィンストン・チャーチル
イリヤ・エレンブルグ
クルト・ピントゥス
パウル・レヴィ
オットー・バウアー
カール・フォン・オシエツキー
テオドール・レッシング
エルンスト・ヴァイス
ルネ・シッケレ
ヘルムート・フォン・ゲルラッハ
アルフォンス・ゴルトシュミット

フリッツ・フォン・ウンルー
パウル・シュテファン
ヴァルター・メーリング
バルダー・オルデン
ハンス・ジームゼン
テオドール・ヴォルフ
ヨハネス・R・ベッヒャー
パウル・ヴェストハイム
ハンス・マルヒヴィッツァ
アルフレート・カントロヴィチ
フリードリッヒ・ヴォルフ
マリア・グライト
アレクサンダー・ラド・ラド
ヘルミュニア・ツア・ミューレン
マックス・ヴェルナー
フェルディナント・ブルックナー
ヴィーラント・ヘルツフェルデ
マルティン・アンデルセン・ネクセ
アンドレ・モーロワ
アンリ・ド・ケリリ

付録B　兵隊文庫リスト

重複するタイトルは重版したものである．短編集については，表題作は翻訳されていても，収録されている作品が定かではないものの邦訳情報は省いた．（編集部）

A シリーズ（1943 年 9 月）

A-1 Leonard Q. Ross, *The Education of Hyman Kaplan*

A-2 Joseph C. Grew, *Report from Tokyo*（ジョセフ・C・グルー『東京報告』細入藤太郎訳，日本橋書店）

A-3 Ogden Nash, *Good Intentions*

A-4 Kathryn Forbes, *Mama's Bank Account*（キャスリン・フォーブス『ママの想い出』ギータ・ムールティ訳，フエーニツクス出版社）

A-5 Robert Carse, *There Go the Ships*

A-6 Rose C. Feld, Sophie Halenczik, *American*

A-7 Theodore Pratt, *Mr. Winkle Goes to War*

A-8 Charles Dickens, *Oliver Twist*（ディケンズ『オリバー・ツイスト』唐戸信嘉訳，光文社古典新訳文庫）

A-9 John Steinbeck, *Tortilla Flat*（ジョン・スタインベック「トーティーヤ・フラット」大友芳郎，那知上佑訳，『スタインベック全集 2』所収，大阪教育図書）

A-10 John R. Tunis, *World Series*（ジョン・R・チュニス『ワールドシリーズ』下島連訳，東京堂）

A-11 James Thurber, *My World and Welcome to It*

A-12 Frank Gruber, *Peace Marshal*

A-13 H. L. Mencken, *Heathen Days*

A-14 C. S. Forester, *The Ship*（セシル・スコット・フォレスター『巡洋艦アルテミス』高橋泰邦訳，西武タイム）

A-15 William Saroyan, *The Human Comedy*（サローヤン『ヒューマン・コメディ』小川敏子訳，光文社古典新訳文庫）

A-16 Antoine de Saint-Exupéry, *Wind, Sand, and Stars*（サン゠テグジュペリ『人間の大地』渋谷豊訳，光文社古典新訳文庫）

A-17 John Bartlett Brebner and Allan Nevins, *The Making of Modern Britain*

A-18 Philip K. Hitti, *The Arabs*

A-19 Howard Fast, *The Unvanquished*

A-20 Albert Q. Maisel, *Miracles of Military Medicine*

A-21 Herbert Agar, *A Time for Greatness*

A-22 Graham Greene, *The Ministry of Fear*（グレアム・グリーン『グレアム・グリーン全集 9　恐怖省』

野崎孝訳，早川書房）

A-23 Max Herzberg, Merrill Paine and Austin Works, eds., *Happy Landings*

A-24 Herman Melville, *Typee*（ハーマン・メルヴィル『タイピー――南海の愛すべき食人族たち』中山善之訳，柏艪舎）

A-25 Rackham Holt, *George Washington Carver*

A-26 Joseph Conrad, *Lord Jim*（ジョゼフ・コンラッド『世界文学全集 3-03 ロード・ジム』柴田元幸訳，河出書房新社）

A-27 Carl Sandburg, *Storm over the Land*

A-28 Hervey Allen, *Action at Aquila*（ハーヴェイ・アレン『アクィラの戦』白木茂訳，三笠書房）

A-29 Ethel Vance, *Reprisal*

A-30 Jack Goodman, *The Fireside Book of Dog Stories*

B シリーズ（1943 年 10 月）

B-31 R. W. Lane, *Let the Hurricane Roar*（ローズ・ワイルダー・レイン『大草原物語』谷口由美子訳，世界文化社）

B-32 Fred Herman, *Dynamite Cargo*

B-33 Robert Frost, *Come In, and Other Poems*

B-34 Edith Wharton, *Ethan Frome*（イーディス・ウォートン『イーサン・フローム』宮本陽吉ほか訳，荒地出版社）

B-35 Mary Lasswell, *Suds In Your Eye*

B-36 Peter Field, *Fight for Powder Valley!*

B-37 Cornelia Otis Skinner and Emily Kimbrough, *Our Hearts Were Young and Gay*

B-38 MacKinlay Kantor, *Gentle Annie*

B-39 R. Benchley, *Benchley Beside Himself*

B-40 William Sloane, *To Walk the Night*

B-41 Edmund Gilligan, *The Gaunt Woman*

B-42 Alan LeMay, *Winter Range*

B-43 Arthur Henry Gooden, *Painted Buttes*

B-44 Rosemary Taylor, *Chicken Every Sunday*

B-45 P. Lowe, *Father and Glorious Descendant*

B-46 H. Allen Smith, *Life in a Putty Knife Factory*

B-47 Archie Binns, *Lightship*

B-48 Hartzell Spence, *Get Thee Behind Me*

B-49 Mary O'Hara, *My Friend Flicka*（メリー・オハラ『我が友フリッカ――子馬物語』志賀勝訳，文祥堂）

B-50 Henry C. Cassidy, *Moscow Dateline*

B-51 Dorothy Macardle, *The Uninvited*

B-52 Walter D. Edmonds, *Rome Haul*

B-53 Struthers Burt, *Powder River*

B-54 Louis Adamic, *The Native's Return*（ルイス・アダミック『わが祖国ユーゴスラヴィアの人々』田原正三訳，PMC 出版）

B-55 Marjorie Kinnan Rawlings, *The Yearling*（ローリングズ『仔鹿物

語』土屋京子訳，光文社古典新訳文庫）
B-56 Stefan Heym, *Hostages*
B-57 Hubert Herring, *Good Neighbors*
B-58 Merrill Denison, *Klondike Mike*
B-59 Marcus Goodrich, *Delilah*
B-60 Peter Freuchen, *Arctic Adventure*

C シリーズ（1943 年 11 月）
C-61 Alan H. Brodrick, *North Africa*
C-62 Conrad Richter, *The Sea of Grass*（コンラッド・リクター『大草原』久保文訳，朋文社）
C-63 J. H. Robinson, *The Mind in the Making*（J・H・ロビンソン『精神の形成』池島重信訳，自在書房）
C-64 Voltaire, *Candide*（ヴォルテール『カンディード』斉藤悦則訳，光文社古典新訳文庫）
C-65 Stewart Edward White, *The Forest*
C-66 Nelson C. Nye, *Pistols for Hire*
C-67 Max Beerbohm, *Seven Men*
C-68 Vereen Bell, *Swamp Water*
C-69 Charles Courtney, *Unlocking Adventure*
C-70 Booth Tarkington, *Penrod*
C-71 W. H. Hudson, *Green Mansions*（W・H・ハドソン『緑の館——熱帯林のロマンス』河野一郎訳，ちくま文庫）
C-72 Clarence E. Mulford, *Hopalong Cassidy Serves a Writ*
C-73 Walter Lippmann, *U.S. Foreign Policy*
C-74 DuBose Heyward, *Star Spangled Virgin*
C-75 J. B. Priestley, *Black-Out in Gretley*
C-76 Mark Twain, *The Adventures of Tom Sawyer*（マーク・トウェイン『トム・ソーヤーの冒険』柴田元幸訳，新潮文庫）
C-77 Stephen Vincent Benét, *Short Stories*
C-78 Betty Wason, *Miracle in Hellas*
C-79 Frank Meier, *Fathoms Below*
C-80 Ernestine Hill, *Australian Frontier*
C-81 George R. Stewart, *Storm*
C-82 Gontran De Poncins, *Kabloona*
C-83 Hervey Allen, *The Forest and the Fort*
C-84 Herbert Quick, *The Hawkeye*
C-85 J. W. Thomason, *... And a Few Marines*
C-86 John Selby, *Starbuck*
C-87 Edison Marshall, *Great Smith*
C-88 Esther Forbes, *Paul Revere and the World He Lived In*
C-89 Manuel Komroff, *Coronet*
C-90 John Steinbeck, *The Grapes of Wrath*（スタインベック『怒りの葡萄』伏見威蕃訳，新潮文庫）

D シリーズ（1943 年 12 月）
D-91 James Hilton, *The Story of Dr. Wassell*
D-92 Charles Spalding and Otis Carney, *Love at First Flight*
D-93 Stewart E. White, *Blazed Trail Stories*
D-94 W. C. Tuttle, *Tumbling River Range*
D-95 Berry Fleming, *Colonel Effing-*

ham's Raid
D-96 Martha Albrand, *Without Orders*
D-97 Willa Cather, *Death Comes for the Archbishop*（ウィラ・キャザー『大司教に死来る』須賀敦子訳，河出書房新社）
D-98 Conrad Richter, *The Trees*
D-99 Mark Van Doren, ed., *The Night of the Summer Solstice*
D-100 C. B. Kelland, *Valley of the Sun*
D-101 Elizabeth Daly, *Evidence of Things Seen*
D-102 Joseph Hergesheimer, *Java Head*
D-103 George S. Bryan, *Mystery Ship*
D-104 Gordon S. Seagrave, *Burma Surgeon*
D-105 Harry Emerson Fosdick, *On Being a Real Person*（H・E・フォスデイック『人間完成の道』林香，武井素男訳，日本基督教団出版部）
D-106 Hans Zinsser, *Rats, Lice, and History*（ハンス・ジンサー『ネズミ・シラミ・文明——伝染病の歴史的伝記』橋本雅一訳，みすず書房）
D-107 Charles Allen Smart, *R.F.D.*
D-108 Joseph Mitchell, *McSorley's Wonderful Saloon*（ジョゼフ・ミッチェル『マクソーリーの素敵な酒場』土屋晃訳，『ジョゼフ・ミッチェル作品集 1』所収，柏書房）
D-109 Bellamy Partridge, *Country Lawyer*
D-110 Mark Twain, *The Adventures of Huckleberry Finn*（マーク・トウェイン『ハックルベリー・フィンの冒けん』柴田元幸訳，研究社）
D-111 Joseph Shearing, *Blanche Fury*
D-112 Marjorie Kinnan Rawlings, *Cross Creek*（マージョリ・キナン・ローリングス『水郷物語』村上啓夫訳，早川書房）
D-113 A. J. Cronin, *The Keys of the Kingdom*（A・J・クローニン『天国の鍵』竹内道之助訳，『クローニン全集 10』所収，三笠書房）
D-114 John T. Whitaker, *We Cannot Escape History*
D-115 William Wister Haines, *Slim*
D-116 Martha Foley, ed., *The Best American Short Stories, 1942*
D-117 Betty Smith, *A Tree Grows in Brooklyn*（ベティ・スミス『ブルックリン横町』飯島淳秀訳，秋元書房）
D-118 Lloyd C. Douglas, *The Robe*（C・ダグラス『聖衣』大久保康雄訳，コスモポリタン社）
D-119 F. van Wyck Mason, *Rivers of Glory*
D-120 John P. Marquand, *So Little Time*

E シリーズ（1944 年 1 月）
E-121 Phil Stong, *State Fair*
E-122 Ralph Waldo Emerson, *Seven Essays*
E-123 W. C. Tuttle, *Ghost Trails*
E-124 Arthur H. Gooden, *The Range Hawk*
E-125 Frank H. Spearman, *The Mountain Divide*
E-126 Bertha Damon, *A Sense of Humus*
E-127 Alexandre Pernikoff, *"Bushido": The Anatomy of Terror*

E-128 W. Somerset Maugham, *The Moon and Sixpence*（モーム『月と六ペンス』土屋政雄訳，光文社古典新訳文庫）
E-129 Ernest Haycox, *Saddle and Ride*
E-130 Earl Derr Biggers, *Seven Keys to Baldpate*
E-131 J. D. Ratcliff, ed., *Science Yearbook of 1943*
E-132 Julian Duguid, *Green Hell*
E-133 C. S. Forester, *Ship of the Line*（セシル・スコット・フォレスター『燃える戦列艦』菊池光訳，ハヤカワ文庫）
E-134 George R. Stewart, *Ordeal by Hunger*
E-135 Myron Brinig, *The Gambler Takes a Wife*
E-136 Charles Grayson, ed., *Stories for Men*
E-137 Daphne du Maurier, *Jamaica Inn*（ダフネ・デュ・モーリア『埋もれた青春』大久保康雄訳，三笠書房）
E-138 James Hilton, *Random Harvest*（ジェイムズ・ヒルトン『心の旅路』安達昭雄訳，角川文庫）
E-139 Mark Twain, *A Connecticut Yankee in King Arthur's Court*（マーク・トウェイン『アーサー王宮廷のヤンキー』大久保博訳，角川文庫）
E-140 Edna Ferber, *Cimarron*
E-141 Osa Johnson, *I Married Adventure*（オーサ・ジョンソン『私は冒険と結婚した』藤原英司訳，白揚社）
E-142 Mary Ellen Chase, *Windswept*
E-143 Louise R. Pierson, *Roughly Speaking*
E-144 Comm. Edward Ellsberg, *Hell on Ice*
E-145 James T. Flexner, *Doctors on Horseback*
E-146 John P. Marquand, *The Late George Apley*
E-147 Stephen Crane, *Short Stories*
E-148 David Lavender, *One Man's West*
E-149 Walter D. Edmonds, *Drums Along the Mohawk*
E-150 Henry Bellamann, *King's Row*

Fシリーズ（1944年2月）

F-151 Donn Byrne, *Messer Marco Polo*
F-152 Antoine de Saint-Exupéry, *Night Flight*（サン＝テグジュペリ『夜間飛行』二木麻里訳，光文社古典新訳文庫）
F-153 Abraham Lincoln, *The Selected Writings of Abraham Lincoln*
F-154 John Vandercook, *Black Majesty*
F-155 Negley Farson, *Going Fishing*
F-156 Eric Knight, *Lassie Come-Home*（エリク・ナイト『名犬ラッシー』永坂令子訳，偕成社文庫）
F-157 C. S. Forester, *Flying Colours*（セシル・スコット・フォレスター『勇者の帰還』高橋泰邦訳，ハヤカワ文庫）
F-158 Joseph Bromley, *Clear the Tracks!*
F-159 H. L. Mencken, *Happy Days*
F-160 William MacLeod Raine, *Border Breed*

F-161 William Beebe, *Jungle Peace*

F-162 Bret Harte, *Selected Short Stories of Bret Harte*

F-163 Clarence E. Mulford, *The Bar 20 Rides Again*

F-164 Ernest Haycox, *The Border Trumpet*

F-165 Edna Ferber, *So Big*（エドナ・ファーバー『ソー・ビッグ』並河亮訳，リスナー社）

F-166 Beryl Markham, *West with the Night*（ベリル・マーカム『夜とともに西へ』野中邦子訳，角川文庫）

F-167 Agnes Keith, *Land Below the Wind*（アグネス・キース『ボルネオ——風下の国』野原達夫訳，三省堂）

F-168 Roy Chapman Andrews, *Under a Lucky Star*

F-169 A. E. Hertzler, *The Horse and Buggy Doctor*

F-170 Ernie Pyle, *Here Is Your War*（アーニイ・パイル『これが戦争だ——兵隊ジョー』高橋長助訳，養徳社）

F-171 Stewart Edward White, *The Blazed Trail*

F-172 Ring Lardner, *Round Up*

F-173 Mari Sandoz, *Old Jules*

F-174 Mark Twain, *Life on the Mississippi*（マーク・トウェイン『マーク・トウェインコレクション2 ミシシッピの生活』吉田映子訳，彩流社）

F-175 Charles Lamb, *The Essays of Charles Lamb*

F-176 E. B. White and K. S. White, *A Subtreasury of American Humor*

F-177 Philip Guedalla, *Wellington*

F-178 William McFee, *Casuals of the Sea*

F-179 James Norman Hall, *Dr. Dogbody's Leg*

F-180 Jack London, *The Sea-Wolf*（ジャック・ロンドン『海の狼』関弘訳，トパーズプレス）

Gシリーズ（1944年3月）

G-181 Thorne Smith, *The Glorious Pool*

G-182 Jack London, *White Fang*（ロンドン『白い牙』深町眞理子訳，光文社古典新訳文庫）

G-183 H. Allen Smith, *Low Man on a Totem Pole*

G-184 William MacLeod Raine, *Trail's End*

G-185 Willa Cather, *My Ántonia*（ウィラ・キャザー『マイ・アントニーア』佐藤宏子訳，みすず書房）

G-186 Alexander Woollcott, *Long, Long Ago*

G-187 Eric Knight, *Sam Small Flies Again*

G-188 Jesse Stuart, *Taps for Private Tussie*

G-189 Homer W. Smith, *Kamongo*

G-190 Eugene Manlove Rhodes, *The Trusty Knaves*

G-191 W. R. Burnett, *Little Caesar*（W・R・バーネット『リトル・シーザー』小鷹信光訳，小学館）

G-192 Robert Benchley, *Inside Benchley*

G-193 Robert H. Thouless, *How to Think Straight*

G-194 Joseph Conrad, *The Mirror of the Sea*（ジョウゼフ・コンラッド

『海の想い出』木宮直仁訳，平凡社ライブラリー）
G-195 Luke Short, *Raiders of the Rimrock*
G-196 W. H. Hudson, *A Crystal Age*
G-197 Stephen Leacock, *Laugh with Leacock*
G-198 Rudyard Kipling, *Kim*（ラドヤード・キプリング『少年キム』斎藤兆史訳，ちくま文庫）
G-199 Donald Culross Peattie, *Journey into America*
G-200 Gladys Hasty Carroll, *As the Earth Turns*（グラディーズ・ハスティ・キャロル『乙女の季節』深沢爽訳，新鋭社）
G-201 T. R. Ybarra, *Young Man of Caracas*
G-202 MacKinlay Kantor, *Arouse and Beware*
G-203 Williams Haynes, *This Chemical Age*
G-204 Mary O'Hara, *Thunderhead*
G-205 Carl D. Lane, *The Fleet in the Forest*
G-206 Martha Foley, ed., *The Best American Short Stories of 1943*
G-207 Harry Harrison Kroll, *Rogues' Company*
G-208 John P. Marquand, *H.M. Pulham, Esq.*
G-209 Herman Melville, *Moby-Dick*（メルヴィル『白鯨』富田彬訳，角川文庫）
G-210 George R. Stewart, *East of the Giants*

Hシリーズ（1944年4月）

H-211 Corporal Thomas R. St. George, *C/O Postmaster*
H-212 Eugene Manlove Rhodes, *Beyond the Desert*
H-213 C. S. Forester, *Payment Deferred*（C・S・フォレスター『終わりなき負債』村上和久訳，小学館）
H-214 Arnold Bennett, *Buried Alive*
H-215 Stephen Vincent Benét, *Western Star*
H-216 Oliver La Farge, *Laughing Boy*
H-217 I. A. Richards, ed., *The Republic of Plato*
H-218 Donald Culross Peattie, *Forward the Nation*
H-219 Carl Glick, *Three Times I Bow*
H-220 Cora Jarrett, *Night over Fitch's Pond*
H-221 Jack London, *The Cruise of the Snark*
H-222 Eugene Cunningham, *Riders of the Night*
H-223 Michael MacDougall, *Danger in the Cards*
H-224 Stewart H. Holbrook, *Burning an Empire*
H-225 Richard Dempewolff, *Animal Reveille*
H-226 Clark McMeekin, *Red Raskall*
H-227 Clarence E. Mulford, *Corson of the J. C.*
H-228 Kenneth Roberts, *Captain Caution*
H-229 Grace Zaring Stone (Ethel Vance), *The Cold Journey*
H-230 Thorne Smith, *The Bishop's Jaegers*
H-231 Franklin P. Adams, ed., *Innocent Merriment*

H-232 Frank H. Spearman, *Carmen of the Rancho*

H-233 Robert W. Chambers, *Cardigan*

H-234 Marjorie Barrows and George Eaton, *Box Office*

H-235 Felix Risenberg, *The Pacific Ocean*

H-236 Manuel Komroff, ed., *The Travels of Marco Polo*

H-237 Edmund Gilligan, *The Ringed Horizon*

H-238 Charles Nordhoff and James Norman Hall, *Botany Bay*

H-239 Richard Llewellyn, *How Green Was My Valley*（ルウェリン『わが谷は緑なりき』中村能三訳，三笠書房）

H-240 Walter D. Edmonds, *Chad Hanna*

I シリーズ（1944 年 5 月）

I-241 Kay Boyle, *Avalanche*

I-242 Keith Ayling, *Semper Fidelis*

I-243 Isabel Scott Rorick, *Mr. and Mrs. Cugat*

I-244 Roark Bradford, *Ol' Man Adam an' His Chillun*

I-245 W. C. Tuttle, *The Mystery of the Red Triangle*

I-246 Emily Kimbrough, *We Followed Our Hearts to Hollywood*

I-247 Paul B. Sears, *Deserts on the March*

I-248 Geoffrey Household, *Rogue Male*（ジェフリー・ハウスホールド『追われる男』村上博基訳，創元推理文庫）

I-249 William Wister Haines, *High Tension*

I-250 Bruce Barton, *The Book Nobody Knows*

I-251 Harry Sinclair Drago, *Stagecoach Kingdom*

I-252 J. Middleton Murry, ed., *Stories by Katherine Mansfield: A Selection*

I-253 James Thurber, *The Middle-Aged Man on the Flying Trapeze*（ジェイムズ・サーバー『虹をつかむ男』鳴海四郎訳，早川書房）

I-254 Ernest Haycox, *Deep West*

I-255 Clarence Budington Kelland, *Arizona*

I-256 Jesse James Benton, *Cow by the Tail*

I-257 Clarence E. Mulford, *Hopalong Cassidy's Protégé*

I-258 Karl Baarslag, *Coast Guard to the Rescue*

I-259 Commander Edward Ellsberg, *On the Bottom*

I-260 W. Somerset Maugham, *Ashenden*（サマセット・モーム『英国諜報員アシェンデン』金原瑞人訳，新潮文庫）

I-261 Lytton Strachey, *Queen Victoria*（リットン・ストレイチイ『ヴィクトリア女王』小川和夫訳，富山房百科文庫）

I-262 Francis Griswold, *Tides of Malvern*

I-263 Alexander Johnston, *Ten ... and Out!*

I-264 Joseph Conrad, *Victory*（コンラッド「勝利」大沢衛，田辺宗一訳，『世界の文学　新集 24』所収，中央公論社）

I-265 Louis Bromfield, *Mrs. Parkington*
I-266 Rafael Sabatini, *The Sea Hawk*（サバティーニ『海の鷹』小田律訳，世界大衆文學名作選集第16巻，改造社）
I-267 H. L. Davis, *Honey in the Horn*
I-268 Charlotte Brontë, *Jane Eyre*（シャーロット・ブロンテ『ジェイン・エア』河島弘美訳，岩波文庫）
I-269 Esther Forbes, *Paradise*
I-270 Howard Spring, *My Son, My Son!*（ハワード・スプリング『わが子よ，わが子よ』中村能三訳，三笠書房）

Jシリーズ（1944年6月）

J-271 Eugene Manlove Rhodes, *The Proud Sheriff*
J-272 William Saroyan, *My Name Is Aram*（ウィリアム・サローヤン『僕の名はアラム』柴田元幸訳，新潮文庫）
J-273 Joseph Conrad, *The Shadow Line*（ジョウゼフ・コンラッド「シャドウ・ライン」田中勝彦訳，『シャドウ・ライン／秘密の共有者』所収，八月舎）
J-274 Bob Davis, *Tree Toad*
J-275 Frederick R. Bechdolt, *Riot at Red Water*
J-276 Charles J. Finney, *Past the End of the Pavement*
J-277 Frank Graham, *Lou Gehrig*
J-278 Ring Lardner, *You Know Me, Al*（リング・ラードナー『メジャー・リーグのうぬぼれルーキー』加島祥造訳，ちくま文庫）
J-279 George Agnew Chamberlain, *The Phantom Filly*
J-280 Charles Snow, *Sheriff of Yavisa*
J-281 Constance Rourke, *Davy Crockett*
J-282 Richard Hughes, *A High Wind in Jamaica*（リチャード・ヒューズ『ジャマイカの烈風』小野寺健訳，晶文社）
J-283 Harvey Smith, *The Gang's All Here*
J-284 Thorne Smith, *Skin and Bones*
J-285 James Gould Cozzens, *The Last Adam*
J-286 Max Brand, *South of Rio Grande*
J-287 Ward Morehouse, *George M. Cohan*
J-288 Norah Lofts, *The Golden Fleece*
J-289 Ward Weaver, *End of Track*
J-290 Paul Gallico, *Selected Stories*
J-291 Victoria Lincoln, *February Hill*
J-292 H. M. Tomlinson, *The Sea and the Jungle*
J-293 Agnes Morley Cleaveland, *No Life for a Lady*
J-294 Harnett T. Kane, *The Bayous of Louisiana*
J-295 Irene D. Paden, *The Wake of the Prairie Schooner*
J-296 William Makepeace Thackeray, *Vanity Fair*（サッカリー『虚栄の市』中島賢二訳，岩波文庫）
J-297 Edgar Allan Poe, *Selected Stories*
J-298 Walter D. Edmonds, *Young Ames*
J-299 Sholem Asch, *The Apostle*
J-300 Gene Fowler, *Good Night, Sweet Prince*

J-301 Archer Butler Hulbert, *Forty-Niners*

J-302 Carolyn Thomas Foreman, *Indians Abroad*

K シリーズ（1944 年 7 月）

K-1 Clarence Day, *This Simian World*

K-2 Don Marquis, *The Old Soak*

K-3 Jack London, *The Call of the Wild*（ロンドン『野性の呼び声』深町眞理子訳，光文社古典新訳文庫）

K-4 G. B. Stern, *The Dark Gentleman*

K-5 Max Brand, *The Secret of Dr. Kildare*

K-6 MacKinlay Kantor, *The Noise of Their Wings*

K-7 Walter Beebe Wilder, *Bounty of the Wayside*

K-8 Eugene Manlove Rhodes, *Stepsons of Light*

K-9 Ernest Hemingway, *Short Stories*

K-10 Robert Bright, *The Life and Death of Little Jo*

K-11 Charles H. Snow, *Rebel of Ronde Valley*

K-12 Henry Beston, *The St. Lawrence*

K-13 Stewart H. Holbrook, *Ethan Allan*

K-14 Ernest Haycox, *The Wild Bunch*

K-15 Thorne Smith, *The Stray Lamb*

K-16 O. Henry, *Short Stories*

K-17 Meyer Berger, *The Eight Million*

K-18 Willard Robertson, *Moon Tide*

K-19 Antonio de Fierro Blanco, *The Journey of the Flame*

K-20 T. R. Ybarra, *Young Man of the World*

K-21 Mildred Walker, *Winter Wheat*

K-22 Henry Seidel Canby, *Walt Whitman*

K-23 Marquis James, *Andrew Jackson: The Border Captain*

K-24 Sinclair Lewis, *Babbitt*

K-25 Arthur Train, *Yankee Lawyer: The Autobiography of Ephraim Tutt*

K-26 Herbert Asbury, *Sucker's Progress*

K-27 Lloyd C. Douglas, *The Robe*

K-28 Betty Smith, *A Tree Grows in Brooklyn*

K-29 Oliver Gramling, *AP: The Story of News*

K-30 Carl Van Doren, *Benjamin Franklin*

K-31 Laurence Sterne, *Tristram Shandy*（ロレンス・スターン『トリストラム・シャンディ』朱牟田夏雄訳，岩波文庫）

K-32 Albert Spalding, *Rise to Follow*

L シリーズ（1944 年 8 月）

L-1 Rosemary Benét and Stephen Vincent Benét, *A Book of Americans*

L-2 James Thurber, *My Life and Hard Times*（ジェイムズ・サーバー「苦しい思い出」杉本喬訳，『現代アメリカ文学全集　第 4』所収，荒地出版社）

L-3 Henry G. Lamond, *Kilgour's Mare*

L-4 James Stephens, *Etched in Moon-*

light
L-5 DuBose Heyward, *Porgy*
L-6 Louis Untermeyer, ed., *Great Poems from Chaucer to Whitman*
L-7 Louis Bromfield, *What Became of Anna Bolton*
L-8 Evan Evans, *Montana Rides Again*
L-9 William MacLeod Raine, *The Sheriff's Son*
L-10 Stephen Leacock, *Happy Stories Just to Laugh At*
L-11 Arthur Henry Gooden, *Roaring River Range*
L-12 Frances Eisenberg, *There's One in Every Family*
L-13 Max Brand, *The King Bird Rides*
L-14 Evelyn Eaton, *The Sea Is So Wide*
L-15 Herman Melville, *Omoo*（メルヴィル『メルヴィル全集第２巻　オムー』坂下昇訳，国書刊行会）
L-16 George Sessions Perry, *Hackberry Cavalier*
L-17 Thorne Smith, *Turnabout*
L-18 Carl Crow, *400 Million Customers*（カール・クロウ『支那四億のお客さま』新保民八，山田侑平訳，連合出版）
L-19 Philip Wylie, *Fish and Tin Fish*
L-20 Lytton Strachey, *Eminent Victorians*（リットン・ストレイチー『ヴィクトリア朝偉人伝』中野康司訳，みすず書房）
L-21 Homer Croy, *Country Cured*
L-22 George W. Gray, *Science at War*
L-23 Hervey Allen, *Bedford Village*
L-24 Joseph Shearing, *The Lady and the Arsenic*
L-25 Bram Stoker, *Dracula*（ブラム・ストーカー『吸血鬼ドラキュラ』平井呈一訳，創元推理文庫）
L-26 John P. Marquand, *Wickford Point*
L-27 Robert Graves, *I, Claudius*（ロバート・グレーヴス『この私，クラウディウス』多田智満子，赤井敏夫訳，みすず書房）
L-28 Thomas Mann, *Selected Short Stories*
L-29 Irving Stone, *Lust for Life*（アーヴィング・ストーン『炎の人ゴッホ』新庄哲夫訳，中公文庫）
L-30 W. Somerset Maugham, *Of Human Bondage*（サマセット・モーム『人間の絆』中野好夫訳，新潮文庫）
L-31 Archie Binns, *The Land Is Bright*
L-32 Osa Johnson, *Four Years in Paradise*

M シリーズ（1944 年９月）

M-1 A. E. Housman, *Selected Poems*
M-2 James Thurber and E. B. White, *Is Sex Necessary?*（ジェームズ・サーバー，E・B・ホワイト『Sex は必要か』福田恒存，南春治訳，新潮社）
M-3 Saki（H. H. Munro）, *Selected Short Stories*
M-4 Robert Benchley, *20,000 Leagues Under the Sea; or, David Copperfield*
M-5 Agnes Repplier, *Père Marquette*
M-6 Eugene Manlove Rhodes, *Copper Streak Trail*

M-7 Edwin Way Teale, *Dune Boy*

M-8 James Stevens, *Paul Bunyan*

M-9 John D. Ratcliff, ed., *Science Yearbook of 1944*

M-10 Barry Benefield, *The Chicken-Wagon Family*

M-11 Philip Wylie, *The Big Ones Get Away*

M-12 Angus McDonald, *Old McDonald Had a Farm*

M-13 Ernest Haycox, *Action by Night*（アーネスト・ヘイコックス『テキサスから来た男』仙名紀訳，中公文庫）

M-14 Max Brand, *The Border Kid*

M-15 Dane Coolidge, *Fighting Men of the West*

M-16 Edgar Rice Burroughs, *Tarzan of the Apes*（エドガー・ライス・バローズ『ターザン』厚木淳訳，創元SF文庫）

M-17 Harry Bedwell, *The Boomer*

M-18 Robert J. Casey, *Such Interesting People*

M-19 Eva Bruce, *Call Her Rosie*

M-20 A. R. Beverly-Giddings, *Larrish Hundred*

M-21 Henry B. Hough, *Country Editor*

M-22 David Cornel DeJong, *With a Dutch Accent*

M-23 Hellman, Thurber and Nugent, Chodorov and Fields, and Kingsley, *Four Modern American Plays*

M-24 M. Lincoln Schuster, ed., *A Treasury of the World's Great Letters*

M-25 Christine Weston, *Indigo*

M-26 M. R. Werner, *Barnum*

M-27 Clark McMeekin, *Show Me a Land*

M-28 Captain Charles Grayson, ed., *New Stories for Men*

M-29 Wilkie Collins, *The Moonstone*（ウィルキー・コリンズ『月長石』中村能三訳，創元推理文庫）

M-30 Konrad Heiden, *Der Fuehrer*

M-31 F. van Wyck Mason, *Stars on the Sea*

M-32 Helen MacInnes, *While Still We Live*

Nシリーズ（1944年10月）

N-1 Mark Twain, *The Mysterious Stranger*（マーク・トウェイン『不思議な少年44号』大久保博訳，角川文庫）

N-2 S. J. Perelman, *The Dream Department*

N-3 Stephen Vincent Benét, *America*（S・V・ベネー『アメリカの歴史――アメリカ史の主な流れ』水口志計夫訳，南雲堂）

N-4 Bruce Barton, *The Man Nobody Knows*（ブルース・バートン『誰も知らない男――なぜイエスは世界一有名になったか』小林保彦訳，日本経済新聞社）

N-5 James Stephens, *The Crock of Gold*（ジェイムズ・スティーヴンズ『小人たちの黄金』横山貞子訳，晶文社）

N-6 Carl Sandburg, *Selected Poems*

N-7 James Thurber, *Let Your Mind Alone!*

N-8 E. C. Abbott and Helena Huntington Smith, *We Pointed Them North*

N-9 Ernest Haycox, *Rim of the Desert*
N-10 Alan LeMay, *Useless Cowboy*
N-11 Dorothy B. Hughes, *The Fallen Sparrow*
N-12 Donald Hough, *Snow Above Town*
N-13 Robert Louis Stevenson, *Kidnapped*（スティーブンソン『誘拐されて』大場正史訳，角川文庫）
N-14 W. Somerset Maugham, *The Summing Up*（モーム『サミング・アップ』行方昭夫訳，岩波文庫）
N-15 Max Brand, *The Iron Trail*
N-16 Charles A. Siringo, *Riata and Spurs*
N-17 Niven Busch, *Duel in the Sun*
N-18 Theodore Pratt, *Thunder Mountain*
N-19 Lt. H. E. Riesenberg, *I Dive for Treasure*
N-20 Jack Iams, *Prophet by Experience*
N-21 Donn Byrne, *Hangman's House*
N-22 Clyde Brion Davis, *The Great American Novel*
N-23 Constance Robertson, *Fire Bell in the Night*
N-24 Robert Standish, *Bonin*
N-25 James Newman and Edward Kasner, *Mathematics and the Imagination*（E・カスナー，J・ニューマン『数学の世界』宮本敏雄，大喜多豊訳，河出書房）
N-26 Eric Linklater, *Magnus Merriman*
N-27 Leslie T. White, *Look Away, Look Away*
N-28 Jack London, *Martin Eden*（ジャック・ロンドン『マーティン・イーデン』辻井栄滋訳，白水社）
N-29 Stuart Cloete, *The Turning Wheels*
N-30 C. M. Sublette and Harry Harrison Kroll, *Perilous Journey*
N-31 Charles Dickens, *David Copperfield*（ディケンズ『デイヴィッド・コパフィールド』中野好夫訳，新潮文庫）
N-32 Wallace Stegner, *The Big Rock Candy Mountain*

O シリーズ（1944 年 11 月）

O-1 Percy Bysshe Shelley, *Selected Poems*
O-2 Kahlil Gibran, *The Prophet*（カリール・ジブラーン『ザ・プロフェット』池央耿訳，ポプラ社）
O-3 John Mulholland, *The Art of Illusion*
O-4 Harry Grayson, *They Played the Game*
O-5 W. H. Hudson, *Tales of the Pampas*
O-6 Edward H. Faulkner, *Plowman's Folly*
O-7 Guy Gilpatric, *Mr. Glencannon Ignores the War*
O-8 Arthur Kober, *My Dear Bella*
O-9 Curt Siodmak, *Donovan's Brain*（カート・シオドマク『ドノヴァンの脳髄』中田耕治訳，ハヤカワ・SF・シリーズ）
O-10 Nelson C. Nye, *Wild Horse Shorty*
O-11 Cornelia Goodhue, *Journey into the Fog*
O-12 C. S. Forester, *The African*

Queen（セシル・スコット・フォレスター『アフリカの女王』佐和誠訳，ハヤカワ文庫）

O-13 Anne Terry White, *Lost Worlds*（A・T・ホワイト『埋もれた世界──考古学者の物語』後藤富男訳，岩波少年文庫）

O-14 Bob Hope, *I Never Left Home*

O-15 Ernest K. Gann, *Island in the Sky*

O-16 Charles L. McNichols, *Crazy Weather*

O-17 W. R. Burnett, *Nobody Lives Forever*

O-18 Damon Runyon, *Runyon à la Carte*

O-19 Charles Jackson, *The Lost Weekend*

O-20 John Russell, *Selected Short Stories*

O-21 Georges Simenon, *On the Danger Line*

O-22 Edgar Rice Burroughs, *The Return of Tarzan*（E・R・バローズ『ターザンの帰還』厚木淳訳，創元SF文庫）

O-23 Robert Sturgis, *Men Like Gods*

O-24 Joseph Hergesheimer, *The Three Black Pennys*

O-25 Frank Spearman, *Selwood of Sleepy Cat*

O-26 Constance Helmericks, *We Live in Alaska*

O-27 Frances Gaither, *The Red Cock Crows*

O-28 M. R. James, *Selected Ghost Stories*

O-29 Ben Ames Williams, *Leave Her to Heaven*

O-30 Zofia Kossak, *Blessed Are the Meek*

O-31 Thomas Wolfe, *Look Homeward, Angel*（トマス・ウルフ『天使よ故郷を見よ』大沢衛訳，講談社文芸文庫）

O-32 Le Grand Cannon, *Look to the Mountain*

P シリーズ（1944 年 12 月）

P-1 David Garnett, *Lady into Fox*（ガーネット『狐になった奥様』安藤貞雄訳，岩波文庫）

P-2 Commander William Chambliss, *Boomerang*

P-3 John R. Tunis, *Rookie of the Year*

P-4 Ludwig Bemelmans, *Hotel Splendide*

P-5 James Norman Hall, *Lost Island*

P-6 Rex Stout, *Not Quite Dead Enough*

P-7 Will Cuppy, *The Great Bustard and Other People*

P-8 Max Brand, *The Fighting Four*

P-9 Hobert D. Skidmore, *Valley of the Sky*

P-10 Benny Goodman and Irving Kolodin, *The Kingdom of Swing*

P-11 H. R. Hays, *Lie Down in Darkness*

P-12 James Oliver Curwood, *The Valley of Silent Men*

P-13 Miriam Young, *Mother Wore Tights*

P-14 Frederick Way Jr., *Pilotin' Comes Natural*

P-15 Tom Gill, *Starlight Pass*

P-16 Ernest Haycox, *Trail Town*

P-17 Hilda Lawrence, *Blood upon*

the Snow（ヒルダ・ロレンス『雪の上の血』鈴木幸夫訳，東京創元社）
P-18 Arthur Loveridge, *Many Happy Days I've Squandered*
P-19 Erskine Caldwell, *Stories by Erskine Caldwell*
P-20 Captain John D. Craig, *Danger Is My Business*
P-21 William Hazlett Upson, *Botts in War, Botts in Peace*
P-22 Irvin S. Cobb, ed., *World's Great Humorous Stories*
P-23 Joseph Shearing, *Aunt Beardie*
P-24 Clyde Brion Davis, *Rebellion of Leo McGuire*
P-25 Herschel Brickell, ed., *O. Henry Memorial Award Prize Short Stories for 1943*
P-26 E. B. White, *One Man's Meat*
P-27 Anya Seton, *Dragonwyck*
P-28 Mari Sandoz, *Slogum House*
P-29 Charles A. Beard, *The Republic*（チャールズ・A・ビーァド『アメリカ共和国――アメリカ憲法の基本的精神をめぐって』松本重治訳，みすず書房）
P-30 Ernie Pyle, *Brave Men*
P-31 Harlow Shapley, ed., *A Treasury of Science*
P-32 Catherine Drinker Bowen, *Yankee from Olympus*（C・D・ボーエン『判事ホームズ物語』鵜飼信成ほか訳，法政大学出版局）

Q シリーズ（1945 年 1 月）
Q-1 Cornelia Otis Skinner, *Excuse It, Please!*
Q-2 James M. Cain, *The Postman Always Rings Twice*（ジェームズ・M・ケイン『郵便配達は二度ベルを鳴らす』田口俊樹訳，新潮文庫）
Q-3 David Ewen, *The Story of George Gershwin*
Q-4 Hugh Gray and Lillian R. Lieber, *The Education of T. C. Mits*（リリアン・R・リーバー著，ヒュー・グレイ・リーバー［絵］『数学は世界を変える――あなたにとっての現代数学』水谷淳訳，ソフトバンククリエイティブ）
Q-5 Max Shulman, *The Feather Merchants*
Q-6 Mel Heimer, *The World Ends at Hoboken*
Q-7 Mary Lasswell, *High Time*
Q-8 John R. Tunis, *Keystone Kids*
Q-9 Sherwood Anderson, *Selected Short Stories of Sherwood Anderson*
Q-10 A. A. Fair, *Give 'Em the Ax*（A・A・フェア『斧でもくらえ』砧一郎訳，ハヤカワ・ミステリ文庫）
Q-11 E. E. Halleran, *Prairie Guns*
Q-12 Theodore Naidish, *Watch Out for Willie Carter*
Q-13 Thorne Smith, *The Passionate Witch*
Q-14 Lord Dunsany, *Guerilla*
Q-15 R. A. J. Walling, *The Corpse Without a Clue*
Q-16 Ernest Haycox, *Man in the Saddle*
Q-17 Frances Crane, *The Amethyst Spectacles*
Q-18 C. S. Forester, *Beat to Quarters*（セシル・スコット・フォレスター

『パナマの死闘』高橋泰邦訳，ハヤカワ文庫）
Q-19 Zane Grey, *The Heritage of the Desert*
Q-20 John Hawkins and Ward Hawkins, *Devil on His Trail*
Q-21 Philip Wylie, *Salt Water Daffy*
Q-22 Mary Reisner, *The House of Cobwebs*
Q-23 Donal Hamilton Haines, *Luck in All Weathers*
Q-24 Max Brand, *Happy Jack*
Q-25 Mac Gardner, *Mom Counted Six*
Q-26 Margaret Case Harriman, *Take Them Up Tenderly*
Q-27 A. J. Cronin, *The Green Years*（クローニン『孤独と純潔の歌』竹内道之助訳，三笠書房）
Q-28 Ross McLaury Taylor, *The Saddle and the Plow*
Q-29 Kenneth Roberts, *The Lively Lady*
Q-30 Clark McMeekin, *Reckon with the River*
Q-31 W. Somerset Maugham, *The Razor's Edge*（サマセット・モーム『かみそりの刃』中野好夫訳，ちくま文庫）
Q-32 Lillian Smith, *Strange Fruit*
Q-33 Anna Seghers, *The Seventh Cross*
Q-34 Louis Bromfield, *Wild Is the River*
Q-35 Eugene O'Neill, *Selected Plays of Eugene O'Neill*
Q-36 John Jennings, *The Shadow and the Glory*
Q-37 Rachel Field, *Time Out of Mind*
Q-38 Alexander Laing, *The Sea Witch*
Q-39 Ben Ames Williams, *The Strange Woman*
Q-40 Henry Adams, *The Education of Henry Adams*（ヘンリー・アダムズ『ヘンリー・アダムズの教育』刈田元司訳，八潮出版社）

Rシリーズ（1945年2月）
R-1 G. B. Stern, *The Ugly Dachshund*
R-2 John Keats, *Selected Poems of John Keats*
R-3 Robert Nathan, *One More Spring*（R・ネイサン『いまひとたびの春』龍口直太郎訳，岩波現代叢書）
R-4 Dorothy Parker, *Selected Short Stories of Dorothy Parker*
R-5 Robert Benchley, *After 1903 — What?*
R-6 William H. Roberts, *Psychology You Can Use*
R-7 Norman Corwin, *Selected Radio Plays of Norman Corwin*
R-8 Colonel Stoopnagle, *You Wouldn't Know Me from Adam*
R-9 Jacland Marmur, *Sea Duty*
R-10 Samuel Michael Fuller, *The Dark Page*
R-11 Luke Short, *War on the Cimarron*
R-12 Roderick Peattie, *Geography in Human Destiny*
R-13 David Garth, *Bermuda Calling*
R-14 Sir William Cecil Dampier, *A Shorter History of Science*（ウィリアム・セシル・ダンピア卿『科学の歴史——科学はどのように発達してきたか』山下愛子，小林克雄訳，雄

松堂出版）

R-15 George Sanders, *Crime on My Hands*

R-16 D. W. Brogan, *The American Character*

R-17 Emily Kimbrough and Cornelia Otis Skinner, *Our Hearts Were Young and Gay*

R-18 Alan Le May, *Winter Range*

R-19 Edmund Gilligan, *The Gaunt Woman*

R-20 Arthur Harry Gooden, *Painted Buttes*

R-21 Katherine Anne Porter, *Selected Short Stories of Katherine Anne Porter*

R-22 Margery Sharp, *Cluny Brown*

R-23 Deems Taylor, *Of Men and Music*

R-24 Max Brand, *The Long Chance*

R-25 Christopher Morley, *Kitty Foyle*（クリストフワー・モーリ『青春の記録』新居格訳，洛陽書院）

R-26 David L. Cohn, *Combustion on Wheels*

R-27 Gwethalyn Graham, *Earth and High Heaven*

R-28 Herbert Best, *Young 'Un*

R-29 Clifford Dowdey, *Gamble's Hundred*

R-30 Sigrid Undset, *The Bridal Wreath*

R-31 Bennett Cerf, *Try and Stop Me*

R-32 Rafael Sabatini, *Captain Blood*

R-33 August Derleth, ed., *Sleep No More*

R-34 Stefan Heym, *Of Smiling Peace*

R-35 Sumner Welles, *The Time for Decision*

R-36 Thomas B. Costain, *For My Great Folly*

R-37 Lloyd C. Douglas, *Disputed Passage*

R-38 W. E. Woodward, *The Way Our People Lived*（W・E・ウッドワード『アメリカ人はどう生きてきたか――アメリカ世相三百年史』中西秀男訳，筑摩書房）

R-39 Henrietta Buckmaster, *Deep River*

R-40 Samuel Hopkins Adams, *Canal Town*

S シリーズ（1945 年 3 月）

S-1 Major William A. Aiken, ed., *A Wartime Whitman*

S-2 William Saroyan, *Dear Baby*（ウィリアム・サローヤン『ディア・ベイビー』関汀子訳，ちくま文庫）

S-3 Ludwig Bemelmans, *I Love You, I Love You, I Love You*

S-4 James Gould Cozzens, *Castaway*

S-5 James Thurber, *My World and Welcome to It*

S-6 Frank Gruber, *Peace Marshal*

S-7 Richard Sale, *Not Too Narrow, Not Too Deep*

S-8 Philip Wylie, *Selected Short Stories of Philip Wylie*

S-9 Mark Twain, *Selected Short Stories of Mark Twain*

S-10 Dorothy Baker, *Young Man with a Horn*（ドロシー・ベイカー『ヤングマン・ウィズ・ア・ホーン――あるジャズエイジの伝説』諸岡敏行訳，青土社）

S-11 Frank Sullivan, *A Pearl in Every Oyster*

S-12 Eric Hatch, *Unexpected Uncle*

S-13 Thomas Beer, *The Mauve Decade*

S-14 Evelyn Eaton, *In What Torn Ship*

S-15 Alexander Laing, *Clipper Ship Men*

S-16 Virginia Perdue, *Alarum and Excursion*

S-17 Donald Hough, *Captain Retread*

S-18 William MacLeod Raine, *Guns of the Frontier*

S-19 Joe E. Brown, *Your Kids and Mine*

S-20 William Irish, *After-Dinner Story*

S-21 Erle Stanley Gardner, *The Case of the Black-Eyed Blonde*（E・S・ガードナー『殴られたブロンド』砧一郎訳，ハヤカワ・ミステリ文庫）

S-22 H. Allen Smith, *Lost in the Horse Latitudes*

S-23 Max Brand, *Hunted Riders*

S-24 Walter Van Tilburg Clark, *The Ox-Bow Incident*

S-25 Frederick G. Lieb, *The St. Louis Cardinals*

S-26 Algernon Blackwood, *Selected Short Stories of Algernon Blackwood*

S-27 Donald Culross Peattie, *An Almanac for Moderns*

S-28 Thorne Smith, *The Night Life of the Gods*

S-29 Edgar Snow, *People on Our Side*

S-30 Harlan Hatcher, *The Great Lakes*

S-31 Louis Bromfield, *The Farm*

S-32 Marguerite F. Bayliss, *The Bolinvars*

S-33 Marjorie Kinnan Rawlings, *The Yearling*

S-34 Merrill Denison, *Klondike Mike*

S-35 William Makepeace Thackeray, *Henry Esmond*（サッカレー『恋の未亡人――ヘンリ・エズモンド』村上至孝訳，本の友社）

S-36 Joseph Stanley Pennell, *The History of Rome Hanks*

S-37 Francis Hackett, *Henry the Eighth*

S-38 Kenneth Roberts, *Arundel*

S-39 Elizabeth Goudge, *Green Dolphin Street*

S-40 Jean Stafford, *Boston Adventure*

Tシリーズ（1945年4月）

T-1 Cornelia Otis Skinner, *Dithers and Jitters*

T-2 H. G. Wells, *The Time Machine*

T-3 George Papashvily and Helen Papashvily, *Anything Can Happen*

T-4 David Ewen, *Men of Popular Music*

T-5 John Steinbeck, *Cannery Row*（スタインベック「キャナリー・ロウ」井上謙治訳，『スタインベック全集9　キャナリーロウ／たのしい木曜日』所収，大阪教育図書）

T-6 Timothy Fuller, *This Is Murder, Mr. Jones*

T-7 Oscar Levant, *A Smattering of Ignorance*

T-8 Louis Untermeyer, ed., *The Fireside Book of Verse*

T-9 Ezra Stone and Weldon Melick, *Coming, Major!*

T-10 Charles Nordhoff and James

Norman Hall, *Men Against the Sea*
T-11 Henry Tetlow, *We Farm for a Hobby and Make It Pay*
T-12 Margery Sharp, *The Stone of Chastity*
T-13 Robert Benchley, *Benchley Beside Himself*
T-14 MacKinlay Kantor, *Gentle Annie*
T-15 Robert M. Coates, *The Outlaw Years*
T-16 Charles Alden Seltzer, *The Range Boss*
T-17 Patrick Quentin, *Puzzle for Puppets*（パトリック・クェンティン『人形パズル』白須清美訳，創元推理文庫）
T-18 Henry James, *Daisy Miller and Other Stories*
T-19 Rosemary Taylor, *Ridin' the Rainbow*
T-20 Eugene Cunningham, *Pistol Passport*
T-21 Max Brand, *Riders of the Plains*
T-22 David Rame, *Tunnel from Calais*
T-23 William Sloane, *The Edge of Running Water*
T-24 Frank Graham, *The New York Yankees*
T-25 Burns Mantle, ed., *The Best Plays of 1943-1944*
T-26 Howard Fast, *Freedom Road*（ハワード・ファースト『自由の道』山田敦訳，青銅社）
T-27 Ben Lucien Burman, *Blow for a Landing*
T-28 Foster, Nafziger, Shaw, and Ranger, *Wolf Law and Three Other Stories of the West*
T-29 Esther Forbes, *The General's Lady*
T-30 Carl Carmer, *Genesee Fever*
T-31 Commander Walter Karig and Lieutenant Welbourn Kelley, *Battle Report*
T-32 Louis Bromfield, *The World We Live In*
T-33 A. J. Cronin, *The Citadel*（A・J・クローニン『城砦』竹内道之助訳，三笠書房）
T-34 Maritta M. Wolff, *Whistle Stop*
T-35 Iola Fuller, *The Loon Feather*
T-36 Daphne du Maurier, *Rebecca*（ダフネ・デュ・モーリア『レベッカ』茅野美ど里訳，新潮文庫）
T-37 Marcus Goodrich, *Delilah*
T-38 Peter Freuchen, *Arctic Adventure*
T-39 Kathleen Winsor, *Forever Amber*（キャスリン・ウィンザー『永遠のアンバー』佐藤亮一訳，三笠書房）
T-40 Margaret Landon, *Anna and the King of Siam*

U シリーズ（1945 年 5 月）

655 Robert Nathan, *Portrait of Jenny*（ロバート・ネイサン『ジェニーの肖像』大友香奈子訳，創元推理文庫）
656 George Lowther, *Adventures of Superman*
657 Max Shulman, *Barefoot Boy with Cheek*
658 Alfred Lord Tennyson, *The Charge of the Light Brigade and Other Poems*

659 Joseph Dunninger, *What's on Your Mind?*
660 Henry Beston, *The Outermost House*（ヘンリー・ベストン『ケープコッドの海辺に暮らして――大いなる浜辺における1年間の生活』村上清敏訳，本の友社）
661 Roderick Peattie, *Look to the Frontiers*
662 John P. Sousa III, *My Family, Right or Wrong*
663 Brett Halliday, *Murder and the Married Virgin*
664 George Sessions Perry and Israel Leighton, *Where Away*
665 J. B. Priestley, *The Old Dark House*
666 Vera Caspary, *Laura*
667 Ernest Hemingway, *To Have and Have Not*（アーネスト・ヘミングウェイ「持つと持たぬと」佐伯彰一訳，『ヘミングウェイ全集 第5巻』所収，三笠書房）
668 Thomas Beer, *Mrs. Egg and Other Barbarians*
669 Guy de Maupassant, *Mademoiselle Fifi and Other Stories*
670 Luke Short, *Gunman's Chance*
671 Thorne Smith, *The Glorious Pool*
672 Jack London, *White Fang*
673 H. Allen Smith, *Low Man on a Totem Pole*
674 William MacLeod Raine, *Trail's End*
675 Dorothy Cameron Disney, *The 17th Letter*
676 Paul Eduard Miller, ed., *Esquire's Jazz Book*（*1944*）
677 Walter D. Edmonds, *Selected Short Stories*
678 Zane Grey, *Western Union*
679 C. S. Forester, *The Captain from Connecticut*
680 Ellery Queen, *Calamity Town*（エラリイ・クイーン『災厄の町』越前敏弥訳，ハヤカワ・ミステリ文庫）
681 Elliot Arnold, *Tomorrow Will Sing*
682 James Stokley, *Science Remakes the World*
683 Ernest Haycox, *Bugles in the Afternoon*
684 John J. O'Neill, *Prodigal Genius: The Life and Times of Nikola Tesla*
685 Alexander Laing, *The Cadaver of Gideon Wyck*
686 William Targ, ed., *Western Story Omnibus*
687 Isak Dinesen, *Seven Gothic Tales*（イサク・ディネセン『ピサへの道――七つのゴシック物語1』『夢みる人びと――七つのゴシック物語2』横山貞子訳，白水社）
688 Ellen Glasgow, *Barren Ground*（エレン・グラスゴウ『不毛の大地』板橋好枝ほか訳，荒地出版社）
689 Edison Marshall, *Great Smith*
690 John Steinbeck, *The Grapes of Wrath*
691 Charles Dickens, *Pickwick Papers*（C・ディケンズ『ピクウィック・クラブ』北川悌二訳，ちくま文庫）
692 Douglas Rigby and Elizabeth Rigby, *Lock, Stock and Barrel*
693 Irving Stone, *Immortal Wife*

694 Martin Flavin, *Journey in the Dark*

V シリーズ（1945 年 6 月）

695 Ruth McKenney, *The McKenneys Carry On*

696 E. B. White, *Quo Vadimus?*

697 Arthur Kober, *Thunder over the Bronx*

698 H. G. Wells, *The Island of Dr. Moreau*（H・G・ウェルズ『モロー博士の島』中村融訳，創元SF文庫）

699 Sally Benson, *Meet Me in St. Louis*

700 Frederic F. Van de Water, *A Home in the Country*

701 Rose Franken, *Another Claudia*

702 Earl Wilson, *I Am Gazing Into My 8-Ball*

703 John Steinbeck, *The Pastures of Heaven*（ジョン・スタインベック「天の牧場」濱口脩ほか訳，『スタインベック全集 1』所収，大阪教育図書）

704 Henry Wadsworth Longfellow, *Paul Revere's Ride and Other Poems*

705 James Thurber, *The Middle-Aged Man on the Flying Trapeze*

706 Ernest Haycox, *Deep West*

707 Clarence Budington Kelland, *Arizona*

708 Jesse James Benton, *Cow by the Tail*

709 C. S. Forester, *To the Indies*

710 Barry Benefield, *Eddie and the Archangel Mike*

711 Mignon G. Eberhart, *Wings of Fear*

712 William Colt MacDonald, *The Three Mesquiteers*

713 Vardis Fisher, *The Golden Rooms*

714 Albert Payson Terhune, *Lad: A Dog*（A. P. ターヒューン『名犬ラッド』岩田欣三訳，岩波少年文庫）

715 Max Brand, *Gunman's Gold*

716 Walter Blair, *Tell Tale America*

717 *Webster's New Handy Dictionary*

718 *Webster's New Handy Dictionary*

719 Sgt. George Baker, *The Sad Sack*

720 Edmund Gilligan, *Voyage of the Golden Hind*

721 W. H. Hudson, *The Purple Land*（ハドソン『パープル・ランド——美わしきかな草原』柏倉俊三訳，英宝社）

722 Zane Grey, *Sunset Pass*

723 J. H. Wallis, *The Woman in the Window*（J・H・ウォーリス『飾窓の女』高狷介訳，ハヤカワ・ミステリ）

724 Marjorie Kinnan Rawlings, *South Moon Under*

725 Charles Nordhoff and James Norman Hall, *Pitcairn's Island*

726 Frederic Ramsey Jr. and Charles Edward Smith, *Jazzmen*

727 Ngaio Marsh, *Death and the Dancing Footman*

728 Paul Gallico, *Farewell to Sport*

729 William Howells, *Mankind So Far*

730 H. P. Lovecraft, *The Dunwich Horror and Other Weird Tales*

731 Colonel John W. Thomason Jr., *. . . And a Few Marines*

732 John Selby, *Starbuck*

733 Albert Maltz, *The Cross and the Arrow*
734 Walter Karig, *Lower Than Angels*

Wシリーズ（1945年7月）
735 Gerald Johnson, *A Little Night Music*
736 William Wordsworth, *My Heart Leaps Up and Other Poems*
737 Robert Nathan, *The Enchanted Voyage*（ロバート・ネイサン『夢の国をゆく帆船』矢野徹訳，ハヤカワ文庫）
738 Gustav Eckstein, *Lives*（エクスタイン『鼠夫婦一代記』内田清之助訳，中教出版）
739 *Soldier Art*（distributed to Army only）
740 Sgt. Frank Brandt, ed., *Cartoons for Fighters*
741 John O'Hara, *Pipe Night*
742 Morton Thompson, *Joe, the Wounded Tennis Player*
743 Vereen Bell, *Brag Dog and Other Stories*
744 Timothy Fuller, *Harvard Has a Homicide*（ティモシー・フラー『ハーバード大学殺人事件』高橋淑子訳，青弓社）
745 H. G. Wells, *The War of the Worlds*（H・G・ウェルズ『宇宙戦争』中村融訳，創元SF文庫）
746 Francis Wallace, *Kid Galahad*
747 Frances Lockridge and Richard Lockridge, *Death on the Aisle*
748 Ernest Haycox, *Starlight Rider*
749 Joseph Wechsberg, *Looking for a Bluebird*
750 John Steinbeck, *Cup of Gold*（ジョン・スタインベック「黄金の杯」浜口脩，加藤好文訳，『スタインベック全集1』所収，大阪教育図書）
751 Raymond Chandler, *The Big Sleep*（レイモンド・チャンドラー『大いなる眠り』村上春樹訳，ハヤカワ・ミステリ文庫）
752 Arthur Henry Gooden, *The Valley of Dry Bones*
753 Eugene Cunningham, *Diamond River Man*
754 Paul Gallico, *Adventures of Hiram Holliday*（ポール・ギャリコ『ハイラム・ホリデーの大冒険』東江一紀訳，ブッキング）
755 James Thurber, *Let Your Mind Alone!*
756 E. C. Abbott and Helena Huntington Smith, *We Pointed Them North*
757 Meyer Berger, *The Eight Million*
758 Willard Robertson, *Moon Tide*
759 Clarence E. Mulford, *Buck Peters, Ranchman*
760 Ngaio Marsh, *Died in the Wool*
761 William Hazlett Upson, *Keep 'Em Crawling*
762 Rhoda Truax, *Joseph Lister*
763 Carl Carmer, *Listen for a Lonesome Drum*
764 Frederic Prokosch, *The Asiatics*
765 William McFee, ed., *World's Great Tales of the Sea*
766 James M. Cain, *Double Indemnity and Two Other Short Novels*
767 Edgar Allan Poe, *Selected Stories of Edgar Allan Poe*
768 Walter D. Edmonds, *Young Ames*

769 Clarence Day, *Life with Father and Mother*

770 Evelyn Eaton, *Quietly My Captain Waits*

771 Lloyd Lewis, *Myths after Lincoln*

772 Virginia Woolf, *The Years*（ヴァージニア・ウルフ『歳月』大澤實訳, 文遊社）

773 Gene Fowler, *Timber Line*

774 Philip Wylie, *Night unto Night*

X シリーズ（1945 年 8 月）

775 William March, *Some Like Them Short*

776 Rupert Brooke, *Collected Poems of Rupert Brooke*

777 Gustav Eckstein, *Canary*

778 Hiram Percy Maxim, *A Genius in the Family*

779 Lawrence Edward Watkin, *On Borrowed Time*

780 Bliss Lomax, *Horsethief Creek*

781 Frank Graham, *Lou Gehrig*

782 Ring Lardner, *You Know Me, Al*（リング・ラードナー『メジャー・リーグのうぬぼれルーキー』加島祥造訳, ちくま文庫）

783 George Chamberlain, *The Phantom Filly*

784 Charles H. Snow, *Sheriff of Yavisa*

785 Dorothy B. Hughes, *The So Blue Marble*（ドロシー・B・ヒューズ『青い玉の秘密』松本真一訳, 論創海外ミステリ）

786 Baynard Kendrick, *Blind Man's Bluff*（ベイナード・ケンドリック『暗闇の鬼ごっこ』熊木信太郎訳, 論創海外ミステリ）

787 Howard Fast, *Patrick Henry and the Frigate's Keel*

788 Edward L. McKenna, *The Bruiser*

789 Frances Lockridge and Richard Lockridge, *Payoff for the Banker*

790 Paul B. Sears, *This Is Our World*

791 Ernest Haycox, *Trail Smoke*

792 Glenway Wescott, *Apartment in Athens*

793 Theodore Pratt, *The Barefoot Mountain*

794 John Steinbeck, *The Long Valley*（ジョン・スタインベック「長い盆地」江草久司ほか訳, 『スタインベック全集 5』所収, 大阪教育図書）

795 H. Rider Haggard, *King Solomon's Mines*（H・R・ハガード『ソロモン王の洞窟』大久保康雄訳, 創元推理文庫）

796 Arthur Train, *Mr. Tutt Finds a Way*

797 Zane Grey, *Forlorn River*

798 Ione Sandberg Shriber, *Pattern for Murder*

799 John O'Hara, *Butterfield 8*

800 Robert Nathan, *The Bishop's Wife and Two Other Novels*

801 Edwin Balmer and Philip Wylie, *When Worlds Collide*（フィリップ・ワイリー, エドウィン・バーマー『地球最後の日』佐藤龍雄訳, 創元 SF 文庫）

802 Isak Dinesen, *Winter's Tales*（イサク・ディネセン『冬の物語』横山貞子訳, 新潮社）

803 Coburn, Foster, Ranger, McCulley, and Wilson, *Five Western Stories*

804 C. S. Forester, *Commodore Hornblower*（セシル・スコット・フォレスター『決戦！ バルト海』高橋泰邦訳，ハヤカワ文庫）
805 Eric Baume, *Yankee Woman*
806 Carl Carmer, *The Hudson*
807 Monte Barrett, *Sun in Their Eyes*
808 Paul de Kruif, *Men Against Death*
809 Bernard Jaffe, *Men of Science in America*（B・ジャッフィ『アメリカの科学者たち——避雷針からサイクロトロンまで』島村道彦訳，創元科学叢書）
810 Herbert V. Prochnow, ed., *Great Stories from Great Lives*
811 Louis Bromfield, *Mrs. Parkington*
812 Rafael Sabatini, *The Sea Hawk*（サバティーニ『海の鷹』小田律訳，世界大衆文學名作選集第 16 巻，改造社）
813 MacKinlay Kantor, *Author's Choice*
814 Thomas B. Costain, *Ride with Me*

Y シリーズ（1945 年 9 月）
815 John van Druten, *The Voice of the Turtle*
816 Richard Harding Davis, *In the Fog*
817 John O'Hara, *Pal Joey*
818 Joel Sayre, *Rackety Rax*
819 *The New Yorker's Baedeker*
820 John Masefield, *Selected Poems of John Masefield*
821 Richard Shattuck, *The Half-Haunted Saloon*
822 Bill Mauldin, *Up Front*
823 Willa Cather, *O Pioneers!*
824 John Mills, *Electronics: Today and Tomorrow*
825 William Faulkner, *A Rose for Emily and Other Stories*
826 Margaret Mead, *Coming of Age in Samoa*（マーガレット・ミード『サモアの思春期』畑中幸子，山本真鳥訳，蒼樹書房）
827 Frances Crane, *The Indigo Necklace*
828 Dorothy B. Hughes, *The Delicate Ape*（ドロシイ・ヒューズ『デリケイト・エイプ』平田次三郎訳，ハヤカワ・ミステリ）
829 C. S. Forester, *Payment Deferred*
830 Arnold Bennett, *Buried Alive*
831 Tom Powers, *Virgin with Butterflies*
832 Thomas L. Stix, ed., *The Sporting Gesture*
833 Charles Alden Seltzer, *Square Deal Sanderson*
834 Clarence E. Mulford, *Bar-20 Days*
835 Ira Wolfert, *American Guerrilla in the Philippines*
836 Rose Franken, *Claudia and David*
837 Ernest Haycox, *Sundown Jim*
838 Raymond Chandler, *The Lady in the Lake*（レイモンド・チャンドラー『水底の女』村上春樹訳，ハヤカワ・ミステリ文庫）
839 Harry Hamilton, *River Song*
840 James Street, *The Biscuit Eater and Other Stories*
841 Edison Marshall, *The Upstart*
842 Zane Grey, *Twin Sombreros*
843 Margaret Irwin, *Young Bess*
844 Booth Tarkington, *Little Orvie*
845 Louis Bromfield, *Pleasant Valley*

（L・ブロムフィールド『楽しい谷』北川虎雄，武藤博忠訳，農林水産業生産性向上会議）
846 Frank Graham, *McGraw of the Giants*
847 Ralph Temple, *Cuckoo Time*
848 Whit Burnett, ed., *Time to Be Young*
849 Hervey Allen, *Bedford Village*
850 Joseph Shearing, *The Lady and the Arsenic*
851 Bram Stoker, *Dracula*
852 John P. Marquand, *Wickford Point*
853 Adria Locke Langley, *A Lion Is in the Streets*（アドリア・ロック・ラングレイ『街の野獣』山崎晴一訳，牧書房翻訳室）
854 Samuel Shellabarger, *Captain from Castile*

Zシリーズ（1945年10月）
855 Rosemary Benét and Stephen Vincent Benét, *A Book of Americans*
856 James Thurber, *My Life and Hard Times*
857 Edna St. Vincent Millay, *Lyrics and Sonnets*
858 Maude Smith Delavan, *The Rumelhearts of Rampler Avenue*
859 Conrad Richter, *Tacey Cromwell*
860 Stefan Zweig, *The Royal Game*
861 Charles Nordhoff, *The Pearl Lagooon*
862 F. Scott Fitzgerald, *The Great Gatsby*（フィッツジェラルド『グレート・ギャッツビー』小川高義訳，光文社古典新訳文庫）
863 Nathaniel Hawthorne, *The Gray Champion and Other Tales*
864 André Maurois, *Ariel: The Life of Shelley*
865 Robert Benchley, *My Ten Years in a Quandary*
866 Erskine Caldwell, *Tragic Ground*（アースキン・コールドウェル『悲劇の土地』井上義衛，青木久男訳，南雲堂）
867 Ernest Haycox, *Rim of the Desert*
868 Alan Le May, *Useless Cowboy*
869 Dorothy B. Hughes, *The Fallen Sparrow*
870 Donald Hough, *Snow Above Town*
871 John Collier, *Green Thoughts and Other Strange Tales*
872 S. J. Perelman, *Crazy Like a Fox*
873 Graham Greene, *The Confidential Agent*（グレアム・グリーン『グレアム・グリーン全集7　密使』青木雄造訳，早川書房）
874 Luke Short, *Ramrod*
875 Walter D. Edmonds, *Mostly Canallers*
876 Jack Iams, *The Countess to Boot*
877 Max Brand, *Danger Trail*
878 William Irish, *Deadline at Dawn*
879 John D. Weaver, *Wind Before Rain*
880 Henry D. Thoreau, *Walden*（ヘンリー・D・ソロー『ウォールデン森の生活』今泉吉晴訳，小学館）
881 H. Rider Haggard, *She*（H・R・ハガード『洞窟の女王』大久保康雄訳，創元推理文庫）
882 Ngaio Marsh, *Colour Scheme*
883 Zane Grey, *Desert Gold*

884 Harry Leon Wilson, *Ruggles of Red Gap*
885 Robert Louis Stevenson, *The Strange Case of Dr. Jekyll and Mr. Hyde and Other Stories*
886 Edmund Gilligan, *White Sails Crowding*
887 Owen Wister, *The Virginian*（オーエン・ウィスター『ヴァージニアン』平石貴樹訳，松柏社）
888 Jesse Stuart, *Head o' W-Hollow*
889 M. G. Kains, *Five Acres and Independence*
890 Dorothy L. Sayers, *Busman's Honeymoon*（ドロシー・L・セイヤーズ『大忙しの蜜月旅行』猪俣美江子訳，創元推理文庫）
891 A. J. Cronin, *Hatter's Castle*（クローニン『帽子屋の城』竹内道之助訳，三笠書房）
892 B. A. Botkin, ed., *The Sky's the Limit*
893 Frederick Bodmer, *The Loom of Language*
894 Margaret Leech, *Reveille in Washington*

AA シリーズ（1945 年 11 月）

895 Juliet Lowell, *Dear Sir and Dumb-Belles Letters*
896 Jack Goodman and Alan Green, *How to Do Practically Anything*
897 Jeremiah Digges, *Bowleg Bill*
898 George Sessions Perry, *Walls Rise Up*
899 Robert Lawson, *Mr. Wilmer*
900 D. D. Beauchamp, *The Full Life and Other Stories*
901 Vachel Lindsay, *The Daniel Jazz and Other Poems*
902 John Weaver, *My Bitter Half and Other Stories*
903 Walter Bernstein, *Keep Your Head Down*
904 Boris Sokoloff, M. D., *The Story of Penicillin*
905 James Norman Hall, *Lost Island*
906 Rex Stout, *Not Quite Dead Enough*
907 Will Cuppy, *The Great Bustard and Other People*
908 Max Brand, *The Fighting Four*
909 Mary Shelley, *Frankenstein*（メアリ・シェリー『フランケンシュタイン』森下弓子訳，創元推理文庫）
910 Robert Fontaine, *The Happy Time*
911 Sinclair Lewis, *Mantrap*
912 Richard Connell, *Ironies*
913 Irving T. Marsh and Edward Ehre, eds., *Best Sports Stories of 1944*
914 Craig Rice, *The Lucky Stiff*（クレイグ・ライス『幸運な死体』小泉喜美子訳，ハヤカワ・ミステリ文庫）
915 Erle Stanley Gardner, *The Case of the Golddigger's Purse*（E・S・ガードナー『黒い金魚』尾坂力訳，ハヤカワ・ミステリ文庫）
916 Ernest Haycox, *Canyon Passage*
917 Charles Alden Seltzer, *The Trail Horde*
918 Clarence E. Mulford, *Tex*
919 William Maxwell, *The Folded Leaf*
920 Robert Goffin, *Jazz*
921 Ben Hecht, *Concerning a Wom-*

an of Sin and Other Stories
922 Thorne Smith, *Rain in the Doorway*
923 Joseph Shearing, *Aunt Beardie*
924 Clyde Brion Davis, *Rebellion of Leo McGuire*
925 Homer, *The Odyssey* (Trans. by T. E. Shaw)
926 Aldous Huxley, *The Gioconda Smile and Other Stories*
927 Elliot Paul, *The Last Time I Saw Paris*（エリオット・ポール『最後に見たパリ』吉田暁子訳，河出書房新社）
928 Hugh Walpole, *Fortitude*
929 George R. Stewart, *Names on the Land*
930 Leonard Ehrlich, *God's Angry Men*
931 Samuel Hopkins Adams, *A. Woollcott: His Life and His World*
932 Hugh MacLennan, *Two Solitudes*
933 *The Bedside Tales* (introduction by Peter Arno)
934 *The Best from Yank, the Army Weekly*

BB シリーズ（1945 年 12 月）
935 Norman Krasna, *Dear Ruth*
936 Joe (The Markee) Madden, *Set 'Em Up!*
937 Rufus King, *The Deadly Dove*
938 Francis Russell Hart, *Admirals of the Caribbean*
939 Robert Browning and Elizabeth Barrett Browning, *Love Poems*
940 Arthur Machen, *The Great God Pan and Other Weird Stories*
941 Harry Brown, *Artie Greengroin, Pfc.*
942 Bruce Marshall, *The World, the Flesh, and Father Smith*（ブルース・マーシャル『世界と肉体とスミス神父』プルダン・モンフェット，永井隆訳，聖母の騎士社）
943 Vera Caspary, *Bedelia*
944 O. Henry, *The Ransom of Red Chief and Other Stories*
945 Erskine Caldwell, *God's Little Acre*（コールドウェル『神の小さな土地』瀧口直太郎訳，新潮文庫）
946 James Gunn, *Deadlier Than the Male*
947 E. B. Mann, *Comanche Kid*
948 Marione Derrickson, ed., *Laugh It Off*
949 Charles Alden Seltzer, *The Boss of the Lazy Y*
950 Frances Lockridge and Richard Lockridge, *Killing the Goose*
951 E. E. Halleran, *Prairie Guns*
952 Theodore Naidish, *Watch Out for Willie Carter*
953 Thorne Smith, *The Passionate Witch*
954 Lord Dunsany, *Guerrilla*
955 *The New Yorker Profiles*
956 William Colt MacDonald, *Cartridge Carnival*
957 Ronald Kirkbridge, *Winds, Blow Gently*
958 H. G. Wells, *The Food of the Gods*（H・G・ウエルズ『神々の糧』小倉多加志訳，ハヤカワ文庫）
959 Edna Ferber, *Great Son*
960 Herbert S. Zim, *Rockets and Jets*
961 Phil Stong, *Marta of Muscovy*
962 John D. Ratcliff, ed., *Science Year-*

book of 1945
963 Frank Graham, *The Brooklyn Dodgers*
964 Dillon Ripley, *Trail of the Money Bird*
965 Herb Graffis, ed., *Esquire's First Sports Reader*
966 James Hilton, *So Well Remembered*
967 Jack Gaver and Dave Stanley, *There's Laughter in the Air!*
968 Lau Shaw, *Rickshaw Boy*
969 Sinclair Lewis, *Cass Timberlane*（シンクレア・ルイス『夫婦物語』瀬沼茂樹，金子哲郎訳，早川書房）
970 James Thurber, *The Thurber Carnival*
971 W. Somerset Maugham, *The Razor's Edge*
972 Lillian Smith, *Strange Fruit*
973 Stuart Cloete, *Against These Three*
974 Walter Van Tilburg Clark, *The City of Trembling Leaves*

CC シリーズ（1946 年 1 月）
975 Herbert Clyde Lewis, *Gentleman Overboard*
976 Stephen Leacock, *My Remarkable Uncle and Other Sketches*
977 Paul Corey, *Buy an Acre*
978 C. B. F. Macauley, *The Helicopters Are Coming*
979 John O'Hara, *The Doctor's Son and Other Stories*
980 Robert Trumbull, *Silversides*
981 Ogden Nash, *I'm a Stranger Here Myself*
982 Max Brand, *Silvertip's Search*
983 Oliver Weld Bayer, *An Eye for an Eye*
984 G. K. Chesterton, *The Man Who Was Thursday*（G・K・チェスタトン『木曜の男』吉田健一訳，創元推理文庫）
985 Archie Robertson, *Slow Train to Yesterday*
986 Irving Crump, *Our United States Secret Service*
987 Charles Alden Seltzer, *"Beau" Rand*
988 Richard Powell, *Lay That Pistol Down*
989 William MacLeod Raine, *Who Wants to Live Forever?*
990 Donald Henderson Clarke, *Louis Beretti*
991 Carter Dickson, *The Curse of the Bronze Lamp*（カーター・ディクスン『青銅ランプの呪』後藤安彦訳，創元推理文庫）
992 Sewell Peaslee Wright, ed., *Chicago Murders*
993 Stanley Frank, ed., *Sports Extra*
994 John Erskine, *The Private Life of Helen of Troy*（ジョン・アースキン『トロイのヘレン──憧れる魂』西崎一郎，梅沢時子訳，新鋭社）
995 Frances Crane, *The Amethyst Spectacles*
996 C. S. Forester, *Beat to Quarters*
997 Zane Grey, *The Heritage of the Desert*
998 John Hawkins and Ward Hawkins, *Devil on His Trail*
999 Ben Lucien Burman, *Rooster Crows for Day*
1000 Paul Eduard Miller, ed., *Es-*

quire's 1945 Jazz Book
1001 Clark McMeekin, *Black Moon*
1002 Darrell Huff and Frances Huff, *Twenty Careers of Tomorrow*
1003 Edgcumb Pinchon, *Dan Sickles*
1004 Bellamy Partridge, *January Thaw*
1005 George Bernard Shaw, *Arms and the Man and Two Other Plays*
1006 Rafael Sabatini, *The Birth of Mischief*
1007 Thomas Bell, *All Brides Are Beautiful*
1008 George Russell Harrison, *Atoms in Action*
1009 A. J. Cronin, *The Green Years*
1010 Ross McLaury Taylor, *The Saddle and the Plow*
1011 Jack London, *Best Short Stories of Jack London*
1012 Sophie Tucker, *Some of These Days*
1013 Thomas Wolfe, *Of Time and the River*
1014 Kenneth Roberts, *Northwest Passage*

DDシリーズ（1946年2月）
1015 A. E. Housman, *Selected Poems of A. E. Housman*
1016 James Thurber and E. B. White, *Is Sex Necessary?*
1017 Fred Russell, *I'll Try Anything Twice*
1018 John Paul Andrews, *Your Personal Plane*
1019 S. J. Perelman and Q. J. Reynolds, *Parlor, Bedlam, and Bath*
1020 Thomas Bell, *Till I Come Back to You*
1021 W. C. Tuttle, *The Wolf Pack of Lobo Butte*
1022 Bliss Lomax, *Rusty Guns*
1023 Virgil Thomson, *The State of Music*
1024 Mark Van Doren, *Liberal Education*（マーク・ヴァン・ドーレン『新教育論――リベラル・アーツ論』上野直藏訳，三田書院）
1025 Clarence Budington Kelland, *Dreamland*
1026 Francis Bonnamy, *The King Is Dead on Queen Street*
1027 Earl Schenck Miers, *Big Ben*
1028 T. S. Stribling, *Red Sand*
1029 George Price, *Is It Anyone We Know?*
1030 Charles Alden Seltzer, *"Drag" Harlan*
1031 Nicholas Blake, *The Corpse in the Snowman*（ニコラス・ブレイク『雪だるまの殺人』斎藤数衛訳，ハヤカワ・ミステリ）
1032 Douglas E. Lurton, *Make the Most of Your Life*
1033 Esther Forbes, *O Genteel Lady!*
1034 Helen McCloy, *Panic*
1035 Alfredo Segre, *Mahogany*
1036 Eugene Cunningham, *Buckaroo*
1037 Arch Ward, *Frank Leahy and the Fighting Irish*
1038 Manning Coles, *They Tell No Tales*
1039 Erle Stanley Gardner, *The Case of the Half-Wakened Wife*（E・S・ガードナー『寝ぼけた妻』尾坂力訳，早川書房）
1040 John F. Embree, *The Japanese*

Nation
1041 Charles Jackson, *The Lost Weekend*
1042 John Russell, *Selected Short Stories of John Russell*
1043 F. Scott Fitzgerald, *The Diamond as Big as the Ritz and Other Stories*
1044 Harland Manchester, *New World of Machines*
1045 George R. Stewart, *Storm*
1046 Gontran de Poncins, *Kabloona*
1047 Josephine Pinckney, *Three O'Clock Dinner*
1048 Margaret Armstrong, *Trelawny*
1049 Alice Tisdale Hobart, *Oil for the Lamps of China*
1050 Bennett Cerf, ed., *Modern American Short Stories*
1051 D. B. Steinman, *The Builders of the Bridge*
1052 George F. Willison, *Saints and Strangers*
1053 James Ramsey Ullman, *The White Tower*（J・R・アルマン『白い峰』加島祥造訳，潮文庫）
1054 A. J. Cronin, *The Stars Look Down*（クローニン『星の眺める下で』竹内道之助訳，三笠書房）

EEシリーズ（1946年3月）
1055 Edmund Gilligan, *Hunter's Moon and Other Stories*
1056 Robert Herrick, *The Love Poems of Robert Herrick*
1057 Cornelia Otis Skinner, *Excuse It, Please!*
1058 James M. Cain, *The Postman Always Rings Twice*
1059 David Ewen, *The Story of George Gershwin*
1060 Hugh Gray Lieber and Lillian R. Lieber, *The Education of T. C. Mits*
1061 Sally Carrighar, *One Day on Beetle Rock*
1062 Nicolas Kalashnikoff, *Jumper*
1063 David Dietz, *Atomic Energy in the Coming Era*
1064 George S. Brooks, *Block That Bride and Other Stories*
1065 James Oliver Curwood, *Kazan*（カーウッド『狼犬』清水暉吉訳，朝日新聞社）
1066 *The New Yorker Reporter at Large*
1067 George Sessions Perry, *Hold Autumn in Your Hand*
1068 John J. Floherty, *Inside the F.B.I.*
1069 Carter Dickson, *The Department of Queer Complaints*
1070 Dorothy Caruso, *Enrico Caruso*（ドロシイ・カルーソー『悲劇の三年――情熱のカルーソー』阿部淳訳，名曲堂）
1071 Charles Alden Seltzer, *The Vengeance of Jefferson Gawne*
1072 Clarence E. Mulford, *The Man from Bar-20*
1073 James B. Hendryx, *Gold and Guns on Halfaday Creek*
1074 Craig Rice, *The Sunday Pigeon Murders*（クレイグ・ライス『セントラル・パーク事件』羽田詩津子訳，ハヤカワ・ミステリ文庫）
1075 Hulbert Footner, *The Murder That Had Everything*
1076 R. N. Linscott, *Comic Relief*

1077 Louise Dickinson Rich, *We Took to the Woods*
1078 Darwin L. Teilhet, *My True Love*
1079 Carroll Lane Fenton and Mildred Adams Fenton, *The Story of the Great Geologists*
1080 Leo Tolstoy, *Tales by Tolstoy*
1081 William G. Campbell and James H. Bedford, *You and Your Future Job*
1082 Thomas B. Costain, *The Black Rose*

FF シリーズ（1946 年 4 月）

1083 *Walt Tulley's Baseball Recorder*
1084 John P. Marquand, *Repent in Haste*
1085 Lawrence Lariar, ed., *Best Cartoons of the Year 1945*
1086 J. Storer Clouston, *The Lunatic at Large*
1087 George Gamow, *Biography of the Earth*（ジョージ・ガモフ『地球の伝記』白井俊明訳，白揚社）
1088 Roy Huggins, *The Double Take*（ロイ・ハギンズ『女豹――サンセット 77』稲葉由紀訳，ハヤカワ・ミステリ）
1089 Ladd Haystead, *If the Prospect Pleases*
1090 Robert S. Dowst, *Straight, Place and Show*
1091 H. G. Wells, *The War of the Worlds*
1092 Francis Wallace, *Kid Galahad*
1093 Frances Lockridge and Richard Lockridge, *Death on the Aisle*
1094 Ernest Haycox, Starlight Rider
1095 David B. Greenberg and Henry Schindall, *A Small Store and Independence*
1096 Ben Lucien Burman, *Steamboat Round the Bend*
1097 Baynard Kendrick, *Out of Control*（ベイナード・ケンドリック『指はよく見る』中桐雅夫訳，ハヤカワ・ミステリ）
1098 Lawrence Treat, *V as in Victim*（ローレンス・トリート『被害者のV』常田景子訳，ハヤカワ・ミステリ）
1099 Joseph Conrad, *Typhoon and The End of the Tether*
1100 Betty MacDonald, *The Egg and I*（ベティ・マクドナルド『卵と私――ベティ・マクドナルドの生き方』龍口直太郎訳，晶文社）
1101 Charles Alden Seltzer, *The Ranchman*
1102 Captain Harry C. Butcher, U.S.N.R., *My Three Years with Eisenhower*
1103 Deems Taylor, *The Well-Tempered Listener*
1104 Nancy Bruff, *The Manatee*
1105 John F. Wharton, *The Theory and Practice of Earning a Living*（ジョン・F・ウォールトン『実業界への道――百万人の経済読本』正岡敬訳，実業之日本社）
1106 Craig Rice, *The Big Midget Murders*（クレイグ・ライス『こびと殺人事件』山田順子訳，創元推理文庫）
1107 Zane Grey, *The Border Legion*
1108 Walter Noble Burns, *The Saga of Billy the Kid*

1109 Douglass Welch, *Mr. Digby*
1110 Richard C. Gill, *White Water and Black Magic*
1111 Edna Ferber, *Saratoga Trunk*（エドナ・ファーバー『サラトガ本線』竹内和子訳，リスナー社）
1112 Orrin E. Dunlap Jr., *Radio's 100 Men of Science*
1113 Konstantine Simonov, *Days and Nights*
1114 Stephen Vincent Benét, *John Brown's Body*

GG シリーズ（1946 年 3 月）
1115 Christopher Isherwood, *Prater Violet*
1116 Sgt. Leonard Sansone, *The Wolf*
1117 H. Vernor Dixon, *Come In Like a Yankee and Other Stories*
1118 Margery Miller, *Joe Louis: American*（マージェリイ・ミラー『ジョー・ルイス物語』伊藤尚志訳，早川書房）
1119 Max Shulman, *The Zebra Derby*
1120 Henry G. Lamond, *Dingo*（ヘンリー・G・ラモンド『魔の犬ディンゴ』越智道雄訳，パシフィカ）
1121 James Stephens, *The Crock of Gold*（ジェイムズ・スティーヴンズ『小人たちの黄金』横山貞子訳，晶文社）
1122 Carl Sandburg, *Selected Poems of Carl Sandburg*
1123 Kathleen Moore Knight, *Port of Seven Strangers*
1124 Martin Johnson, *Safari*
1125 Grace Zaring Stone (Ethel Vance), *The Bitter Tea of General Yen*
1126 Carl Crow, *The Great American Customer*
1127 Barry Benefield, *Valiant Is the Word for Carrie*
1128 John P. Carmichael, *My Greatest Day in Baseball*
1129 William MacLeod Raine, *Courage Stout*
1130 W. Barber and R. Schabelitz, *The Noose Is Drawn*
1131 Erle Stanley Gardner, *The Case of the Black-Eyed Blonde*
1132 H. Allen Smith, *Lost in the Horse Latitudes*
1133 Max Brand, *Hunted Riders*
1134 Walter Van Tilburg Clark, *The Ox-Bow Incident*
1135 Forbes Parkhill, *Troopers West*
1136 George Harmon Coxe, *Woman at Bay*
1137 Ed Fitzgerald, ed., *Tales for Males*
1138 Robert Standish, *The Small General*
1139 Ivan T. Sanderson, *Caribbean Treasure*
1140 Norman V. Carlisle and Frank B. Latham, *Miracles Ahead!*
1141 Clarence E. Mulford, *The Bar-20 Three*
1142 Mark Van Doren, *Shakespeare*
1143 Lee R. Steiner, *Where Do People Take Their Troubles?*
1144 Marquis James, *The Cherokee Ship*
1145 Christina Stead and William Blake, eds., *Modern Women in Love*
1146 Wilbur Daniel Steele, *That Girl from Memphis*

HH シリーズ（1946年6月）

1147 John O'Hara, *Pal Joey*
1148 Joel Sayre, *Rackety Rax*
1149 George Papashvily and Helen Papashvily, *Anything Can Happen*
1150 David Ewen, *Men of Popular Music*
1151 Ogden Nash, *Many Long Years Ago*
1152 Grace Zaring Stone (Ethel Vance), *Winter Meeting*
1153 M. M. Musselman, *Wheels in His Head*
1154 Peter Field, *The End of the Trail*
1155 Margaret Scherf, *The Owl in the Cellar*
1156 *The Dark Ship and Other Selections from the New Yorker*
1157 Clyde Fisher, *The Story of the Moon*
1158 W. H. B. Kent, *The Tenderfoot*
1159 Russell Maloney, *It's Still Maloney*
1160 Roy Chapman Andrews, *Meet Your Ancestors*
1161 W. R. Burnett, *Tomorrow's Another Day*
1162 Frances Lockridge and Richard Lockridge, *Murder within Murder*
1163 Tom Gill, *Starlight Pass*
1164 Ernest Haycox, *Trail Town*
1165 Geoffrey Household, *The Salvation of Pisco Gabar and Other Stories*
1166 Patricia Wentworth, *She Came Back*
1167 Walter S. Landis, *Your Servant the Molecule*
1168 Commander Edward Ellsberg, *Treasure Below*
1169 William Sloane, *The Edge of Running Water*
1170 Frank Graham, *The New York Yankees*
1171 Harold Hart, ed., *Top Stuff*
1172 J. Roy Stockton, *The Gashouse Gang*
1173 William Irish, *I Wouldn't Be in Your Shoes*
1174 Peter W. Rainier, *Green Fire*
1175 B. D. Zevin, ed., *Cobb's Cavalcade*
1176 Daphne du Maurier, *The King's General*（ダフネ・デュ・モーリア『愛すればこそ』大久保康雄訳，三笠書房）
1177 Erich Maria Remarque, *Arch of Triumph*（E・M・レマルク『凱旋門』山西英一訳，ブッキング）
1178 Jack Goodman, ed., *While You Were Gone*

＊IIシリーズ以降の兵隊文庫は，進駐軍用に1パッケージの冊数が減らされた．

II シリーズ（1946年7月）

1179 Ernie Pyle, *Last Chapter*（アーニイ・パイル『最後の章』瀧口修造訳，青磁社）
1180 John McNulty, *Third Avenue, New York*
1181 Peter Field, *Ravaged Range*
1182 Gore Vidal, *Williwaw*
1183 Will Ermine, *Outlaw on Horseback*

1184 Luke Short, *Coroner Creek*
1185 Dorothy Macardle, *The Unforeseen*
1186 Lucy Cores, *Let's Kill George*
1187 C. S. Forester, *Lord Hornblower*（セシル・スコット・フォレスター『セーヌ湾の反乱』高橋泰邦訳，ハヤカワ文庫）
1188 Alice Campbell, *With Bated Breath*
1189 Gene Fowler, *A Solo in Tom-Toms*
1190 Ben Hibbs, ed., *The Saturday Evening Post Stories, 1942-1945*

JJ シリーズ（1946 年 8 月）
1191 Lee Casey, ed., *Denver Murders*
1192 Curtis Bishop, *By Way of Wyoming*
1193 Frank Sullivan, *A Rock in Every Snowball*
1194 Jonathan Stagge, *Death's Old Sweet Song*
1195 Rex Beach, *The World in His Arms*
1196 William MacLeod Raine, *Clattering Hoofs*
1197 Warren Brown, *The Chicago Cubs*
1198 Jim Corbett, *Man-Eater of Kumaon*（コーベット『密林奇談――クマオンの人食い虎』藤原英司訳，白揚社）
1199 Stanley Vestal, *Jim Bridger*
1200 Ernest K. Gann, *Blaze of Noon*
1201 Robert Penn Warren, *All the King's Men*（ロバート・ペン・ウォーレン『すべて王の臣』鈴木重吉訳，白水社）
1202 Willa Gibbs, *Tell Your Sons*

KK シリーズ（1946 年 9 月）
1203 Thomas Heggen, *Mister Roberts*（トーマス・ヘゲン『ミスタア・ロバーツ』野中重雄訳，雄鶏社）
1204 Arthur Sampson, *Football Coach*
1205 Richard Sale, *Benefit Performance*
1206 E. E. Halleran, *Double Cross Trail*
1207 Earl Wilson, *Pikes Peek or Bust*
1208 William Colt MacDonald, *Thunderbird Trail*
1209 Vera Caspary, *Stranger Than Truth*
1210 George Tabori, *Companions of the Left Hand*
1211 Mary O'Hara, *Green Grass of Wyoming*
1212 Theodora C. Stanwell-Fletcher, *Driftwood Valley*
1213 Wilbur Daniel Steele, *The Best Stories of Wilbur Daniel Steele*
1214 Commander Edward Ellsberg, *Under the Red Sea Sun*

LL シリーズ（1946 年 10 月）
1215 Kenneth Fearing, *The Big Clock*（ケネス・フィアリング『大時計』長谷川修二訳，ハヤカワ・ミステリ文庫）
1216 Max Brand, *Mountain Riders*
1217 Pat Frank, *Mr. Adam*（パット・フランク『ミスター・アダム』寺沢芳隆訳，早川書房）
1218 Erle Stanley Gardner, *The Case of the Borrowed Brunette*（E・S・ガードナー『五人目のブル

ネット』峯岸久訳，ハヤカワ・ミステリ文庫）
1219 Christopher La Farge, *The Sudden Guest*
1220 Peter Freuchen, *White Man*
1221 Jonathan Daniels, *Frontier on the Potomac*
1222 Rex Stout, *The Silent Speaker*
1223 Joseph A. Margolies, ed., *Strange and Fantastic Stories*
1224 Odell Shepard and Willard Shepard, *Holdfast Gaines*
1225 John P. Marquand, *B. F.'s Daughter*
1226 John Jennings, *The Salem Frigate*

MM シリーズ（1946 年 11 月）
1227 Ralph G. Martin, *Boy from Nebraska*（ラルフ・G・マーティン『ネブラスカから来た男』最所フミ，加島祥造訳，早川書房）
1228 David Stern, *Francis*
1229 Willis George, *Surreptitious Entry*
1230 James B. Hendryx, *Courage of the North*
1231 Frances Lockridge and Richard Lockridge, *Death of a Tall Man*
1232 John Steinbeck, *The Wayward Bus*（ジョン・スタインベック「気まぐれバス」，杉山隆彦ほか訳，『スタインベック全集 10』所収，大阪教育図書）
1233 MacKinlay Kantor, *But Look, the Morn*
1234 Van Wyck Mason, *Saigon Singer*
1235 Fred Gipson, *Fabulous Empire*
1236 Frank Waters, *The Colorado*
1237 Ed Ainsworth (Edward M.), *Eagles Fly West*
1238 Inglis Fletcher, *Toil of the Brave*

NN シリーズ（1946 年 12 月）
1239 Les Savage Jr., *Treasure of the Brasada*
1240 Tom West, *Six Gun Showdown*
1241 Helen Reilly, *The Silver Leopard*
1242 Luther Whiteman, *The Face of the Clam*
1243 William Wister Haines, *Command Decision*
1244 Arthur Henry Gooden, *The Shadowed Trail*
1245 Bergen Evans, *The Natural History of Nonsense*（B・エヴァンズ『ナンセンスの博物誌』原田敬一訳，大和書房）
1246 Carter Dickson, *My Late Wives*（カーター・ディクスン『青ひげの花嫁』小倉多加志訳，ハヤカワ・ミステリ文庫）
1247 Mildred Walker, *The Quarry*
1248 James A. Michener, *Tales of the South Pacific*（ジェームズ・A・ミッチェナー『南太平洋物語』清水俊二訳，六興出版社）
1249 Holger Cahill, *Look South to the Polar Star*
1250 Eric Sevareid, *Not So Wild a Dream*

OO シリーズ（1947 年 1 月）
1251 Nelson C. Nye, *The Barber of Tubac*
1252 Dana Faralla, *The Magnificent Barb*

1253 Fred Feldkamp, ed., *Mixture for Men*
1254 Wayne D. Overholser, *Buckaroo's Code*
1255 Pat McGerr, *Pick Your Victim*（パット・マガー『被害者を捜せ！』中野圭二訳，創元推理文庫）
1256 Michael Blankfort, *The Widow-Makers*
1257 Evan Evans, *The Border Bandit*
1258 William Gilmore Beymer, *The Middle of Midnight*
1259 Clyde Brion Davis, *Jeremy Bell*
1260 Frederick G. Lieb, *The Detroit Tigers*
1261 Garland Roark, *Wake of the Red Witch*
1262 Paul I. Wellman, *The Walls of Jericho*

PP シリーズ（1947 年 2 月）
1263 Max Brand, *Valley of Vanishing Men*
1264 Peter Field, *Gambler's Gold*
1265 Herman Wouk, *Aurora Dawn*
1266 Gordon Merrick, *The Strumpet Wind*
1267 Ernest Haycox, *Long Storm*
1268 Laura Z. Hobson, *Gentleman's Agreement*
1269 Ngaio Marsh, *Final Curtain*
1270 Hilda Lawrence, *Death of a Doll*（ヒルダ・ローレンス『墜ちる人形』杉下光代訳，小学館文庫）
1271 Frederick G. Lieb, *The Boston Red Sox*
1272 Max Manus, *9 Lives Before Thirty*
1273 Elliott Arnold, *Blood Brother*
1274 David L. Cohn, *This Is the Story*

QQ シリーズ（1947 年 3 月）
1275 Curtis Bishop, *Shadow Range*
1276 Anthony Thorne, *So Long at the Fair*
1277 Mark Layton, *Silver Spurs*
1278 Edward A. Herron, *Alaska: Land of Tomorrow*
1279 Manning Coles, *With Intent to Deceive*
1280 John Dickson Carr, *The Sleeping Sphinx*（ジョン・ディクスン・カー『眠れるスフィンクス』大庭忠男訳，ハヤカワ・ミステリ文庫）
1281 Robert Standish, *Mr. On Loong*
1282 Marguerite Eyssen, *Go-Devil*
1283 Shirley Graham, *There Was Once a Slave*
1284 C. W. Grafton, *My Name Is Christopher Nagel*
1285 John Myers Myers, *The Wild Yazoo*
1286 Evelyn Wells, *Jed Blaine's Woman*
1287 Harold Rich, *Within the Ropes*

RR シリーズ（1947 年 4 月）
1288 Bliss Lomax, *Trail Dust*
1289 David Dodge, *How Green Was My Father*
1290 Will Ermine, *The Drifting Kid*
1291 Patrick Quentin, *Puzzle for Pilgrims*（パトリック・クェンティン『巡礼者パズル』水野恵訳，論創海外ミステリ）
1292 Kelley Roos, *Ghost of a Chance*
1293 Richard Lockridge and Frances Lockridge, *Think of Death*

1294 Zane Grey, *Valley of Wild Horses*
1295 Benedict Freedman and Nancy Freedman, *Mrs. Mike*
1296 Annemarie Ewing, *Little Gate*
1297 A. B. Guthrie Jr., *The Big Sky*
1298 Raymond T. Bond, ed., *Famous Stories of Code & Cipher*（レイモンド・T・ボンド編『暗号ミステリ傑作選』宇野利泰ほか訳，創元推理文庫）

SS シリーズ（1947 年 5 月）
1299 Allan R. Bosworth, *Hang and Rattle*
1300 Peter Field, *Trail from Needle Rock*
1301 George Milburn, *Flannigan's Folly*
1302 Erle Stanley Gardner, *The Case of the Fan-Dancer's Horse*（E・S・ガードナー『ストリップ・ガールの馬』三樹青生訳，ハヤカワ・ミステリ）
1303 Francis Rufus Bellamy, *Blood Money*
1304 William Colt MacDonald, *Master of the Mesa*
1305 Arthur Loveridge, *Tomorrow's a Holiday*
1306 John Jennings, *Boston: Cradle of Liberty*
1307 Michael Leigh, *Comrade Forest*
1308 Robert McLaughlin, *The Side of the Angels*
1309 Herbert Krause, *The Thresher*
1310 Idwal Jones, *Vermilion*

TT シリーズ（1947 年 6 月）
1311 Max Brand, *The False Rider*
1312 Kathleen Moore Knight, *The Blue Horse of Taxco*
1313 Craig Rice, ed., *Los Angeles Murders*
1314 Elliot Merrick, *Passing By*
1315 Richard Phenix, *On My Way Home*
1316 Bob Feller, *Strikeout Story*
1317 Budd Schulberg, *The Harder They Fall*（バッド・シュールバーグ『巨人は激しく倒れる』清水俊二訳，ハヤカワ・ノヴェルズ）
1318 Charles E. Gillham, *Raw North*
1319 Natalie Anderson Scott, *The Story of Mrs. Murphy*
1320 Thomas B. Costain, *The Moneyman*
1321 Samuel Shellabarger, *Prince of Foxes*（シェラバーガー，『狐の王子』小林元，間野英雄訳，大日本雄弁会講談社）
1322 Ernie Pyle, *Home Country*

＊ 2002 年と 2003 年，兵隊文庫はアンドリュー・キャロル・レガシー・プロジェクトとして再刊され，全世界に展開する米軍に配給された（7 冊，各 10 万部）．復活した兵隊文庫は 1940 年代のものと同じサイズで，外観も当時のままであった．

Allen Mikaelian, *Medal of Honor*
William Shakespeare, *Henry V*（『ヘンリー五世　シェイクスピア全集 19』小田島雄志訳，白水社）
Sun Tzu, *The Art of War*（『新訂 孫子』金谷治訳注，岩波文庫）
Andrew Carroll, ed., *War Letters*

Christopher Buckley, *Wry Martinis*
Dr. John A. Gable, ed., *The Man in the Arena*
Geraldine McCaughrean, *One Thousand and One Arabian Nights*

原　注

＊手紙や短信の出典情報中，関係者名をイニシャルで表したものがある．また，URL は 2014 年の原書刊行時のものである．（編集部）

はじめに

(1) 1944 年 5 月 20 日付，D・C から“ジョーンズ夫人”（訳注：ベティー・スミス）への手紙，プリンストン大学図書館稀覯書・特別コレクション部門シーリー・G・マッド手稿室，20 世紀公共政策文書コレクションナンバー MC038，戦時図書審議会記録 1942 年–1947 年（以下，審議会記録）．
(2) 1945 年 2 月 2 日付，フィリピンのある場所からの手紙，審議会記録．
(3) Ernie Pyle, *Here Is Your War* (New York: Pocket Books, 1944), 255.
(4) James J. Fahey, *Pacific War Diary* (New York: Zebra Books, 1963), 63.
(5) 1944 年 10 月 17 日付，B・T・C からの手紙，審議会記録．
(6) 日付不明，海上で任務に就くシドニーという人物からの手紙，審議会記録．

第一章　蘇る不死鳥

(1) Frederick T. Birchall, "Nazi Book-Burning Fails to Stir Berlin," *New York Times*, May 11, 1933.
(2) 同上．
(3) 同上．
(4) A. J. Ryder, *Twentieth-Century Germany: From Bismarck to Brandt* (New York: Columbia University Press, 1973), 357–58.
(5) Birchall, "Nazi Book-Burning Fails to Stir Berlin."
(6) Jan-Pieter Barbian, *The Politics of Literature in Nazi Germany: Books in the Media Dictatorship*, trans. Kate Sturge (New York: Bloomsbury Academic, 2013), 23–25.
(7) "100 Volumes Burned in Munich," *New York Times*, May 11, 1933.
(8) "Bibliocaust," *Time*, May 22, 1933.
(9) Jonathan Rose, ed., *The Holocaust and the Book: Destruction and Preservation* (Amherst: University of Massachusetts Press, 2001), 17.
(10) 審議会記録．
(11) "Helen Keller Warns Germany's Students; Says Burning of Books Cannot Kill Ideas," *New York Times*, May 10, 1933.
(12) "Nazis Pile Books for Bonfires Today," *New York Times*, May 10, 1933.

(13) "H. G. Wells Scores Nazis as 'Louts,'" *New York Times*, September 22, 1933.
(14) "Paris Library for Banned Books Opens on First Anniversary of Nazi Bonfire," *New York Times*, May 11, 1934.
(15) 論説, "Enlightenment," *New York Times*, April 30, 1933.
(16) "Book-Burning Day," *New York Times*, May 11, 1933.
(17) "Bibliocaust," *Time*, May 22, 1933.
(18) Abraham Foxman, introduction to *Mein Kampf*, trans. Ralph Manheim (Boston: Houghton Mifflin, 1999), xxi.
(19) Steven Kasher, "The Art of Hitler," *October* 59 (Winter 1992), 52, 65.
(20) "Nazis Pile Books for Bonfires," *New York Times*.
(21) Ryder, *Twentieth-Century Germany*, 364.
(22) Kasher, "The Art of Hitler."
(23) Richard Lucas, *Axis Sally: The American Voice of Nazi Germany* (Philadelphia: Casemate, 2010), 46.
(24) Christopher P. Loss, "Reading Between Enemy Lines: Armed Services Editions and World War II," *Journal of Military History* 67, no. 3 (July 2003), 817.
(25) Lucas, *Axis Sally*, 53.
(26) "Berlin Raids Reply to Death of Envoy," *New York Times*, November 10, 1938.
(27) Otto D. Tolischus, "Nazis Defend Wave of Terror," *New York Times*, November 12, 1938; Lucas, *Axis Sally*, 53.
(28) Tolischus, "Nazis Defend Wave of Terror."
(29) "American Press Comment on Nazi Riots," *New York Times*, November 12, 1938.
(30) Edmond Taylor, *The Strategy of Terror* (Boston: Houghton Mifflin, 1940), 70, 45.
(31) Lisa Sergio, "The Importance of Interpreting America," *American Library Association Bulletin* 35, no. 9 (October 1941), 486.
(32) Guido Enderis, "Ceremony Is Brief," *New York Times*, June 22, 1940.
(33) "Berlin to Receive the Armistice Car," *New York Times*, June 22, 1940.
(34) Loss, "Reading Between Enemy Lines," 818.
(35) Flora B. Ludington, "Books and the Sword—Symbols of Our Time," *American Library Association Bulletin* 37, no. 5 (May 1943), 151.
(36) 審議会記録.
(37) Raoul de Roussy de Sales, *The Making of Tomorrow* (New York: Reynal & Hitchcock, 1942), 1.
(38) Cabell Phillips, "War of the Air Waves," *New York Times*, December 28,

1941.
(39) Lucas, *Axis Sally*, 58.
(40) Phillips, "War of the Air Waves."
(41) "National Defense and the Library," *American Library Association Bulletin* 35, no. 1 (January 1941), 5.
(42) Emily Miller Danton, "Victory Begins at Home," *American Library Association Bulletin* 36, no. 9 (September 1942), 535.
(43) Alfred Kantorowicz, "The Burned Books Still Live," *New York Times*, May 7, 1944.

第二章　八十五ドルの服はあれど，パジャマはなし

(1) "Keep Your Men Informed," *What the Soldier Thinks*, no. 7 (Washington, D.C.: U.S. War Department, 1944), 6-7（陸軍基本野戦教範 21-50 の 29 頁からの引用）.
(2) Hadley Cantril, "Impact of the War on the Nation's Viewpoint," *New York Times*, June 2, 1940.
(3) "To Defend America," *New York Times*, June 7, 1940.
(4) "Two Worlds," *Life*, December 23, 1940, p. 14.
(5) John Alden Jamieson, *Books for the Army: The Army Library Service in the Second World War* (New York: Columbia University Press, 1950), 55.
(6) Charles Hurd, "Need of Men Vital," *New York Times*, August 3, 1940.
(7) "The Draft: How It Works," *Time*, September 23, 1940.
(8) "Only Two Are Arrested, Though 991,000 Register," *New York Times*, October 17, 1940.
(9) Doris Kearns Goodwin, *No Ordinary Time: Franklin and Eleanor Roosevelt; the Home Front in World War II* (New York: Simon & Schuster, 1994), 217.
(10) Meyer Berger, "American Soldier—One Year After," *New York Times*, November 23, 1941.
(11) Francis A. O'Brien, *Battling for Saipan* (New York: Ballantine, 2003), 9-11.
(12) Marion Hargrove, *See Here, Private Hargrove* (New York: Pocket Books, 1942), 1, 3.（強調は筆者によるもの）
(13) Frederick Simpich, "Around the Clock with Your Soldier Boy," *National Geographic*, July 1941, pp. 3, 23.
(14) Berger, "American Soldier."
(15) O'Brien, *Battling for Saipan*, 9-11.
(16) Dwight D. Eisenhower, *Crusade in Europe* (New York: Doubleday, 1948), 7.

(17) "Army Morale," *Life*, December 23, 1940, p. 55.
(18) Alonzo G. Grace, *Educational Lessons from Wartime Training* (Washington, D.C.: American Council on Education, 1948), 16, 26–29.
(19) James J. Fahey, *Pacific War Diary* (New York: Zebra Books, 1963), 5.
(20) *What the Soldier Thinks: A Monthly Digest of War Department Studies on the Attitudes of American Troops*, vol. 1, no. 1 (Washington, D.C.: War Department, Morale Services Division, Army Service Forces, December 1943), 15. 次の, George C. Marshall Foundation のウェブサイトで閲覧できる. http://staging.gibsondesign.com/marshall/library/publications_soldier_thinks.html.
(21) "Army Morale," 55.
(22) *The Soldier's Pocket-Book* (Philadelphia: Presbyterian Board of Publication, 1861), 2.
(23) Homer B. Sprague, "Some Lessons of the War: An Old Soldier's Conclusions as to What It All Comes To," *Advocate of Peace* 77, no. 2 (February 1915), 41.
(24) Vice Adm. Albert Gleaves, "Books and Reading for the Navy, and What They Have Meant in the War," *Bulletin of the American Library Association* 13, no. 3 (July 1919), 156.
(25) Maj. Thomas Marshall Spaulding, "Shall We Forget the Soldier?," *North American Review* 214, no. 788 (July 1921), 34–35.
(26) Jamieson, *Books for the Army*, 15.
(27) Col. Edward L. Munson, "Libraries and Reading as an Aid to Morale," *Bulletin of the American Library Association* 13, no. 3 (July 1919), 135.
(28) 1942 年 1 月 6 日付, エドウィン・ウォードからジュリア・ライト・メリルへの手紙, アスター・レノックス・ティルデン財団ニューヨーク公立図書館手稿・公文書部門, 戦勝図書運動記録（以下, 戦勝図書運動記録）.
(29) Jamieson, *Books for the Army*, 20–23.
(30) 10 月 6 日から 8 日まで開催されたアメリカ図書館協会の理事会における図書館活動報告についてのワトラス大佐への短信, 戦勝図書運動記録.
(31) 1941 年 8 月 30 日付, マリー・ロワゾーからジュリアス・キングへの手紙. 戦勝図書運動記録.
(32) "Final Reports, Victory Book Campaign, 1942–1943," 戦勝図書運動記録.
(33) 1941 年 10 月 9 日にワシントンで開催された会議の覚書, 戦勝図書運動記録.
(34) "Final Reports, Victory Book Campaign."
(35) 短信, "USO for National Defense, Inc.," 戦勝図書運動記録.
(36) Martha Boaz, *Fervent and Full of Gifts: The Life of Althea Warren* (New York: Scarecrow Press, 1961), 45–46.

(37) "Biographical Information" for Althea Hester Warren, 戦勝図書運動記録.
(38) Boaz, *Fervent and Full of Gifts*, 95-96, 109.

第三章　雪崩れ込む書籍

(1) Danton, "Victory Begins at Home," 535.
(2) Boaz, *Fervent and Full of Gifts*, 97.
(3) 1941年12月30日付，ナショナル・トランジタッズのマイロン・T・ハーショウ副社長からマリー・ロワゾーへの手紙及びセーフウェイ社内報1942年1月6日号.
(4) "Books Start to Pour In for Service Men; President and Mrs. Roosevelt Donate," *New York Times*, January 10, 1942.
(5) Charles G. Bolte, *The New Veteran* (New York: Reynal & Hitchcock, 1945), 28-29.
(6) "Books Start to Pour In."
(7) "City Gives Books for Service Men," *New York Times*, January 13, 1942.
(8) "Victory Book Campaign Program on the Steps of the New York Public Library," Advisory Committee Meeting, January 27, 1942, Report on the Progress of the Victory Book Campaign, 戦勝図書運動記録.
(9) "Christopher Morley, Author, 66, Is Dead," *New York Times*, March 29, 1957.
(10) "Speech by Maurice Evans — The Gutenberg Address by Christopher Morley," January 21, 1942, 戦勝図書運動記録.
(11) "8,000,000-Man Army: Stepping Up the Draft," *United States News*, May 22, 1942.
(12) John Connor, "On to Victory with the Victory Book Campaign," *American Library Association Bulletin* 36, no. 9 (September 1942), 552.
(13) "100,000 Books Sent to Armed Services," *New York Times*, January 29, 1942.
(14) Meeting of Advisory Committee of the VBC, January 27, 1942, 戦勝図書運動記録.
(15) 1942年3月5日付，アメリカ陸軍航空隊図書館担当官W・A・B少尉からウィチタの戦勝図書運動員への手紙，戦勝図書運動記録.
(16) 1942年5月4日付，W・BからM・Sへの手紙，戦勝図書運動記録.
(17) 論説，"Design for Giving," *Saturday Review of Literature*, February 7, 1942.
(18) "Aluminum Drive Set at 2,000 Planes," *New York Times*, July 12, 1941.
(19) Goodwin, *No Ordinary Time*, 258-60.
(20) "Any Rags, Any Paper for Freedom Today?" *New York Times*, April 2, 1942.
(21) "Capitol Rounds up 318 Tons of Scrap," *New York Times*, July 3, 1942.

(22) "Rubber Collection Extended 10 Days," *New York Times*, June 30, 1942; Goodwin, *No Ordinary Time*, 358.
(23) "The President's Message," *New York Times*, January 7, 1942.
(24) Eugene S. Duffield and William F. Kerby, "The War Economy, Like Living in a Great Depression," *Wall Street Journal*, February 9, 1942.
(25) Goodwin, *No Ordinary Time*, 362, 357–59.
(26) Bennett Cerf, "Auto Curbs Bring New Book Demand," *New York Times*, January 3, 1943.
(27) Paul Fussell, *Wartime: Understanding and Behavior in the Second World War* (New York: Oxford University Press, 1989), 197–98.
(28) James M. Landis, "We Have Become a Team," *New York Times*, December 6, 1942.
(29) "Golf Ball Rush Causes Rationing," *New York Times*, December 19, 1941.
(30) "Girdles for the Duration," *New York Times*, January 11, 1942.
(31) "Don't Be a Hoarder," *New York Times*, February 15, 1942.
(32) "The President's Broadcast," *New York Times*, April 29, 1942.
(33) "Victory Books Records, Publishers' Donations to the Victory Book Campaign," 戦勝図書運動記録.
(34) John Hersey, *Into the Valley: A Skirmish of the Marines* (New York: Pocket Books, 1943), 124.
(35) "Report on Books Collected and Books Distributed," January 12 to March 1, 1942, 戦勝図書運動記録.
(36) "A Symbol of Freedom," *Christian Science Monitor*, February 28, 1942.
(37) "Report on Books Collected," 戦勝図書運動記録.
(38) "Wanted: Books for Fighters," *New York Times*, April 11, 1942.
(39) "The President's Broadcast."
(40) Pyle, *Here Is Your War*, 226, 246, 255.
(41) Pfc. H. Moldauer, "Monotony," *The Best from Yank, the Army Weekly* (New York: Armed Services Editions, No. 934 [1945]), 416.
(42) Sgt. Walter Bernstein, "Infantry Battalion Sweats It Out in Italy," *The Best from Yank* (New York: Armed Services Edition, No.934 [1945]), 115.
(43) Fussell, *Wartime*, 55, 278–79.
(44) E. B. Sledge, *With the Old Breed at Peleliu and Okinawa* (New York: Presidio Press, 2007), 108.
(45) Fussell, *Wartime*, 96.
(46) Pyle, *Here Is Your War*, 49.
(47) 1943年4月22日付，従軍牧師P・W・Tからジョン・コナーへの手紙，戦勝図書運動記録.
(48) Christopher P. Loss, "'The Most Wonderful Thing Has Happened to Me

in the Army': Psychology, Citizenship, and American Higher Education in World War II," *Journal of American History* 92, no. 3 (December 2005), 874.

(49) Beverly Sigler Edwards, "The Therapeutic Value of Reading," *Elementary English* 39, no. 2 (February 1972), 215.

(50) Charles Bolte, *The New Veteran* (New York: Reynal & Hitchcock, 1945), 14, 17.

(51) Boaz, *Fervent and Full of Gifts*, 95–96.

(52) 1942年6月23日付, H・Dからジョン・コナーへの短信, 戦勝図書運動記録.

(53) Stan Elman, "John Michael Connor," *Special Libraries* (May/June 1979), 256.

(54) "Book Drive Pushed for Service Men," *New York Times*, April 18, 1942.

(55) "Roosevelt Makes Victory Book Plea," *New York Times*, April 15, 1942.

(56) 1942年4月23日付, フランクリン・D・ルーズヴェルトからアメリカ書店協会への手紙, 審議会記録.

(57) "Book Drive Pushed," *New York Times*; "Wanted: Books for Fighters," *New York Times*.

(58) "Final Reports, Victory Book Campaign," 戦勝図書運動記録.

(59) "Report on Books Collected," 戦勝図書運動記録.

(60) 1942年5月8日付, H・Pからの手紙, 戦勝図書運動記録.

(61) Publicity 1942, Commencement Day Book Collectionsを参照, 戦勝図書運動記録, Box 4, Folder 119.

(62) "Feast of the Book-Burners," *New York Times*, May 10, 1942.

(63) "Winner for Novel Long in Business," *New York Times*, May 2, 1944.

(64) "Radio Today," *New York Times*, May 10, 1946.

(65) Stephen Vincent Benét, "They Burned the Books," *Saturday Review of Literature*, May 8, 1943.

(66) A. Z. Foreman, "Heinrich Heine: The Lorelei (From German)," 原詩の英訳は次のウェブサイトで閲覧できる. http://poemsintranslation.blogspot.com/2009/11/heinrich-heine-lorelei-from-german.html.

(67) Benét, "They Burned the Books."

(68) 同上.

(69) 1942年12月11日付, S・C二等兵からアメリカ図書館協会への手紙, 戦勝図書運動記録.

(70) 1943年5月24日付, S・F・S中尉からジョン・コナーへの手紙, 戦勝図書運動記録.

(71) 1943年6月3日付, S・B大佐からG・Sへの手紙, 戦勝図書運動記録.

(72) 1942年8月25日付, イザベル・デュボイスからジョン・コナーへの手紙, 戦勝図書運動記録.

(73) 1942年2月9日付，チャールズ・P・タフトからアルシア・H・ウォーレンへの手紙，戦勝図書運動記録.
(74) Joanne E. Passet, "Men in a Feminized Profession: The Male Librarian, 1887–1921," *Libraries & Culture* 28, no. 4 (Fall 1993), 386.
(75) 短信, "USO for National Defense, Inc," 戦勝図書運動記録.（強調は筆者によるもの）
(76) 1942年8月14日付，ジョン・コナーからアルシア・ウォーレンへの手紙，イリノイ大学アメリカ図書館協会文書，戦勝図書運動1942年，記録集2/I/24－I，アルシア・H・ウォーレン関連資料.
(77) 1942年7月30日付，アルシア・ウォーレンからジョン・コナーへの手紙，戦勝図書運動記録.
(78) 1942年12月28日付，コーダーマン大佐への短信，戦勝図書運動記録.
(79) Publishers' Donations to the Victory Book Campaign, Box 2, Folder 2, 戦勝図書運動記録.
(80) Jamieson, *Books for the Army*, 128–29.
(81) Bill Mauldin, *Up Front* (Cleveland, Ohio: World Publishing, 1945), 18.
(82) Jamieson, *Books for the Army*, 130–35, 141.
(83) Sgt. Sanderson Vanderbilt, "Tough Shipment Ticket," *Yank, the Army Weekly* (British ed.), October 1, 1944, 9.
(84) Jamieson, *Books for the Army*, 132–33.
(85) "A Message from the Editor of The Saturday Evening Post," *Post Yarns* 5, no. 3 (1944).

第四章　思想戦における新たな武器

(1) Pyle, *Here Is Your War*, 4–5.
(2) "Army to Purchase Books for Troops," *New York Sun*, May 12, 1943.
(3) "Public Campaign Fails, Army Will Buy Books," *New York Herald Tribune*, May 13, 1943.
(4) 1943年5月19日に開催された会議の議事録，戦勝図書運動記録.
(5) M・R・Gからネオラ・カルーへの手紙，戦勝図書運動記録.
(6) 1943年9月8日付，クリーブランド公立図書館員助手ウォードからネオラ・カルーへの手紙，戦勝図書運動記録.
(7) 1943年9月2日付，L・C・Bから戦勝図書運動役員への手紙，戦勝図書運動記録.
(8) Mauldin, *Up Front*, 143–44.
(9) Sgt. Ralph Thompson, "A Report on Reading Overseas," *New York Times Book Review*, August 15, 1943.
(10) Mauldin, *Up Front*, 25.
(11) Loss, "Reading Between Enemy Lines," 821.

(12) Frank D. Adams, "Rationing Cuts Down Greatest Book Sales in History," *New York Times Book Review*, August 8, 1943.
(13) "Books," *Time* (Pony Ed.), December 20, 1943, 33.
(14) Robert A. Ballou and Irene Rakosky, *A History of the Council on Books in Wartime, 1942–1943* (New York: Country Life Press, 1946), 1–3.
(15) "Johnson, Ex-Head of Book Council," *New York Times*, February 28, 1958.
(16) Ballou and Rakosky, *A History of the Council on Books in Wartime*, 1–5.
(17) 同上.
(18) "Books and the War," の草稿，審議会記録.
(19) "The Literature of Power," speech by Honorable Adolf A. Berle Jr., May 12, 1945, New York Public Library.
(20) "U.S. Urged to Train Boys to Be Officers," *New York Times*, May 13, 1942.
(21) Ballou and Rakosky, *A History of the Council on Books in Wartime*, 34–35.
(22) "Assignment: USA.," の台本，審議会記録.
(23) Ballou and Rakosky, *A History of the Council on Books in Wartime*, 36.
(24) "NBC v. Boston," *Time* (Pony Ed.), April 17, 1944, 26.
(25) "Publishers to Back War Books Jointly," *New York Times*, December 1, 1942.
(26) W. L. White, *They Were Expendable* (New York: Harcourt, Brace, 1942), v, 3–4.
(27) Orville Prescott, "Books of the Times," *New York Times*, December 18, 1942.
(28) John Hersey, *Into the Valley: A Skirmish of the Marines* (New York: Pocket Books, 1943), 124.
(29) "Willkie's Book Held 'Imperative,'" *New York Times*, May 7, 1943.
(30) Walter Lippmann, *U.S. Foreign Policy*, 日付不明，審議会記録；Lippmann, *U.S. Foreign Policy* (New York: Armed Services Editions, No. C-73 [1943]).
(31) Ballou and Rakosky, *A History of the Council on Books in Wartime*, 48.
(32) Lisa Sergio, "The Importance of Interpreting America," *American Library Association Bulletin* 35, no. 9 (October 1941), 487.
(33) Ballou and Rakosky, *A History of the Council on Books in Wartime*, 48.
(34) Edgar Snow, *People on Our Side* (New York: Random House, 1944).
(35) Ballou and Rakosky, *A History of the Council on Books in Wartime*, 48.
(36) "The Year in Books," *Time* (Pony Ed.), December 20, 1943, 33.
(37) 1942年12月8日付，審議会理事会，副理事長（ジョン・ファーラー）の報告，審議会記録.
(38) Loss, "Reading Between Enemy Lines," 826.

第五章　一冊摑め，ジョー．そして前へ進め

(1) W・R・W二等兵とその仲間から戦時図書審議会へのV郵便（訳注：マイクロフィルムを用いた軍事郵便），審議会記録．
(2) Austin Stevens, "Notes on Books and Authors," *New York Times Book Review*, January 17, 1943.
(3) "Praise the Lord and Pass the Ammunition; A Plea for Book Paper," *Chicago Daily News*, May 26, 1943.
(4) 1943年4月11日付，覚書，"Council on Books in Wartime: Armed Services Editions," p. 3, Council Archives.
(5) Frank D. Adams, "As Popular as Pin-Up Girls," *New York Times Book Review*, April 30, 1944.
(6) 1943年4月11日付，覚書，"Council on Books in Wartime: Armed Services Editions," 審議会記録．
(7) "35,000,000 Books to Be Printed in Year in New Pocket Form for Forces Overseas," *New York Times*, May 18, 1943.
(8) Jamieson, *Books for the Army*, 147.
(9) Loss, "Reading Between Enemy Lines," 828.
(10) 1943年9月14日付，理事会議事録，審議会記録．
(11) Loss, "Reading Between Enemy Lines," 828.
(12) 覚書，"Council on Books in Wartime: Armed Services Editions," 審議会記録．
(13) Jamieson, *Books for the Army*, 151.
(14) Adams, "As Popular as Pin-Up Girls."
(15) Richard L. Simon, S. Spencer Scott, and Malcolm Johnson, "Armed Services Edition" 1943年9月1日付の報告，審議会記録．
(16) Adams, "As Popular as Pin-Up Girls."
(17) Jamieson, *Books for the Army*, 142, 293, n. 1.
(18) Minutes of Exec. Board, March 31, 1943, 審議会記録．
(19) Jamieson, *Books for the Army*, 148–49; Ballou and Rakosky, *A History of the Council on Books in Wartime*, 74.
(20) Ballou and Rakosky: *A History of the Council on Books in Wartime*, 73–74.
(21) Jamieson, *Books for the Army*, 152–53 (Table III).
(22) 1944年7月8日付，アーチボルド・G・オグデンからロバート・A・タフト上院議員への手紙，審議会記録．
(23) William M. Leary Jr., "Books, Soldiers and Censorship During the Second World War," *American Quarterly 20*, no. 2, part 1 (Summer 1968), 238.
(24) John Jamieson, "Armed Services Editions and G.I. Fan Mail," *Publishers*

Weekly, July 12, 1947, p. 148.
(25) Michael Merschel, "BookExpo America: Maureen Corrigan on How One Great Book Was Almost Forgotten," *Artsblog, Dallas Morning News*, http://artsblog.dallasnews.com/2014/05/bookexpo-america-maureen-corrigan-on-how-one-great-book-was-almost-forgotten.html/.
(26) "Armed Services Editions: Excerpts from Letters Received by the Center for the Book from Authors of Armed Services Editions," Library of Congress (1983年2月17日に開催された兵隊文庫40周年記念式典のためのもの).
(27) Jamieson, *Books for the Army*, 155–56.
(28) 同上, 147, 150.
(29) 1943年11月24日, 12月1日付, 理事会議事録, 審議会記録.
(30) Jamieson, *Books for the Army*, 149.
(31) Malcolm Cowley, "Books by the Millions," *New Republic*, October 11, 1943, pp. 483–84.
(32) 1943年10月18日付, アーチボルド・オグデンからマルコム・カウリーへの手紙, 審議会記録.
(33) "Letters to the Editor," "The Armed Services Editions," *New Republic*, November 22, 1943, p. 720.
(34) Adams, "As Popular as Pin-Up Girls."
(35) "Armed Services Editions: Excerpts from Letters," Library of Congress.
(36) 1943年9月14日, 10月6日, 1944年1月12日, 27日付, 理事会議事録, 審議会記録.
(37) 1944年6月5日付, チャールズ・ローリングスからスタンリー・ラインハートへの手紙, 審議会記録.
(38) "Lewis Gannett, Book Critic, Dies," *New York Times*, February 4, 1966.
(39) 日付不明, ルイス・ガネットからフィリップ・ヴァン・ドーレン・スターンへの手紙, 審議会記録.
(40) "Gretta Palmer, Author, 46, Dead," *New York Times*, August 16, 1953.
(41) 1944年11月30日付, グレッタ・パーマーから編集委員会への手紙, 審議会記録.

第六章　根性, 意気, 大きな勇気

(1) Betty Smith, "Who Died?" *New York Times Magazine*, July 9, 1944.
(2) Stephen E. Ambrose, *D-Day, June 6, 1944: The Climactic Battle of World War II* (New York: Simon & Schuster Paperbacks, 1994), 30.
(3) Lucas, *Axis Sally*, 12, 73, 131.
(4) Ambrose, *D-Day*, 55.
(5) 同上, 120–21.
(6) 同上, 140.

(7) 同上，111.
(8) Cornelius Ryan, *The Longest Day: June 6, 1944* (New York: Simon & Schuster Paperbacks, 1959), 180.
(9) A. J. Liebling, "A Reporter at Large, Cross-Channel Trip — I," *New Yorker*, July 1, 1944, pp. 39–40.
(10) Eisenhower, *Crusade in Europe*, 238.
(11) Ryan, *The Longest Day*, 254.
(12) Jamieson, *Books for the Army*, 158.
(13) 1944年5月24日，10月25日付，理事会議事録，審議会記録.
(14) Jamieson, *Books for the Army*, 158.
(15) Eisenhower, *Crusade in Europe*, 239.
(16) Ambrose, *D-Day*, 167, 170, 172, 182.
(17) 同上，183.
(18) Ryan, *The Longest Day*, 193.
(19) 同上，42, 71.
(20) R・R・R少尉から戦時図書審議会への手紙，審議会記録.
(21) Liebling, "A Reporter at Large: Cross-Channel Trip," 42.
(22) Ambrose, *D-Day*, 192.
(23) "Text of Roosevelt Talk on Rome," *New York Times*, June 6, 1944.
(24) "President Kept Vigil on the News," *New York Times*, June 7, 1944; Lawrence Resner, "Country in Prayer," *New York Times*, June 7, 1944.
(25) "Let Our Hearts Be Stout," *New York Times*, June 7, 1944.
(26) Ryan, *The Longest Day*, 203–4.
(27) Ambrose, D-Day, 326–27.
(28) Ryan, *The Longest Day*, 199, 203–4, 227.
(29) "3,283 Killed and 12,600 Wounded U.S. Toll in Invasion, Bradley Says," *New York Times*, June 18, 1944; Ryan, *The Longest Day*, "A Note on Casualties."
(30) "3,283 Killed and 12,600 Wounded."
(31) Sgt. Frank K. Turman, "Soldiers and GIs," *Yank, the Army Weekly* (British ed.), February 11, 1945, p. 18.
(32) 1945年10月11日付，R・Sからキャサリン・アン・ポーターへの手紙，メリーランド大学図書館特別コレクション，キャサリン・アン・ポーター関連資料（以下，キャサリン・アン・ポーター関連資料）.
(33) 1945年5月6日付，B・Vからキャサリン・アン・ポーターへの手紙，キャサリン・アン・ポーター関連資料.
(34) 1948年1月17日付，キャサリン・アン・ポーターからジョゼフ・A・バリーへの手紙，キャサリン・アン・ポーター関連資料.
(35) T・D軍曹からベティー・スミスへのV郵便，ノースカロライナ大学チ

ャペルヒル校ウィルソン図書館南部史コレクション#03837，ベティー・スミス関連資料（以下，ベティー・スミス関連資料）．

(36) 1944年10月20日付，B・P・Cからベティー・スミスへの手紙，ベティー・スミス関連資料．

(37) 1944年8月21日付，R・L・Lからフランシスへの手紙，ベティー・スミス関連資料．

(38) 1944年5月12日付，M・M伍長から「皆様」への手紙，審議会記録．

(39) 1945年3月19日付，F・S・ジュニアからベティー・スミスへの手紙，ベティー・スミス関連資料．

(40) 1945年3月15日付，L・Mから「皆様」への手紙，ベティー・スミス関連資料．

(41) 1944年8月20日付，R・H・Rからベティー・スミスへの手紙，ベティー・スミス関連資料．

(42) 1944年5月5日付，ベティー・スミスからエリザベスへの手紙，ベティー・スミス関連資料．

(43) 1944年12月10日付，ロビンソンからベティー・スミスへの手紙，ベティー・スミス関連資料．

(44) 日付不明，L・Wからベティー・スミスへの手紙，ベティー・スミス関連資料．

(45) 1945年2月18日付，L・Wからベティー・スミスへの手紙，ベティー・スミス関連資料．

(46) 1945年4月11日付，J・W・Pからベティー・スミスへの手紙，ベティー・スミス関連資料．

(47) 1945年6月27日付，J・W・Pからベティー・スミスへの手紙，ベティー・スミス関連資料．

(48) 1944年5月5日付，ベティー・スミスからエリザベスへの手紙，ベティー・スミス関連資料．

(49) 日付不明，ニューギニア島で任務に就くJ・C・Eからローズマリー・テイラーへの手紙，審議会記録．

(50) 1944年7月17日付，E・B大尉からローズマリー・テイラーへの手紙，審議会記録．

(51) 1944年1月19日付，B・Bからローズマリー・テイラーへの手紙，審議会記録．

(52) Jamieson, "Armed Services Editions and GI Fan Mail," 149.

(53) 1944年12月10日付，H・V・Aからアーチボルド・オグデンへの手紙，審議会記録．

(54) Lieut. Col. Raymond L. Trautman, "Books and the Soldier," in *Books and Libraries in Wartime*, edited by Pierce Butler (Chicago: University of Chicago Press, 1945), 53.

第七章　砂漠に降る雨

(1) 日付不明，B・S軍曹から兵隊文庫部門への手紙，審議会記録.
(2) "Pacific Attack," *New York Times*, July 4, 1943.
(3) "Guadalcanal: A Crucial Battle," *New York Times*, October 18, 1942.
(4) T. Tillman Durdin, "It's Never Dull on Guadalcanal," *New York Times*, September 18, 1942.
(5) Admiral Samuel Eliot Morison, "Guadalcanal — 1942," in *Battle: True Stories of Combat in World War II* (New York: Curtis Books, 1965), 181, 183–88.
(6) Sgt. Larry McManus, "Saipan Was Worse Than Tarawa," *Yank, the Army Weekly*, August 6, 1944, p. 22.
(7) "We Take Saipan," *New York Times*, July 10, 1944.
(8) "American Losses on Saipan 15,053," *New York Times*, July 13, 1944.
(9) "Books March in Army's Front Lines — Even to Tiny Atolls of Pacific," *Christian Science Monitor*, March 13, 1945.
(10) Ballou and Rakosky, *A History of the Council on Books in Wartime*, 82–83.
(11) "Mail Call," *Stars and Stripes*, July 14, 1944.
(12) 23日（火曜日）付，アメリカ赤十字社現場責任者からの手紙，審議会記録.
(13) 南太平洋で任務に就く少佐からの手紙，審議会記録.
(14) 1944年10月17日付，B・T・Cから兵隊文庫部門への手紙，審議会記録.
(15) イギリスの陸軍病院からの手紙，審議会記録.
(16) 1945年1月30日付，R・R・R少尉から戦時図書審議会への手紙，審議会記録.
(17) 日付不明，E・S軍曹から戦時図書審議会への手紙，審議会記録.
(18) 日付不明，T・Cから戦時図書審議会への手紙，審議会記録.
(19) 1944年7月17日付，S・Fから兵隊文庫部門へのV郵便，審議会記録.
(20) 日付不明，J・Cから審議会委員への手紙，審議会記録.
(21) 1945年1月4日付，J・Bから委員長への手紙，審議会記録.
(22) 1944年7月21日付，R・W・Wから兵隊文庫部門への手紙，審議会記録.
(23) 1944年7月17日付，S・Fから兵隊文庫部門へのV郵便，審議会記録.
(24) 日付不明，B・S軍曹から兵隊文庫部門への手紙，審議会記録.
(25) 1944年7月8日付，J・M・N上等兵から「皆様」への手紙，審議会記録.
(26) 1945年1月4日付，J・Bから戦時図書審議会委員長への手紙，審議会記録.
(27) 日付不明，部隊の全隊員から兵隊文庫部門への手紙，審議会記録.

(28) 1945年8月13日付，G・F軍曹から兵隊文庫部門への手紙，審議会記録.
(29) 1945年8月4日付，D・Bから「皆様」への手紙，審議会記録.
(30) 1944年12月21日付，H・H軍曹から兵隊文庫部門へのV郵便，審議会記録.
(31) 1944年7月9日付，W・C・G伍長からの手紙，審議会記録.
(32) 日付不明，R・A・Bから兵隊文庫部門への手紙，審議会記録.
(33) 1944年8月23日付，D・M・L上等兵からフィリップ・ヴァン・ドーレン・スターンへの手紙，審議会記録.
(34) 1944年9月25日付，H・E・Aから兵隊文庫部門への手紙，審議会記録.
(35) 日付不明，E・Gから兵隊文庫部門への手紙，審議会記録.
(36) 1946年2月26日付，A・C・K博士から戦時図書審議会への手紙，審議会記録.
(37) 1944年8月15日付，フィリップ・ヴァン・ドーレン・スターンからM・P・Sへの手紙，1945年1月24日付，理事会議事録，審議会記録.
(38) 1945年9月16日付，W・Aから兵隊文庫部門への手紙，審議会記録.
(39) 1946年2月14日付，K・W・Rから兵隊文庫部門書記への手紙，審議会記録.
(40) 日付不明，「フィリ」（手書きで判読不能）への短信，審議会記録.
(41) 1945年3月23日付，D・S二等兵から兵隊文庫部門への手紙，審議会記録.
(42) 1945年9月7日付，B・Nから兵隊文庫部門への手紙，審議会記録.
(43) Paul Fussell, *Wartime*, 107.
(44) Neil Miller, *Banned in Boston: The Watch and Ward Society's Crusade Against Books, Burlesque, and the Social Evil* (Boston: Beacon Press, 2010).
(45) 1944年12月23日付，M・C大尉の手紙より抜粋，審議会記録.
(46) "Boston Bans a Novel," *New York Times*, March 21, 1944.
(47) Kathleen Winsor, *Forever Amber* (New York: Armed Services Editions, No. T-39 [1945]).
(48) 1944年10月11日付，理事会議事録，審議会記録.
(49) 1945年4月付，フィリップ・ヴァン・ドーレン・スターンからD・S二等兵への手紙，審議会記録.
(50) 1944年7月21日付，R・W・Wから兵隊文庫部門への手紙，審議会記録.
(51) "Boston's Sons in Service Reading Those Awful Books," *Boston Traveler*, January 12, 1945.
(52) 1944年9月20日付，G・G二等兵からトマス・Y・クロウェル社への手紙，審議会記録.
(53) 1944年9月21日付，F・M・Eからハーパー&ブラザーズ社への手紙，審議会記録.

(54) L・D・Jから戦時図書審議会への手紙（1944年9月10日付，C・T・J二等兵からL・D・Jへの手紙より引用），審議会記録.
(55) 1945年3月11日付，R・C・J伍長からマクミラン社への手紙，審議会記録.
(56) 1944年8月27日付，M・S・Tから「皆様」への手紙，審議会記録.
(57) 9月27日付，M・S・Tからスターン氏への手紙，審議会記録.
(58) 1945年6月26日付，B・Aから兵隊文庫部門への手紙，審議会記録.
(59) 1944年5月11日付，H・A・Bから戦時図書審議会（または，その他のどこか！）への手紙，審議会記録.
(60) 1944年7月18日付，ウィリアム・スローンから兵卒H・A・Bへの手紙，審議会記録.
(61) 1945年3月12日付，E・Jから戦時図書審議会への手紙，審議会記録.
(62) Ballou and Rakosky, *A History of the Council on Books in Wartime*, 81.
(63) 日付不明，海上で任務に就くシドニーからの手紙，審議会記録.

第八章　検閲とフランクリン・デラノ・ルーズヴェルトの四期目
(1) "Army Censor," *Lynchburg* (VA) *Daily Advance*, June 22, 1944.
(2) Jamieson, *Books for the Army*, 213.
(3) C. P. Trussell, "Both Sides Press Bids for 1944 Service Vote," *New York Times*, November 21, 1943.
(4) "The Nation: Votes for Soldiers," *Time* (Pony Ed.), January 17, 1944, p. 1.
(5) Leary, "Books, Soldiers and Censorship"; William S. White, *The Taft Story* (New York: Harper & Row, 1954), 43-45; Joseph B. Treaster, "Charles P. Taft, Former Mayor of Cincinnati," *New York Times*, June 25, 1983.
(6) 90 Cong. Rec. 2404-2410 (1944).
(7) "What They Think," *Time* (Pony Ed.), February 7, 1944, p. 25.
(8) 90 Cong. Rec. 2621-22 (1944).
(9) 同上，2637-38.
(10) Leary, "Books, Soldiers and Censorship," 240.
(11) 公式戦時投票用紙については制定順法令集58巻141頁第3編303条(a)，また各州からの候補者名簿送付に関しては第3編306条を参照.
(12) 制定順法令集58巻161頁第5編22条(2)(b)（1944年4月1日付）.
(13) 1944年4月27日付，陸軍省覚書，"Subject: Restrictions in new 'Federal Voting Law' on dissemination to members of the armed forces of political argument or political propaganda," 3，審議会記録.
(14) 1944年4月28日付，出版社への手紙の草稿，審議会記録.
(15) 1944年5月1日付，サイモン&シュスター社のディックからフィリップ・ヴァン・ドーレン・スターンへの手紙，審議会記録.
(16) 1944年6月7日付，レイ・トラウトマンからフィリップ・ヴァン・ドー

レン・スターンへの手紙，審議会記録.
(17) 1944年6月7日付，ランドール・ジェイコブスからフィリップ・ヴァン・ドーレン・スターンへの手紙，審議会記録.
(18) Rose Gladney, "A Letter from Lillian Smith: 'Old Seeds Bearing a Heavy Crop,'" *Southern Changes* 12, no. 4 (1990).
(19) "Book Ban Is Put to Test," *New York Times*, April 7, 1944.
(20) *Commonwealth v. Isenstadt*, 318 Mass. 543-47 (September 17, 1943).
(21) "'Strange Fruit' Barred by Mails Then Admitted at Sender's Risk," *New York Times*, May 16, 1944.
(22) "Resolution Proposed and Passed at Meeting of the Executive Committee Meeting, May 24, 1944," 審議会記録.
(23) "The Council on Books in Wartime, in a resolution sent today to the President, Postmaster-General, Secretaries of War and the Navy, Speaker of the House of Representatives, and the President of the Senate, protested the restriction on book distribution to the armed forces under the Soldiers' Vote Act," 審議会記録.
(24) 1944年6月27日付，マリ・サンドスから戦時図書審議会への手紙，審議会記録.
(25) Leary, "Books, Soldiers and Censorship," 241.
(26) 1944年6月15日付，アーチボルド・G・オグデンから編集者への手紙，審議会記録.
(27) "A Silly Censorship," *Syracuse* (NY) *Post-Standard*, June 20, 1944.
(28) Dorothy Thompson, "Amendment by Taft Deprives Soldiers of Some of Best Books," *Columbia* (SC) *State*, July 16, 1944.
(29) "Army Censor," *Lynchburg* (VA) *Daily Advance*, June 22, 1944.
(30) "Books in Wartime: Unwarranted Censorship Is Practiced," *San Antonio* (TX) *News*, June 22, 1944.
(31) "Insulating Servicemen," *Chicago Sun*, June 23, 1944.
(32) "Book Censors See Shadows," *Rochester* (NY) *Times Union*, July 18, 1944.
(33) "Queer Censorship," *Monroe* (MI) *News*, June 23, 1944.
(34) "Armed Services Editions, Excerpts from Letters Received by the Center for the Book from Authors," 審議会記録.
(35) "Army Withdraws 6 History Texts," *New York Times*, July 5, 1944.
(36) "The Next Forty Years," *Time*, July 10, 1944, p. 32.
(37) Norman Cousins, "Censoritis," *Saturday Review of Literature*, July 1, 1944, p. 12.
(38) 1944年7月10日付，アーチボルド・オグデンからアルフレッド・マッキンタイアへの手紙，1944年7月12日付，アーチボルド・オグデンからベ

ルナール・ド・ヴェトへの手紙，審議会記録．
(39) 1944年7月8日付，アーチボルド・オグデンからロバート・A・タフト上院議員への手紙，審議会記録．
(40) 1944年7月10日付，アーチボルド・オグデンからアルフレッド・マッキンタイアへの手紙，審議会記録．
(41) 1944年7月19日付，理事会議事録草案，審議会記録．
(42) 1944年7月14日付，ロバート・A・タフト上院議員からアーチボルド・オグデンへの手紙，審議会記録．
(43) Ballou and Rakosky, *A History of the Council on Books in Wartime*, 23–24.
(44) "Note to City Desks," 審議会記録．
(45) Ballou and Rakosky, *A History of the Council on Books in Wartime*, 24.
(46) "Note to City Desks," 審議会記録．
(47) "Statement by Senator Robert A. Taft of Ohio," 審議会記録．
(48) 1944年8月3日付，アラン・グリーンからラジオ解説者への手紙，審議会記録．
(49) "Lucas Headquarters" から "Immediate Release," への声明，審議会記録．
(50) "Books, Soldiers and Censorship," 243–44.
(51) "Dissemination of Information to the Armed Forces," 1944年8月15日付，グリーンによる報告，審議会記録．
(52) C. P. Trussell, "Senate Acts to Kill Army Reading Curb," *New York Times*, August 16, 1944; "The Day in Washington," *New York Times*, August 17, 1944.
(53) "For Immediate Release," August 24, 1944, 審議会記録．
(54) 1944年8月21日付，アーチボルド・G・オグデンからマリ・サンドスへの手紙，審議会記録．
(55) "About the Election," *Yank, the Army Weekly* (British ed.), November 19, 1944, p. 3; "Franklin D. Roosevelt," *Yank, the Army Weekly* (British ed.), April 27, 1945, p. 10.
(56) "The Presidency," *Time* (Pony Ed.), December 11, 1944, p. 5.

第九章　ドイツの降伏と神に見捨てられた島々

(1) Joseph Heller, *Catch-22* (New York: Simon & Schuster, 2011), 19–20.
(2) John B. Hench, *Books as Weapons* (Ithaca, NY: Cornell University Press, 2010), 29–31.
(3) Ballou and Rakosky, *A History of the Council on Books in Wartime*, 83–93, Appendix D (海外版として出版された書籍の一覧が掲載されている).
(4) 日付不明，T・Cから審議会への手紙，審議会記録．
(5) Valerie Holman, *Print for Victory* (London: British Library, 2008), 30.
(6) Iain Stevenson, *Book Makers* (London: British Library, 2010), 115–18.

(7) Holman, *Print for Victory*, 42–43.
(8) 1944年12月20日付，B・F・Dから審議会への手紙，審議会記録.
(9) 1944年4月25日付，W・G・Jから「皆様」への手紙，審議会記録.
(10) Louis Golding, *Store of Ladies* (London: Bear, Hudson Ltd., 1946) (Bear Pocket Book)，表見返しに記載されている.
(11) Stevenson, *Book Makers*, 117.
(12) Arthur Krock, "End Comes Suddenly at Warm Springs," *New York Times*, April 13, 1945.
(13) Gene Currivan, "Generals and GI's Mourn Late Chief," *New York Times*, April 14, 1945.
(14) Sgt. Mack Morriss, "Berlin Death Battle," *Yank, the Army Weekly*, June 15, 1945.
(15) "The Messages, Here and at Home, Proclaiming the End of the War in Europe: President Truman," *Yank, The Army Weekly* (British ed.), May 18, 1945.
(16) "News from Home," *Yank, the Army Weekly* (British ed.), September 10, 1944; "News from Home," *Yank, the Army Weekly* (British ed.), August 27, 1944.
(17) Sidney Shalett, "Army to Return 3,100,000 in Year; 400,000 Will Remain in Europe," *New York Times*, May 10, 1945.
(18) Hanson W. Baldwin, "Army Shift to Pacific Next Big War Problem," *New York Times*, May 6, 1945.
(19) Pfc. Justin Gray, "Pacific Combat," *Yank, the Army Weekly* (British ed.), June 15, 1945.
(20) S/Sgt. Jas. V. Coon, "So-Called Rest," *Yank, the Army Weekly* (British ed.), December 17, 1944.
(21) 同上.
(22) "4,000 Marine[s] Dead on Iwo Indicated," *New York Times*, March 16, 1945.
(23) Cyril J. O'Brien, "Iwo Jima Retrospective," 次のウェブサイトで閲覧できる．http://www.military.com/NewContent/0,13190,NI_Iwo_Jima2,00.html.
(24) Warren Moscow, "Marines and 77th Division Drive Near Naha and Shuri," *New York Times*, May 12, 1945.
(25) Fussell, *Wartime*, 257.
(26) Maj. Frederick Simpich Jr., AUS, "At Ease in the South Seas," *National Geographic* (January 1944), 79.
(27) Sgt. Barrett McGurn, "Guadalcanal Goes Garrison," *Yank, the Army Weekly*, August 27, 1944.
(28) Ernie Pyle, *Last Chapter* (New York: Henry Holt, 1946), 18.

(29) Russell Warren Howe, *The Hunt for 'Tokyo Rose'* (Lanham, Md.: Madison Books, 1990), 28-32, 71.
(30) "By Any Other Name," *Time* (Pony Ed.) April 10, 1944, 31.
(31) Maj. Simpich, "At Ease in the South Seas," 80.
(32) "Boston's Sons in Service Reading Those Awful Books," *Boston Traveler*, January 12, 1945.
(33) Col. Trautman speech, Feb 1, 1945, Council Records.
(34) 1945年5月27日付，N・J・Pから兵隊文庫部門への手紙，審議会記録.
(35) 1945年1月11日付，理事会議事録，審議会記録.
(36) 1945年1月25日付，理事会議事録，審議会記録（強調は筆者によるもの）.
(37) 1945年4月19日付，イザベル・デュボイスへの手紙とともに送られた，R・A・Lから「兵隊文庫を作ってくださる方々」への手紙，審議会記録.
(38) V・B・Tから「皆様」への手紙，審議会記録.
(39) 1945年1月11日付，理事会議事録，審議会記録.
(40) 1945年5月2日，6月20日付，理事会議事録，審議会記録.
(41) 1944年12月13日付，理事会議事録，審議会記録.
(42) Austin Stevens, "Books and Authors," *New York Times Book Review*, December 13, 1942; Austin Stevens, "Notes on Books and Authors," *New York Times Book Review*, January 17, 1943.
(43) 1944年12月13日付，理事会議事録，審議会記録.
(44) 1945年6月9日付，イザベル・デュボイスからスターンへの手紙，審議会記録.
(45) 1945年6月12日付，イザベル・デュボイスからスターンへの手紙，審議会記録.
(46) 1945年6月11日付，L・UからP・V・D・Sへの短信，審議会記録.
(47) 1945年6月19日付，フィリップ・ヴァン・ドーレン・スターンからイザベル・デュボイスへの手紙，審議会記録.
(48) 1945年6月29日付，イザベル・デュボイスからスターンへの手紙，審議会記録.
(49) 1946年2月15日付，H・スターリー・トンプソンから海軍人事局への手紙，1946年2月15日付，H・スターリー・トンプソンからデュボイスへの手紙，審議会記録.
(50) 1945年9月14日付，E・V少佐からヘンリー・ハフへの手紙の写し，審議会記録.

第十章　平和の訪れ

(1) Bill Mauldin, *Up Front*, 197.
(2) Robert Case, "Through to Murmansk," in *Battle: The True Stories of Com-*

bat in World War II (New York: Doubleday & Company, 1965), 38.

(3) Loss, "'The Most Wonderful Thing,'" 867.

(4) Darrell Huff and Frances Huff, *Twenty Careers of Tomorrow* (New York: Armed Services Edition, No. 1002 [1946]); 1945 年 4 月 25 日付，理事会議事録，審議会記録.

(5) William G. Campbell and James H. Bedford, *You and Your Future Job* (New York: Armed Services Edition, No. 1081 [1946]); John F. Wharton, *The Theory and Practice of Earning a Living* (New York: Armed Services Edition, No. 1105 [1946]).

(6) Pyle, *Here Is Your War*, 75.

(7) 1944 年 2 月 29 日付，L・C・W 大佐からアーサー・トレインへの手紙，プリンストン大学図書館稀覯書・特別コレクション部門手稿室チャールズ・スクリブナーズ・サンズ社記録作家ファイル 1 ボックス 181 フォルダー 11 のアーサー・トレイン書簡 1944 年-1945 年.

(8) 1944 年 9 月 20 日付，G・G 二等兵からトマス・Y・クロウェル社への手紙，審議会記録.

(9) 1944 年 10 月 10 日付，R・C から W・W・ノートンへの手紙，審議会記録.

(10) Hanson W. Baldwin, "1,000 Plane Blows Daily Is Prospect for Japan," *New York Times*, June 3, 1945.

(11) Warren Moscow, "B-29's Rain Pamphlets on Japan; Surrender Talk Seen Taking Root," *New York Times*, June 4, 1945.

(12) "Premier Sees War Decided in Japan," *New York Times*, June 9, 1945.

(13) Lindesay Parrott, "'41 Congress Sits in the Philippines," *New York Times*, June 10, 1945.

(14) "The War Ends," *Life* (Overseas Service ed.), August 20, 1945, p. 6.

(15) W. H. Lawrence, "Visit to Hiroshima Proves It World's Most-Damaged City," *New York Times*, September 5, 1945.

(16) "Text of Statements by Truman, Stimson, on Development of Atomic Bomb," *New York Times*, August 7, 1945.

(17) "Japan Keeps People in Dark on Nature of New Scourge," *New York Times*, August 8, 1945.

(18) "The War Ends," *Life*, 7.

(19) "The President's Report," *New York Times*, August 10, 1945.

(20) Alexander Feinberg, "All City 'Lets Go,'" *New York Times*, August 15, 1945.

(21) "Victory Reports Around the World," *Life*, August 20, 1945, 16B-16C.

(22) "Truman's Nephew in Crew," *New York Times*, September 2, 1945.

(23) Joseph A. Loftus, "Says Army Speeds Discharge Rate," *New York Times*, September 13, 1945.

(24) 1945年8月22日，9月12日付，理事会議事録，審議会記録.
(25) 1945年9月12日付，理事会議事録，審議会記録.
(26) Jamieson, *Books for the Army*, 156.
(27) 同上.
(28) "Notice of Special Meeting of Directors of Editions for the Armed Services, Inc," 1947年1月15日付，マルコム・ジョンソンの記録，著者のコレクション.
(29) 1946年1月10日付，B・V・B大尉から戦時図書審議会書記への手紙，審議会記録.

第十一章　平均点を上げる忌々しい奴ら

(1) H. Doc. No. 344, House of Representatives, 78th Con., 1st Sess. (December 13, 1943), 5, "Message from the President of the United States Transmitting Preliminary Report of the Armed Forces Committee on Post-War Educational Opportunities for Service Personnel," (1943年10月27日付).
(2) Glenn C. Altschuler and Stuart M. Blumin, *The GI Bill* (New York: Oxford University Press, 2009), 43.
(3) Loss, "'The Most Wonderful Thing,'" 886.
(4) Charles G. Bolte, *The New Veteran* (New York: Reynal & Hitchcock, 1945), 140.
(5) Loss, "'The Most Wonderful Thing,'" 887.
(6) "Hershey Sees a Million or Two Out of Armed Forces After Reich Falls," *New York Times*, August 22, 1944.
(7) "Replies to General Hershey," *Yank, the Army Weekly* (British ed.), September 10, 1944, p. 19.
(8) H. Doc. No. 361, House of Representatives, 78th Con., 1st Sess., "Message from the President of the United States Transmitting a Request for Passage of Legislation to Grant to All Veterans of Our Armed Forces Mustering-Out Pay, A Uniform System of Allowances for Unemployed Veterans; Also Legislation to Amend the Federal Old-Age Survivors' Insurance Law to Include All Veterans of the Present War," November 23, 1943.
(9) H. Doc. No. 344, House of Representatives, 78th Con., 1st Sess., "Message from the President of the United States Transmitting Preliminary Report of the Armed Forces Committee."
(10) Goodwin, *No Ordinary Time*, 513.
(11) Altschuler and Blumin, *The GI Bill*, 54, 60.
(12) Cong. Rec. Sen. Vol. 153, Pt. 17, at 24453 (September 17, 2007) (quoting Roosevelt).
(13) Stanley Frank, "The G.I.'s Reject Education," *Saturday Evening Post*, Au-

gust 18, 1945, p. 20.

(14) Altschuler and Blumin, *The GI Bill*, 78.

(15) Frank, "The G.I.'s Reject Education," 20, 101–2.

(16) Pvt. G. H., "Bill of Rights," in "Mail Call," *Yank, the Army Weekly* (British ed.), February 18, 1945, pp. 18–19.

(17) "Discharged Veterans," *Monthly Labor Review* 62, no. 4 (April 1946), 595.

(18) *Going Back to Civilian Life*, WD Pamphlet 21–4 (Washington, D.C.: U.S. Government Printing Office, 1945).

(19) Margaret Fulmer, "For the Returning Service Man," *American Library Association Bulletin* 39, no. 6 (June 1945), 197–200.

(20) Altschuler and Blumin, *The GI Bill*, 83, 95.

(21) Suzanne Mettler, *Soldiers to Citizens* (New York: Oxford University Press, 2005), 62.

(22) Loss, "'The Most Wonderful Thing,'" 887, 889.

(23) Altschuler and Blumin, *The GI Bill*, 95.

(24) Mettler, *Soldiers to Citizens*, 71.

(25) Altschuler and Blumin, *The GI Bill*, 95.

(26) Loss, "'The Most Wonderful Thing,'" 889.

(27) Mettler, *Soldiers to Citizens*, 147–48.

(28) Bruce Bliven, "Books for Soldiers," *New Republic*, April 9, 1945.

(29) Clip Boutell, "Authors Are Like People," *New York Post*, April 19, 1945.

(30) "Armed Services Editions Excerpts from Letters Received by the Center for the Book from Authors," Library of Congress.

(31) David Paul Nord, Joan Shelley Rubin, and Michael Schudson, eds., *A History of the Book in America*, vol. 5 (Chapel Hill: University of North Carolina Press, 2009), 42–45.

おわりに

(1) Jonathan Rose, *The Holocaust and the Book* (Amherst: University of Massachusetts Press, 2001), 1.

図版クレジット：*Books are weapons in the war of ideas*: Library of Congress, Prints and Photographs Division. *Book burning*: Mary Evans Picture Library/Süddeutsche Zeitung Photo. *Library rally*: Manuscripts and Archives Division, New York Public Library, Astor, Lenox and Tilden Foundations. *Althea Warren*: Manuscripts and Archives Division, New York Public Library, Astor, Lenox and Tilden Foundations. *Katharine Hepburn*: Manuscripts and Archives Division, New York Public Library, Astor, Lenox and Tilden Foundations. *Two smiling women with piles of books*: Manuscripts and Archives Division, New York Public Library, Astor, Lenox and Tilden Foundations. *Give More Books*: Author's collection. *Bus passes*: Author's collection. *Boy Scouts*: Author's collection. *Malcolm Johnson*: Author's collection. *Smiling woman handing book to man in bed*: Author's collection. *Porter front and back covers*: Author's collection. *Chicago Cubs*: Author's collection. *Strange Fruit*: Courtesy of the collection of Brian Anderson. *Forever Amber*: Author's collection. *A Tree Grows in Brooklyn*: Author's collection. *Chicken Every Sunday*: Author's collection. *Betty Smith*: Author's collection. *Eisenhower*: Author's collection. *Soldier in traction*: U.S. Army Pictorial Service. *Man reading in flooded camp*: Australian War Memorial. *Sholund letter*: Edgar Sholund correspondence, 1945, Council on Books in Wartime Records, Box 32, "Letters from Servicemen J-Z" folders, 20th Century Public Policy Records, Seeley G. Mudd Manuscript Library, Department of Rare Books and Special Collections, Princeton University Library.

本書は、二〇一六年に小社から刊行された作品の文庫化である。

創元ライブラリ

戦地の図書館
海を越えた一億四千万冊
二〇二〇年十一月二十七日　初版
著　者◆モリー・グプティル・マニング
訳　者◆松尾恭子
発行所◆㈱東京創元社
代表者　渋谷健太郎
郵便番号　一六二―〇八一四
東京都新宿区新小川町一ノ五
電話　〇三・三二六八・八二三一　営業部
〇三・三二六八・八二〇四　編集部
印刷・精興社　製本・本間製本

ISBN978-4-488-07078-6　C0122

面白さ無類、渾身のノンフィクション！

コ・イ・ヌール
美しきダイヤモンドの血塗られた歴史

Koh-i-Noor:
The History of the World's Most Infamous Diamond
by William Dalrymple and Anita Anand

ウィリアム・ダルリンプル、アニタ・アナンド

杉田七重 訳

四六判上製

コ・イ・ヌール――それは“光の山”という意味の巨大なダイヤモンド。現在は英国王室の王冠で輝く美しいそのダイヤモンドは、エリザベス女王が身につけるのを控えるほどの、凄絶な来歴を有している――。豊富な資料を駆使して、ひとつのダイヤモンドを巡る歴史を鮮やかに描く！

ノーベル経済学賞受賞者による不朽の名著

隷従への道

全体主義と自由

The Road to Serfdom

Friedrich A.Hayek

フリードリヒ・A・ハイエク

一谷藤一郎・一谷映理子 訳　四六判並製

計画経済は必然的に独裁体制を招来し、
人びとから一切の自由を剝奪する。
かつてソ連・東欧の共産党の理論指導者が、
あらゆる手段を講じて、
その思想の伝播を妨げようとしたほどの衝撃の書。

IL CIMITERO DI PRAGA * UMBERTO ECO

史上最悪の偽書『シオン賢者の議定書』成立の秘密

プラハの墓地

ウンベルト・エーコ　橋本勝雄訳

イタリア統一、パリ・コミューン、ドレフュス事件、そして、ナチのホロコーストの根拠とされた史上最悪の偽書『シオン賢者の議定書』、それらすべてに一人の文書偽造家の影が！　ユダヤ人嫌いの祖父に育てられ、ある公証人に文書偽造術を教え込まれた稀代の美食家シモーネ・シモニーニ。遺言書等の偽造から次第に政治的な文書に携わるようになり、行き着いたのが『シオン賢者の議定書』だった。混沌の19世紀欧州を舞台に憎しみと差別のメカニズムを描いた見事な悪漢小説《ピカレスク・ロマン》。

▶気をつけて！　エーコは決して楽しく面白いだけのエンターテインメントを書いたのではない。本書は実に怖ろしい物語なのだ。――ワシントン・ポスト

▶偉大な文学に相応しい傲慢なほど挑発的な精神の復活ともいうべき小説。――ル・クルトゥラル

著者のコレクションによる挿画多数

四六判上製